戦後日本の
郷土教育実践に関する
歴史的研究

生活綴方とフィールド・ワークの結びつき

白井克尚

唯学書房

目　　次

序章

本研究の目的と方法

第1節　問題の所在

　本研究の目的は，戦後日本の郷土教育実践に関して，1950年代における教師たちの取り組みを中心に，歴史的研究を通じてその実態を明らかにすることである。

　戦後における民間教育運動は，数多くのすぐれた教育実践を創造しており，われわれはそれらの教育実践に関する研究から様々な知見を得ることができる[1]。

　とりわけ，1950年代には，無着成恭編『山びこ学校』（青銅社，1951年），相川日出雄『新しい地歴教育』（国土社，1954），土田茂範『村の一年生』（新評論，1955年），小西健二郎『学級革命』（牧書店，1955年）等のすぐれた実践記録が刊行され，意識的な教師たちによって主体的な教育実践の取り組みが多くなされた時期であった。1950年代には，「アメリカの朝鮮戦争を機とした対日占領政策の反動化，その後楯に励まされた『独立』後の日本政府の反動政治により，平和と民主主義が危機に面していたのに対して，戦後つちかわれた民主勢力がいっせいに起ち上がった時期である」[2]とされ，多くの民間教育研究団体も結成されていた。また，各地で取り組まれた社会科教育実践は，初期社会科教育実践[3]と呼ばれ，その中でも民間教育研究団体に所属していた「農村青年教師」によって取り組まれた社会科教育実践の授業論は，「『問題解決』を方法原理とする社会科授業論の一つの到達点」[4]であったとして高く評価されている。

　そうした民間教育研究団体の中でも，郷土教育全国連絡協議会（後に「連絡」の二文字が取れる。以下，郷土全協）は，むさしの児童文化研究会が母体となって，1953 年 2 月に結成された民間教育研究団体である。郷土全協の当時における理論的指導者であった桑原正雄は，「郷土—自分が現実に生活している地域を正しくとらえるには，ひとさまの借り物や感情ではどうにもなるものではありません。問題を発見しそれを解決するための創意と工夫が，教育の中で生かされることが大切なのです」(5) という願いから，郷土全協を結成した。桑原は，1951 年の段階で，「大正の末期から昭和へかけて，『教育の貧困とたたかい，これを救いだすだけの強い光とを獲得する』ために，『科学的調査と経済的開発とを先決とする郷土教育』の運動が，全国的におこったことがある。それはまだ景観主義からぬけきれなかったようだが，新しい教育運動として『生活教育』へと発展する土台をつくった」(6) と捉え，戦前のそれとは異なる「新しい郷土教育」という考え方を主張していた。桑原は，「子供たちが自分で材料を集め，自分で料理することに，あたらしい方法がはじまる」，「このような方法が，それぞれの地域学区で応用され，そこに新しい郷土教育の実践がおこってこなければならない」(7) といい，戦後の郷土教育運動を推進していたのである。このような考え方にもとづいて，1950 年代において郷土全協の立場から取り組まれた郷土教育実践を，「新しい郷土教育」実践と呼ぶことができる。

　「郷土」は，戦後日本の教育実践史においても，一つの大きなキーワードとして登場していた。戦後初期新教育期における『1947 年度版　学習指導要領　社会科編（Ⅰ）（試案）』では，小学校第 6 学年の学習活動の例として，「郷土（児童の住んでいる土地）の社会の変化を知る」(8) という学習内容が盛り込まれ，いかにして「郷土」の単元開発や教材編成を行うかが議論されていた。さらに，『1951 年度版学習指導要領　社会科編（試案）』では，「単元は，その性質上，個々の学級教師によってつくられることが必要である」(9) とされ，教師個人で社会科単元をつくる動きや，学校単位で「地域教育計画」に取り組む動きも全国各地で見られていた(10)。戦後においても，「郷土」と教育の関係を問う研究と実践は，一つの大きな流れを築いていたのである。

そして，「郷土」における教育の問題を，1950年代の段階において問題視し，「新しい郷土教育」実践として具現化した民間教育研究団体が郷土全協であった。

　1950年代の歴史的社会状況下において，郷土全協（前身のむさしの児童文化研究会の時代も含む）は，現場の教師たちのための「校外学習の研究会」である「フィールド学習」を開催し，「新しい郷土研究」の実践に取り組んでいたことも知られている⁽¹¹⁾。その「フィールド学習」では，当時の意識的な教師たちが，「フィールド学習」に参加する中で，「具体的にものを見るということ」⁽¹²⁾を学び，そのような経験を生かして「新しい郷土教育」実践に取り組んでいたのである。すなわち，郷土全協は，「フィールド学習」を通じて，研究者と現場の教師とを結びつけ，その協力・共同のあり方を典型的に示していた民間教育研究団体でもあったといえる。

　そのような1950年代における郷土全協の活動に関わって，臼井嘉一は，戦後の「郷土教育的教育方法」が，「子どもたちの身近な生活環境としての郷土そのものに対する科学的な社会認識を深める」ことを主張していたことに着目し，「郷土そのものを学び郷土に生きぬく力を育てるもの」といった郷土教育実践の視点を，現在においても学ぶ必要があることについて論じている⁽¹³⁾。また，木全清博も，「1950年代の日本社会の現実に向きあって，『子どもの主体性』『子どもの新しい自己拡充と発見』の追求の論理と『生活現実としての郷土』の科学的認識の形成の論理との統一をめざしたが，そこでの模索は本格的に検討されねばならない」として，「郷土全協の理論と実践を再評価する」べきことを主張している⁽¹⁴⁾。さらに，小林千枝子は，郷土全協の活動について「学校教育が地域に関わる際の重要な論点が同会の活動に潜んでいたように思われる」⁽¹⁵⁾と述べている。すなわち，現在においてもなお，1950年代における郷土全協の活動の再評価が求められているといえよう。

　ところで，郷土全協は，1958年8月に，歴史教育者協議会との論争を発端として，機関誌『歴史地理教育』の共同編集を打ち切り，1963年12月には，日本民間教育団体連絡会からの脱退を経て，「1960年代以降には教育学研究

の表舞台にはほとんど現れなくなる。ゆえに，その活動や理論はあまり注目
されず，歴史的にも埋もれた形となっている」[16] とも指摘されている。す
なわち，1950 年代における郷土全協の活動や「新しい郷土教育」実践の実
態については，1960 年代以降において民間教育研究団体としての性格が，「挫
折や変質」[17] してきたこともあり，これまでに十分解明されてこなかった
部分があったのではないかと捉えられる。

　そこで，本研究では，まず，1950 年代における郷土全協の活動に関する
先行研究の整理を行い，これまでに十分論じられてこなかった部分を確認す
る。そうした先行研究の検討を踏まえた上で，「教育実践」[18] レベルに焦点
を当てて，1950 年代における郷土全協の活動を明らかにすることの意義に
ついて論じる。1950 年代における「新しい郷土教育」実践は，郷土全協の
実践家たちによって，「郷土の現実」に向かい合いながら，真摯な取り組み
を通じて創造されたものとして捉えることができる。そのような 1950 年代
における「新しい郷土教育」実践を創造した教師たちの取り組みの特質につ
いて，「教育実践」レベルで着目して明らかにすることは，「教育実践学」[19]
としての意義をも認めることができるだろう。

　さらに，1950 年代における「新しい郷土教育」実践を創造した教師たち
の取り組みの特質について，歴史的研究を通じて明らかにすることは，今後
の「地域に根ざす教育」実践を，より良く計画し，発展させる上でも重要な
視点を提示することになろう。さらに，郷土全協の民間教育研究団体として
の歴史的な特質を明らかにすることを通じて，「教育理論（研究者）」と「教
育実践（教師）」との協力・共同のあり方について，歴史的な手がかりを提
供することにもつながると考えている。

第 2 節　先行研究の検討と本研究の意義

　戦後における郷土全協の活動については，これまでに次の五つの観点を中
心に先行研究が取り組まれ，それぞれに知見が深められてきた。それは，「戦
前の郷土教育の再評価からの着目」「地域に根ざす社会科の前身としての着

目」「郷土教育論争への着目」「民間教育研究団体の運動への着目」「個別の
郷土をふまえる教育実践への着目」といった五つの観点からである。

（1）戦前の郷土教育への再評価からの着目

　第一の観点は，「戦前の郷土教育の再評価からの着目」からである。これ
らの研究は，1950 年代以降においてアメリカ輸入型の経験主義教育に対す
る批判が行われ，戦前の郷土教育への評価が高まりを見せていた時に取り組
まれたものである。

　桑原（1959）は，郷土全協の結成や，戦後の郷土教育運動の展開について，「戦
後の郷土教育の運動は，郷土の具体的な事物を通して，そこに失われた祖国，
真の民族のたくましい精神を発見しようとする国民的な教育の一環として出
発した」と論じている[20]。古島（1953）は，「社会科の天下りに反対しながら，
子供たちの現実をみる眼を養い，それと共に社会的現象への関心と興味を高
める運動として，しかもそれが戦前からの伝統をつぎつつ，現場の教師たち
の実践を受けとめ，まとめ上げる運動として大きな関心をもたされる」と論
じている[21]。宮原（1965）は，「民間教育団体である郷土教育全国連絡協議
会では，子どもたちといっしょに，もっと身近な郷土の歴史現実にとりくん
で，明日の課題を発見しなくてはならないのである」と論じている[22]。木
村（1965）は，「戦後の郷土教育運動の中核であった郷土全協は，『郷土』の
積極的な意味を明らかにするとともに，新しい地理教育の前進のために大き
な役割を果たした」と論じている[23]。

　これらの先行研究によって，郷土全協による戦後の郷土教育運動が，アメ
リカの押しつけによるものではなく，日本伝統的な教育遺産にのっとったも
のであるという根拠を示すことになった。また，無着成恭による『山びこ学
校』（青銅社，1951）の出版を契機にして，生活綴方を中心とする日本独自の
教育遺産に注目が集まる中で，戦前の郷土教育の理論や運動の価値を再評価
する役割を果たした。

（2）地域に根ざす社会科の前身としての着目

第二の観点は，「地域に根ざす社会科の前身としての着目」からである。これらの研究は，1970年代以降の「地域に根ざす教育」という課題の出現とともに，教育における「地域」や「生活」との関係を問う動きと関連して，取り組まれたものである。

臼井（1982）は，郷土全協の「郷土教育」観について，「『社会や自然の知識・自称や法則を学ばせようとする』ための手段・方法としての郷土ではなく，郷土そのものを学び郷土に生きぬく力を育てるもの」といい，渋谷忠男実践に見られるような「郷土教育的教育方法」のあり方について論じている[24]。木全（1985）は，郷土全協の活動を，「戦後いち早く『地域』に着目した研究サークル」として捉え，桑原の「郷土教育論」について，「学問（科学）と教育を結びつけ，子どもの生活現実の場としての郷土＝地域社会をものにして社会認識を科学的なものに育てようとした」として，「子どもの生活現実を科学的社会認識の基礎にすえる点は，学ぶべき点」であるとして論じている[25]。伊藤（1983）は，桑原の「郷土教育」について，「1．郷土は人々の認識を変革して，主体性を確立する場である。2．郷土の生活現実に根ざし，子どもひとりひとりの考えを大切にしていくこと」として論じている[26]。菱山（1999）は，桑原の「郷土教育論」について，「彼の教育論は数々の年代順に分析すればその『郷土』観の形成過程も見えてくる」とし，むさしの児童文化研究会や郷土教育全国連絡協議会の活動について論じている[27]。須永（2013）は，桑原が中心的に編纂に関わった小学校社会科教科書『新版 あかるい社会』（中教出版，1955年度版）について，「『あかるい社会』は，『郷土』の中にこそ，地域社会の深刻な利害対立，賃労働化・都市化といった地域社会の変容といった共同体的な志向とは対局にある『資本』の運動を見出そうとしていた」と論じている[28]。

これらの研究は，「戦後いち早く『地域』に着目した研究サークル」として，郷土全協の活動を再評価し，「郷土」を足場として「問題解決型学習」や「科学的社会認識」育成に取り組んでいた郷土全協における戦後の郷土教育運動の理論的背景を明らかにしたところにその意義がある。

（3）郷土教育論争への着目

　第三の観点は，「郷土教育論争への着目」からである。これらの研究は，社会科教育における内容を問う研究動向と関連して，1950年代後半に郷土全協の理論的指導者であった桑原正雄が中心となって巻き起こした「郷土教育論争」とは何であったのかを問おうとする立場から取り組まれたものである。

　池野（1984）は，「郷土教育論争」の中の桑原の社会科教育論に着目して，「郷土」＝学習拠点説という考え方を抽出し，今井誉次郎による「郷土」＝手段説と対比して論じている[29]。日比（1985）は，桑原について，「郷土教育全国協議会の桑原は問題解決学習と系統学習のあいだを揺れ動いたひと」だと論じている[30]。谷川（1988）は，桑原の「郷土」認識について，「彼の郷土観は，『あらゆる科学・学問の成果を統一的に理解させていく場としての郷土』といったものだったが，郷土を人間形成の視点からとらえている点に特徴がある」と論じている[31]。松岡（1988）は，「問題解決学習でもない，系統学習でもない，第三の教育」をめざしていたとして，「実質的には，『郷土教育論争』が出発点だった」というように桑原の「郷土教育論」について論じている[32]。寺井（1993）は，桑原の「郷土教育論」について，「昭和22年に成立した社会科の性格をマルクス主義路理論の立場から独自に読み直し，当時の社会的要求に見合う形で，子どもの主体性を育成する『郷土教育論』を構築した」と論じている[33]。須永（2015）は，「桑原が教科横断的な『系統』性を可能にする総合教科としての社会科の構想を『郷土教育』として具体的に追求しようと試みたことの意味」について論じている[34]。

　これらの研究は，郷土全協の桑原が主張していた「郷土」の持つ意味について，知識の伝達教育を否定していたことや，社会科の内容として社会諸科学の知識体系への配慮があったことなど，その独自性を明らかにしたところに意義がある。

（4）民間教育研究団体の運動としての着目

　第四の観点は，「民間教育研究団体の運動としての着目」からである。こ

れらの研究は，郷土全協による戦後の郷土教育運動に関して，地域における民間教育研究活動や学校教育のあり方を問おうとする立場から取り組まれたものである。

谷口他（1976）は，むさしの児童文化研究会による「フィールド・ワーク」の意味について，「学問と教育の結びつきを教育実践家に，結合の場所を野外—つまり郷土にもとめ」，そして，「フィールド・ワークを教育実践にどのように位置づけるか」が課題とされたことについて論じている [35]。また，教師が「フィールド・ワーク」を生かすしかたとして，「認識を自己に肉体化するものとして生活綴方との結合が説かれ」たことについても論じている [36]。廣田（2001）は，「むさしの児童文化研究会に教師たちが集まってきた理由の一つには小学校教師の問題意識に戦後新しくできた社会科をどのように教えたらいいのか途方にくれつつも，『民主主義を子ども達に教える教科』という重要性を強く意識していたという時代性」があり，「むさしの児童文化研究会は具体的な『郷土』から歴史を捉える方法，科学的なものの見方を学ぶことを教師自身の課題とする教師自身の勉強会の意味あいが強かった」ことについて論じている [37]。さらに，郷土全協の活動についても，「小学校教師の自信を取りもどし，自主性・主体性を後押しするような雰囲気があり，これが郷土全協の特色を支えている大きな要因となっていた」，「この時代の教師自身の持つ問題や，その職業的特質が，小学校教師の議論の中心となり，その問題意識を積極的に引き出され組織されることで，無意識にしろ教師自身の問題が子どもに重ねられ，反映されて議論されてきたことが，この活動の視点の特徴をつくりあげていた」といった小学校教師の問題意識の存在についても論じている [38]。

これらの研究は，郷土全協による戦後の郷土教育運動を事例として取り上げることによって，地域における民間教育研究活動のあり方や学校教育のあり方の歴史的な実態を明らかにしており，地域と教育との関係について考える上で，貴重な視点を提供している点で意義がある。

（5）郷土をふまえる教育実践への着目

　第五の観点は,「個別の郷土をふまえる教育実践への着目」からである。これらの研究は, 1950 年代を中心として, 郷土全協に所属した教師たちによって取り組まれた個別の郷土教育実践の特質を解明しようとする立場から行われたものである。

　1950 年代における郷土全協の立場から取り組まれた郷土教育の実践として, 最も著名なものは, 相川日出雄による『新しい地歴教育』（国土社, 1954年）実践である。これまでにも相川実践の背景に関して, 数多くの先行研究が行われている。遠藤（1966）は, 相川の生い立ちに「新しい地歴教育」実践の萌芽ないしは原型があったことについて論じている [39]。日比（1976）は, 相川本人からの聞き取りを通して, 武蔵野児童文化研究会の桑原正雄, 高橋磌一, 和島誠一, 民主主義科学者協会地学団体研究部会の井尻正二氏等の影響が大きかったことについて論じている [40]。小原（1977）は,「実践の中の問題意識から民間教育団体の成果を主体的に取り入れることを通して, 教育実践を自己改造していった」と論じている [41]。田中（1980）は, 社会科の課題や方法を,「歴史的な現実と戦前および戦後の教育運動における教育方法の成果の継承によってとらえ直す」と同時に,「歴史教育内容の創造」の課題に取り組んだためだと論じている [42]。小島（1983）は,「子どもの現実をとらえ, その上に立って子どもの可能性を伸ばすことが教育の営みであると考えた」ためだと論じている [43]。

　また, 1950 年代後半における渋谷忠男による『郷土に学ぶ社会科』（国土社, 1958 年）実践に関しても, これまでに数多くの先行研究が行われている。臼井（1982）は, 渋谷による「教師たる者, 郷土の中にころがっている無数の問題の中から, 重要なものを取出して, 体系的に整理し, それを子どもたちの感覚にピッタリする形にして, 考える材料として提供するだけの準備がなければならない」という「郷土教育的教育方法」の主張から学び, 継承して行く必要性について論じている [44]。板橋（2013）は,「第 2・3 期（筆者注: 1957〜1962 年・1963〜1973 年）における郷土全協の代表的実践者は, 渋谷忠男であった」と述べ,「1960 年代の運動・実践は, 地域を踏まえて考える

ことと社会科教育実践を結びつけようとした点に特徴がある」と論じている[45]。

　これらの研究は，個別の「郷土」をふまえる教育実践に関して，戦後における郷土教育運動の展開との関連をふまえ，その教材内容や授業構成の特質を明らかにしたところに意義がある。

（6）本研究の意義

　以上見てきたように，これまでの先行研究における郷土全協への着目はさまざまであったが，社会科教育の内容との関連において「郷土」から何を学ぶのかといった点を明らかにしてきたことや，戦後教育における「郷土」の位置づけを中心に解明してきたことに，研究の意義があったといえる。

　それらの先行研究の中でも，臼井嘉一，板橋孝幸による研究は，1960年代前半以降において郷土全協を代表する教師であった渋谷忠男の実践に着目して，教育実践の軌跡のプロセスにまで目を向けていることが注目される[46]。彼らの研究は，渋谷と戦後の郷土教育運動との関わりに焦点を当てて，渋谷による教育実践の創造過程にまで検討を加えていることに研究の特徴がある。この臼井や板橋による研究のように，戦後日本の民間教育団体の教育実践に関する歴史的研究は，教師による教育実践の創造過程にまで目を向ける必要があると考えられる。

　臼井嘉一は，戦後日本の民間教育団体による教育実践を捉える視座として，「『戦後初期新教育』をどう位置づけ，それとその後の実践史とどうつなげるかも重要な課題である」といい，「私たちの共同研究では，教育実践は『戦後初期新教育』批判を踏まえて展開されてきた民間教育研究運動としての教育実践を中心としているが，それゆえにこの『教育実践』というものを単に『反権力』の立場からの教育実践と位置づけることになれば一面的であり，これらの教育実践がそれぞれの時期の社会的歴史的課題とどう切り結びどのような教材構成や授業展開を進めつつ，子どもや父母地域住民とどのような学校をつくりあげているかという観点から位置づけ直すことも重要な課題である」[47]ことについて論じている。同様の問題意識から，戦後における民

間教育研究団体の教育実践を捉え直す研究 [48] も進められてきている。

　以上のような先行研究の状況をふまえ，筆者は，臼井や板橋による研究が考察を及ぼしていない時期に当たる1950年代における「新しい郷土教育」実践を中心として，その創造過程についても検討すべき研究史上の課題を見出した。それは，1950年代における郷土全協の教師たちは，なぜ，戦後初期新教育を批判することができたのか，1950年代における「新しい郷土教育」実践の創造過程では，どのような教材構成が行われていたのか，どのような実践の展開が行われていたのか，といった研究史上の課題である。

　このような研究史上の課題に応えることをねらいとする本研究の意義は，次の三点に集約することができる。

　第一は，これまでの先行研究が考察を及ぼしていない時期である1950年代を中心に，「新しい郷土教育」実践への着手の背景に関して，当時の郷土全協に参加していた研究者や教師たちが発していた言説に着目し，「研究者（理論）」と「教師（教育実践）」との関わりに焦点を当てて，検討することである。本研究では，「研究者（理論）」の側からだけではなく，「教師（教育実践）」の側からの複数の資料を用いて，先行研究の視点を深めていきたい。

　第二は，1950年代における「新しい郷土教育」実践の創造過程に関して，教師たちによる取り組みの特質を明らかにすることである。本研究では，郷土全協の教師たちによる教材研究といった場面を限定的に絞り，先行研究の視点を深めていきたい。

　第三には，1950年代における「新しい郷土教育」実践の展開過程に関して，児童・生徒における学習の成果について検討することである。本研究では，郷土全協の教師たちによる「生活綴方とフィールド・ワークの結びつき」といった場面を限定的に絞り，先行研究の視点を深めていきたい。

第3節　本研究の方法と構成

　本研究の方法の特色は，1950年代における「新しい郷土教育」実践の創造過程に関する郷土全協の実践家による取り組みを事例として取り上げて，

その特質について検討することにある。そのために，本研究では，1950年代における郷土全協を代表する実践家として，小学校教師である相川日出雄と福田和，渋谷忠男を，また，中学校教師である杉崎章と中村一哉を対象とする。そして，彼らの取り組みを事例として検討することとしたい。彼ら五人の取り組みを取り上げる理由は，次の二つにある。第一に，彼らの実践が，1950年代における郷土教育研究大会において報告され，全国的にも注目を集めたからである[49]。また，第二には，彼らの実践が，教師によるフィールド・ワークを用いた教材研究や，生活綴方といった教育方法を用いて取り組まれており，1950年代における「新しい郷土教育」実践の典型的特質を示していると考えられるためである。

このような研究方法の視点が生まれた背景には，最近の戦後日本の教育実践史研究において，それまでの研究方法の枠組みを転換させようとする動きが見られることとの関連がある。

臼井嘉一は，「戦後教育史を多様な実践者の実践記録・聴き取りを踏まえてとらえ直すことは，まさに戦後日本の教育実践の全体像を改めて再構成することにつながり，戦後教育実践史の時期区分，地域区分及び教師の教育実践と教育理論との関係把握（教師と研究者の協力・共同の在り方）にもその吟味の幅が広がることにもなる」[50]と論じている。同様の視点から，和井田清司は，戦後日本の教育実践に関して，「世界的に例の少ないこのような実践の高みは，いかにして可能となったのか。そのような実践を創造した教師たちは，どのような経緯で成長していったのか。その際，教育実践を支える学問研究や教育学研究はどのような役割を果たしたのか。また，実践の展開を通していかなる教育理論が形成されたのか」という視点に研究の光をあてることにより，「戦後日本の教育実践を担ってきた個別実践家の実践創造・変容過程の分析が重要な研究課題となる」ことを指摘し，戦後日本の実践家を代表する田中裕一における教育実践の軌跡に関する研究に取り組んでいる[51]。また，木村博一は，地域の社会科教育実践の構築に果たした教師の役割に着目し，現職教育史研究，社会科研修サークル史の立場から，愛知県三河地方における中西光夫と渥美利夫に関する研究のアプローチを試みてい

る⁽⁵²⁾。

　以上のような研究方法の視点を受け継ぎつつ，本研究では，1950年代における個別の「新しい郷土教育」実践の事実に注目し，そこでは，郷土全協の実践家たちによって，なぜ，戦後初期新教育批判が行われたのか，そこでは，どのような教材構成が行われ，どのような実践の展開が行われていたのか，そのような観点から，複数の研究資料を用いて，それぞれの取り組みの事例に関する特質について検討することをめざす。このような研究方法の視点は，最近の教師教育研究の領域において進展がめざましい教師のライフヒストリー研究⁽⁵³⁾にも通じるものである。本研究では，教師個人のライフヒストリー上に，教育実践を生み出した教師の経験を位置づけることにより⁽⁵⁴⁾，1950年代における「新しい郷土教育」実践の創造過程を多面的に読み解くことを試みていきたい。

　また，本研究において，郷土全協の実践家による取り組みの実態を明らかにするために必要だと考えた研究資料は，「実践記録」⁽⁵⁵⁾だけではない，実践家個人の「生活記録」や「発言記録」，「調査記録」，「インタビュー記録」，「生活綴方」等といった「実践資料」である。そうした「実践資料」から，郷土教育実践を生み出した教師としての経験について，補完的にその意味を捉える必要があると考えた。

　したがって，本研究では，以下のような手順により，1950年代における「新しい郷土教育」実践の創造過程に関わる郷土全協の実践家による取り組みについての検討を行う。

　第一に，1950年代における「新しい郷土教育」実践の事例に関連して，実践家が残した「実践記録」を収集する。なお，本研究で収集する「実践記録」は，郷土全協の教師たちが「著書」や「雑誌論文」として刊行したものである。

　第二に，1950年代における「新しい郷土教育」実践の創造過程に関する「実践資料」を収集する。なお，本研究で収集する「実践資料」は，教師個人が生活史を記した「生活記録」，雑誌等に掲載された「発言記録」，教師による調査研究の取り組みを記した「調査記録」，関係者からの「インタビュー記録」，

学習者における学習活動を知ることができる「生活綴方」等の資料である。教師のライフヒストリー上における著作や論文については，「著作・論文リスト」として各章の最後で後述する。

　第三に，1950 年代における「新しい郷土教育」実践の創造過程に関わる実践家の経験を「年譜」として作成し，その取り組みの様相について検討にする。そして，郷土全協の実践家における「新しい郷土教育」実践への着手の背景や，教材研究のあり方，実践化の視点などを検討する。

　第四に，1950 年代における「新しい郷土教育」実践の事実を確定するために，その展開過程を「表」として再構成する。「表」の縦軸は，授業実践レベルでは，「導入」「展開」「終末」とする。単元レベルでは，「第一次」「第二次」「第三次」…とする。「表」の横軸については，「教師の発問・指示・説明」「学習活動・学習内容」として整理する。

　また，本研究では，以下の視点から，1950 年代における郷土教育実践に関する分析 (56) を行う。

（1）　1950 年代における「新しい郷土教育」実践の事例に関して，「実践記録」や「実践資料」にもとづいて，なぜそのような教材が選択されたのかといった視点から，「新しい郷土教育」実践の背後にある実践家のねらいや考えの特質について検討する。

（2）　1950 年代における「新しい郷土教育」実践の事例について，「実践記録」や「実践資料」にもとづいて，なぜそのような実践の展開が行われたのかといった視点から，「新しい郷土教育」実践における教師の教授行為の特質について検討する。

（3）　1950 年代における「新しい郷土教育」実践の事例に関して，「実践記録」や「実践資料」にもとづいて，学習内容や学習方法の視点から，児童や生徒の学習の特質について検討する。

　以上のような研究方法により，1950 年代における「新しい郷土教育」実践の創造過程に関わる実践家の経験の意味や，実践の展開に伴う教育観の変

容の様相についても検討することができると考えた。

　なお，本研究の構成は，以下のように考えている。

　第1章では，1950年代前半における「新しい郷土教育」実践の創造過程に関して，「研究者（理論）」と「教師（実践）」との関わりに焦点を当てて，その特質について考察を行う。その際，研究者による「理論」的言説と，教育実践家による「実践」的言説の分析的検討を行い，「フィールド学習」，「新しい郷土研究」実践，「新しい郷土教育」実践といったそれぞれの関係性について検討する。

　第2章では，千葉県印旛郡富里小学校久能分校の相川日出雄による「新しい郷土教育」実践を事例として，その取り組みの特質について検討する。相川による「郷土史中心」の社会科授業づくりが，どのように行われていたかという創造過程について検討し，「農村青年教師」としての経験と意味について考察を行う。

　第3章では，東京都世田谷区東玉川小学校の福田和による「新しい郷土教育」実践を事例として，その取り組みの特質について検討する。福田による「新しい郷土教育」実践が，どのように創造されていたかについて歴史的背景について検討するとともに，小学校における「新しい郷土教育」実践の展開の問題についても考察する。

　第4章では，愛知県知多郡横須賀中学校の杉崎章による中学校における「新しい郷土教育」実践を事例として，その取り組みの特質について検討する。杉崎による中学校の「新しい郷土教育」実践が，どのように創造されたかについて歴史的背景について検討するとともに，彼による「考古学研究」の経験と意味について考察を行う。

　第5章では，岡山県英田郡福本中学校の中村一哉による中学校の「新しい郷土教育」実践を事例として，その取り組みの特質について検討する。中村による中学校の「新しい郷土教育」実践が，どのように取り組まれていたかについて歴史的背景について検討するとともに，中学校における「新しい郷土教育」実践の展開の問題についても考察する。

　第6章では，京都府熊野郡久美浜町立田村小学校の教師であった渋谷忠男

による「新しい郷土教育」実践を事例として取り上げて検討する。その際，1950年代後半における戦後の郷土教育運動の展開の中で，なぜ，渋谷実践が着目されたのか，実践の実態を明らかにするとともに，1950年代後半における「新しい郷土教育」実践の展開について考察を行う。

　第7章では，前章までの検討をもとに，1950年代における「新しい郷土教育」実践の創造過程に関わる郷土全協の実践家による取り組みに共通する特質について検討する。また，それらの検討をもとにして，本研究の成果について論じる。

注

（1）海老原治善『新版 民主教育実践史』三省堂選書，1977年。碓井岑夫編著『教育実践の創造に学ぶ—戦後教育実践記録史—』日本教育新聞社，1982年。田中耕治編著『時代を拓いた教師たちⅠ—戦後教育実践からのメッセージ』日本標準，2005年。田中耕治編著『時代を拓いた教師たちⅡ—実践から教育を問い直す』日本標準，2009年。野々垣務編・民主教育研究所企画『ある教師の戦後史—戦後派教師の実践に学ぶ』本の泉社，2012年等を参照。

（2）大槻健『戦後民間教育運動史』あゆみ出版，1982年，80頁。

（3）平田嘉三・初期社会科実践史研究会編『初期社会科実践史研究』教育出版センター，1986年。

（4）小原友行「農村青年教師による初期社会科教育実践の授業論—相川・江口・鈴木実践の分析—」日本教育方法学会『教育方法学研究』第21巻，1996年（『初期社会科授業論の展開』風間書房，1998年，463頁）。

（5）桑原正雄「新しい郷土教育について」『歴史評論』第56号，1954年6月，59頁。

（6）桑原正雄「新しい郷土教育」『6・3教室』5巻10号，1951年10月，43頁。

（7）同前，同書，41〜43頁。

（8）「1947年度版 学習指導要領 社会科編（Ⅰ）（試案）」（上田薫編集代表『社会科教育史資料1』東京法令出版，1974年，265頁）。

（9）「1951年度版 小学校学習指導要領 社会科（試案）」（上田薫編集代表『社会科教育史資料2』東京法令出版，1975年，318頁）。

（10）中野光編『日本の教師8—カリキュラムをつくるⅠ—学校での試み』ぎょうせい，1993年。佐藤学・小熊伸一編『日本の教師9—カリキュラムをつくるⅡ—教室での試み』ぎょうせい，1993年等を参照。

(11)廣田真紀子「郷土教育全国連絡協議会の歴史―生成期 1950 年代の活動の特徴とその要因―」東京都立大学『教育科学研究』第 18 号，2001 年，33 ～ 43 頁。

(12)佐藤伸雄『戦後歴史教育論』青木書店，1976 年，71 頁。

(13)臼井嘉一「子どもの問題意識を育てる『郷土の歴史学習』」『戦後社会科の復権』岩崎書店，1982 年，67 ～ 68 頁。

(14)木全清博「地域認識の発達論の系譜」『社会認識の発達と歴史教育』岩崎書店，1985 年，195 ～ 219 頁。

(15)小林千枝子『戦後日本の地域と教育―京都府奥丹後における教育実践の社会史―』学術出版会，2014 年，18 頁。

(16)前掲，廣田真紀子「郷土教育全国連絡協議会の歴史―生成期 1950 年代の活動の特徴とその要因―」，33 頁。

(17)木全清博「社会認識の発達と教材構成」，前掲『社会認識の発達と歴史教育』，232 頁。

(18)本研究では，「教育実践」について，「教育という仕事を主体的に，自覚的に担って，子どもとともに新しいものを創り出していく営み」として捉えている（中野光「戦後教育実践史のなかの上越教師の会」二谷貞夫・和井田清司・釜田聡編『「上越教師の会」の研究』学文社，2007 年，291 頁を参照）。

(19)「教育実践学」の条件の一つとして，岩田一彦は，「独創的な理論から生み出された実践，あるいは，実践から生み出された独創的な理論のいずれかがあること」を論じている（岩田一彦「教育実践学の理念」兵庫教育大学大学院連合学校教育学研究科『教育実践学の構築』東京書籍，2006 年，16 ～ 18 頁）。

(20)桑原正雄「戦後の郷土教育」『教師のための郷土教育』河出書房，1959 年，42 頁。

(21)古島敏雄「郷土教育研究の問題点」『実際家のための教育科学』第 1 巻 5 号，1953 年 8 月，43 頁。

(22)宮原兎一「郷土史教育の系譜―戦後の論者を中心として―」『社会科教育史論』東洋館出版社，1965 年，42 頁。

(23)木村博一「社会科教育と郷土学習」『歴史地理教育』第 115 号，1965 年 12 月，6 頁。

(24)前掲，臼井嘉一「子どもの問題意識を育てる『郷土の歴史学習』」，65 頁。

(25)前掲，木全清博「地域認識の発達論の系譜」，232 ～ 233 頁。

(26)伊藤裕康「桑原正雄と郷土教育（1）―地域に根ざす社会科教育とのかかわりを考える―」『地理学報告』第 56 号，愛知教育大学地理学会，1983 年，51 頁。

(27)菱山覚一郎「社会科教育における『郷土』概念の一考察―桑原正雄の教育論を中心に―」『明星大学紀要 日本文化学部・言語文化学部』第 7 号，1999 年，194（25）頁。

(28)須永哲思「小学校社会科教科書『あかるい社会』と桑原正雄―資本制社会における『郷土』を問う教育の地平―」教育史学会『日本の教育史学』第 56 集，2013 年，55 頁。

(29)池野範男「社会科で『地域』はどう考えられてきたか―『地域学習』をめぐる論争を

中心に―」『教育科学 社会科教育』第 256 号，1984 年，24 ～ 26 頁。

(30)日比裕「ダイジェスト・初期社会科をめぐる論争史」『社会科教育』第 274 号，1985 年，91 頁。

(31)松岡尚敏「桑原正雄の郷土教育論―『郷土教育論争』をめぐって―」日本教育方法学会『教育方法学研究』第 13 巻，1988 年，46 ～ 47 頁。

(32)谷川彰英「郷土教育論争」『戦後社会科教育論争に学ぶ』明治図書，1988 年，97 頁。

(33)寺井聡「『論争』に見る桑原正雄の社会科教育論」中国四国教育学会『教育学研究紀要』第 39 巻 第 2 部，1993 年，173 頁。

(34)須永哲思「1950 年代社会科における『郷土教育論争』再考―資本を軸とした生活の構造連関把握の可能性―」日本教育学会『教育学研究』第 82 巻第 3 号，2015 年，35 頁。

(35)谷口雅子・森谷宏幸・藤田尚充「郷土教育全国協議会社会科教育研究史における〈フィールド・ワーク〉について」『福岡教育大学紀要』第 26 号，第 2 分冊社会科編，1976 年，33 頁。

(36)同前，同書，同頁。

(37)前掲，廣田真紀子「郷土教育全国協議会の歴史―生成期 1950 年代の活動の特徴とその要因―」，36 頁。

(38)同前，同書，41 頁。

(39)遠藤豊吉「『新しい地歴教育』解説」宮原誠一・国分一太郎編『教育実践記録選集』第 3 巻，新評論，1966 年，321 ～ 322 頁。

(40)日比裕「フィールド・ワークと文集による郷土史学習―相川日出雄小 4 「野馬のすんでいたころ」（昭 27）―」『教育科学 社会科教育』明治図書，No.152，1976 年，106 頁。

(41)小原友行「小学校における歴史授業構成について―相川日出雄『新しい地歴教育』の場合―」広島史学研究会『史学研究』第 137 号，1977 年，92 ～ 93 頁。

(42)田中史郎「相川日出雄『新しい地歴教育』における方法と内容―現代歴史教育理論史研究―」『岡山大学教育学部研究集録』第 55 号，1980 年，60 頁。

(43)小島晃「郷土に根ざす系統的な歴史学習―1954 年・相川日出雄『地域の歴史』（4 年生）の授業―」民教連社会科研究委員会『社会科教育実践の歴史―記録と分析・小学校編』あゆみ出版，1983 年，94 頁。

(44)前掲，臼井嘉一「子どもの問題意識を育てる歴史学習」，67 ～ 68 頁。

(45)板橋孝幸「戦後の郷土教育運動と『地域と教師の会』」臼井嘉一監修『戦後日本の教育実践―戦後教育の再構築をめざして―』三恵社，2013 年，137 頁。

(46)臼井嘉一・板橋孝幸『渋谷忠男教育実践資料集（第 1 集）』（「2007-2009 年度科学研究費［基盤研究（B）］戦後日本における教育実践の展開過程に関する総合的調査研究」〈研究代表 臼井嘉一〉研究成果報告書第 4 集，2008 年）。臼井嘉一「（講演記録）渋谷忠男実践の軌跡」，前掲『戦後日本の教育実践―戦後教育の再構築をめざして―』，

279 〜 297 頁。板橋孝幸「戦後の郷土教育運動と『地域と教師の会』」，前掲『戦後日本の教育実践—戦後教育の再構築をめざして—』，125 〜 141 頁。

(47)臼井嘉一「戦後日本の教育実践の全体像を捉える視点」，前掲『戦後日本の教育実践—戦後教育の再構築をめざして—』，2 頁。

(48)二谷貞夫・和井田清司・釜田聡編『「上越教師の会」の研究』学文社，2007 年。斉藤利彦・梅野正信・和井田清司・板橋孝幸編『全国青年教師連絡協議会関係資料』（「2007-2009 年度科学研究費［基盤研究（B）］戦後日本における教育実践の展開過程に関する総合的調査研究」〈研究代表　臼井嘉一〉研究成果報告書第 4 集，2010 年）等を参照。

(49)1950 年代前半における郷土全協が開催した郷土教育研究大会の『大会資料』によれば，第 1 回大会（1953 年 2 月）の実践報告者は，相川日出雄（千葉県富里村立富里小学校久能分校），福田和（東京都世田谷区東玉川小学校），金井塚良一（埼玉県東松山高校）が名を連ねている。また，第 2 回大会（1953 年 8 月）において，実践報告（紙面報告も含む）がなされたのは，岩井幹明（東京都北多摩郡小金井第三小学校），杉崎章（愛知県知多郡横須賀中学校）であり，そして，第 3 回大会（1955 年 8 月）の実践報告者には，西村幸夫（東京都大田区池上第二小学校），中村一哉（岡山県英田郡福本中学校）らが名を連ねた。これらの教師たちは，1950 年代における郷土全協を代表する実践家であったといえる。

(50)前掲，臼井嘉一「戦後日本の教育実践の全体像を捉える視点」，1 頁。

(51)和井田清司『戦後日本の教育実践—リーディングス・田中裕一』学文社，2010 年，i 〜 ii 頁。

(52)木村博一「地域教育実践の構築に果たした社会科教師の役割—愛知県三河地方における中西光夫と渥美利夫の場合—」全国社会科教育学会『社会科研究』第 70 号，2009 年，21 〜 30 頁。

(53)教師のライフヒストリー研究については，アイヴァー・F・グッドソン著，藤井泰・山田浩之訳『教師のライフヒストリー——「実践」から「生活」の研究へ』晃洋書房，2001 年を参照。なお，戦後日本における教師のライフヒストリーに関する研究として，稲垣忠彦・松平信久・寺崎昌男編『教師のライフコース—昭和史を教師として生きて』東京大学出版会，1988 年。山崎準二『教師のライフコース研究』創風社，2002 年。山崎準二『教師の発達と力量形成—続・教師のライフコース研究』創風社，2002 年等がある。

(54)日本の戦後社会科を代表する実践家のライフヒストリーに着目した研究として，「戦後日本の教育実践と教育文化—3 人の教育実践家のライフヒストリー分析を通して—」久冨善之編著『教員文化の日本的特性—歴史，実践，実態の探究を通じてその変化と今日的課題をさぐる—』多賀出版，2003 年がある。なお，社会科教育学研究に

おけるライフヒストリー研究の動向に関しては，五十嵐誓『社会科教師の職能発達に関する研究―反省的授業研究法の開発―』学事出版，2011年を参照。

(55)「実践記録」を分析することの意義については，これまでにも「なによりも，その実践にふくまれている典型性――一般的法則性が個性をつらぬいているもの―を明るみに出し，その実践の一回きりの，かけがえのない意味と普遍的教育学的法則性が結びついていることを明らかにすることによって，それを，今後の実践の指針とすることである」と論じられている（坂元忠芳『教育実践記録論』あゆみ出版，1980年，57頁）。

(56)「新しい郷土教育」実践の社会科授業としての分析視点については，以下の研究を参考にした。中村哲『社会科授業実践の規則性に関する研究―授業実践からの教育改革―』清水書院，1991年。峯岸良治『「地域に根ざす社会科」実践の歴史的展開と授業開発―授業内容と授業展開を視点として―』関西学院大学出版会，2010年。

第1章

「新しい郷土教育」実践の創造
—1950年代前半における「理論」と「実践」の結びつき—

第1節　本章の課題

　本章の目的は，1950年代前半において郷土全協に参加していた教師たちがどのようにして郷土教育実践に取り組もうとしていたのかについて明らかにすることである。その際の研究視点として，当時における「研究者（理論）」と「教師（実践）」との関わりに焦点を当てて，郷土全協の実践家は，いかにして郷土教育実践を創造することができたのか，そこでの「理論」と「実践」の結びつきのあり方を論じたい。研究方法としては，当時の郷土全協に参加していた研究者や教師たちが発していた言説に着目し，それらの言説がいかなる「理論」的根拠をもって発せられていたのか，また，学校現場の教師たちによって，どのような形で「実践」が取り組まれていたのか，「実践記録」や，「生活記録」や「発言記録」，「調査記録」，「インタビュー記録」，「生活綴方」等の，複数の「実践資料」を用いて検討していきたい。

　序章でも論じたように，郷土全協の理論的指導者であった桑原正雄は，1950年前半の段階で，「子どもたちの身近な生活環境としての郷土そのものに対する科学的な社会認識を深める」という「新しい郷土教育」の考え方を提唱していた[1]。桑原は，戦前の郷土教育を，「お国じまん的な郷土教育が，戦前のわが国の義務教育をつらぬいていた」として[2]，1950年代前半における時代状況の中で，「生活教育」へと発展する「新しい教育運動」[3]に取り組もうとしたのである。桑原は，「子供たちが自分で材料を集め，自分で料理することに，あたらしい方法がはじまる」として，「このような方法が，そ

れぞれの地域学区で応用され，そこに新しい郷土教育の実践がおこってこなければならない」と主張していた。このような考え方にもとづいて，郷土全協の立場から取り組まれた教育実践を，「新しい郷土教育」実践と呼ぶことができる[4]。

1950年代後半以降における郷土全協の活動に関しては，これまでにも数多くの先行研究[5]が行われてきた。そうした中で，臼井嘉一は，郷土全協の教師による郷土教育運動・地域教育運動への参加のあり方が，「理論と実践との関わり」の歴史的なあり方を典型的に示していたとする言及を行っている[6]。このような指摘からは，郷土全協の活動が，研究者による「理論」と，教師たちによる「実践」とを結びつける役割を担っていたと捉えることもできる。しかし，1950年代前半における「新しい郷土教育」実践の創造の背景については，これまでに十分明らかにされてこなかった[7]。そのため，郷土全協の実践家における「理論」と「実践」の結びつきに着目して，1950年代前半における「教育実践」[8]の創造の背景を明らかにすることは，研究者と教師との共同・連携の歴史的な実態を示すことにもなると考える。さらに，1950年代前半において郷土全協に参加した教師たちによって取り組まれていた「新しい郷土教育」実践の創造の背景について吟味することは，今後の「地域に根ざす教育」実践に取り組む上での一つの手がかりを示すことにもつながるであろう。

以上のような問題意識にもとづき，本章では，1950年代前半における「新しい郷土教育」実践の創造の背景に関わる教師たちの取り組みの様相について，当時の郷土全協に参加していた研究者や教師たちが発していた言説に着目することを通じて，「理論」と「実践」との関わりに焦点を当てて，検討していきたい。

第2節　1950年代前半における民間教育研究運動の興隆

（1）戦後新教育批判と民間教育研究団体の結成

まず，郷土全協が戦後の郷土教育運動を行う契機となった1950年代の歴

史的社会状況について概観しておきたい。当時は，戦後初期新教育の教育実践を支えた経験主義教育理論に対する批判が高まっていた時代であった。それは，1951 年の 9 月のサンフランシスコ平和条約の締結と日米安全保障条約の調印という二大事件を契機に，教育が政治に利用されようとする動きに反対する運動と密接に関連していた。

　1950 年 8 月には，朝鮮戦争の勃発を契機にして，マッカーサー最高司令官の命令による警察予備隊の編成が行われ，再軍備が進められていた。1950 年 6 月，朝鮮戦争開始の一ヶ月前に文相に就任した天野貞祐は，学校行事での国旗の掲揚，国歌の斉唱を提唱し，愛国心教育の必要性を提起した。そして翌年，天野文相は，道徳教科の復活を求めて，道徳教育の振興を教育課程審議会に諮問すると同時に，他方で，国民の道徳的基準を示すべく，自ら「国民実践要領」の作成に取り組んでいた。

　このような教育が政治に利用されようとする動きに，反対する役割を担ったのが，戦後知識人と呼ばれる研究者たちであった。中内敏夫・竹内常一・中野光・藤岡貞彦『日本教育の戦後史』（三省堂，1987 年）の中には，そうした動きを的確に捉えた文章がある。以下に引用する。

　　1952 年 6 月，『日本人の創造』と題する書物が出版された。著者は上原専禄と宗像誠也，内容は二人の教育についての「対話」であった。（中略：筆者）

　　そうした二人の教育対談の内容は，折しもそれが「民主主義全体の停止，逆行がはじまった」50 年代初頭という時代におこなわれたものであっただけに，戦後教育開発の総括であり，同時に今後の日本の教育が超克すべき課題を究明しようとするものだったといえる。二人の対話は宗像が日本の教育の現実に当面している問題をえぐり出し，上原がそれに歴史科学的照明をあてながら考えあう，という方式ですすめられていった。そして二人が期せずしてさぐりあてた課題は，第一には「日本人の一人一人を近代人にまで教育する」こと，第二に「民族の一員にまで教育する」こと，そして第三には「人類の一員にまで教育する」ということであった。「日本人の創造」とはそういうことなのであった。

　　上原はこのとき，戦後教育がただひたすら「近代ヨーロッパの精神特徴を日本自身のものにするという考え方で進んできた」ことに疑問を提出し，宗像は日本

人の新しい民族意識が平和と社会正義に結合されて形成されなくてはならないと強調したのであった。それは，戦後版『生活学校』誌が，早い時期に問題にしたところであった。この問題提起は，すでに進展しつつあった教育運動，たとえば，日教組による『教師の倫理綱領』（1951 年）の発表，「教え子を再び戦場に送るな」のスローガンの決定（同年），あるいは長田新編『原爆の子』（1951 年）の発行などの反戦・平和の教育の歴史的意義を解明することにもなった。

　しかし，この「対話」のそれ以上に大きい意義は，戦後の「新教育」の無国籍性を批判して，民族の独立という歴史課題が教育の土台であることをあきらかにし，西欧化こそが進歩の途であるとしてきた，実は明治以来の 1 世紀近くにわたる国家の教育政策そのものまでを俎上にのせようとした点にある。そうすることによって，この「対話」は，ともすれば教育反動の重圧と疲労に自己を喪失しようとする地域の教師たちに，自己の実践を歴史的・社会的問題意識をもって問い直す契機をつくりだすことに寄与した。[9]

　このようにして，1950 年代前半において，当時の知識人による発言が一つのきっかけになり，地域の教師たちをも巻き込んだ戦後民主主義教育運動の大きな流れがつくられていったと捉えてよい。上原は後に，戦後初期新教育の経験主義教育理論に対し，「いわゆる『新教育』の時代に念頭に置かれた『民主的人間』は，いわば『民主的人間一般』のイメージに過ぎなかった」といい，「具体的な世界史的現実の中で生き，それに対して能動的に働きかけ，それを主体的に作り直すところのアクチュアルな日本人の創造」という問題意識によって貫かれることが，あまりに希薄であったと批判していくこととなる [10]。

　また，民主主義科学者協会歴史部会の石母田正が，教師に対して，「歴史を自分のものとして身につけて教育する自発性と創造性」をもつべきで，そのためには「歴史を与えられるものではなくみずから書くこと」だと主張し，たとえば研究会を組織して郷土史の編纂をするといった具体的方法を示していた。このことは，敗戦を通した教師の主体性回復の動向とも結びつき，1950 年代前半における「国民的歴史学運動」として発展していった [11]。

　さらに，敗戦後から 1940 年代後半まで戦後初期新教育の経験主義教育理

論を中心的に推進していたコア・カリキュラム連盟の広岡亮三が，機関誌『カリキュラム』（1950年3月号）紙上において，「牧歌的なカリキュラムの自己批判」を行い，「はいまわる経験主義」の問題点を指摘していた[12]。そのことをきっかけにして，1952年3月には，教育科学全国連絡協議会（のち教育科学研究会）が熱海における集会で再建され，同年8月には，日本作文の会の大会である第一回作文教育全国協議会が中津川市で開催された。1952年は，「民間教育運動の年」[13]といわれるほど，民間教育研究団体の結成が盛んに行われていた時代であった。

　そのような状況下において，在野の教育運動家であった桑原正雄と考古学者の和島誠一とが中心となって結成された民間教育研究団体が，「むさしの児童文化サークル」（1952年初めに「むさしの児童文化研究会」と改称，以下，むさしの児童文化研究会）である。むさしの児童文化研究会は，1951年3月に，神奈川県向ヶ丘で旗揚げし，「新しい郷土研究」に取り組む民間教育研究団体として組織されていた。このむさしの児童文化研究会が母体となって，1953年3月には，第1回郷土教育研究大会が開催され，むさしの児童文化研究会は，郷土全協と発展的に改称し[14]，1950年代以降の戦後の郷土教育運動を推進していくこととなる。以下，会の理論的指導者の一人であった桑原正雄に関わり，本論を進める上で必要な点に絞って，彼がむさしの児童文化研究会の結成に至るまでの経歴[15]について述べておきたい。

（2）桑原正雄における「新しい郷土」の発見

　桑原正雄（筆者注：正雄は，ペンネーム。本名は，桑原七郎であった）は，1906年8月11日，山口県に生まれている。青年時代には，『文芸首都』にも作品を寄せ，「芥川賞候補になった」[16]ほどの文学青年であったという。1927年に山口県師範学校本科二部を卒業し，山口県の尋常・高等小学校の訓導となる。入隊や除隊を経て，1931年に上京し，法政大学高等師範部英語科に入学する。その後，東京府豊多摩郡野方尋常高等小学校の代用教員を経験し，1932年より東京府北多摩郡砧尋常高等小学校の代用教員，1933年より同校の訓導として17年間勤務し，1949年からは，東京都世田谷教員組

合の委員長を務めていた。ところが，1950年2月，45歳の時に，組合活動としての出張が連日にわたっていたことにより，「勤務成績不良」の理由をもって，いわゆる「レッド・パージ」を受け，依頼退職の形で教員を離職する。この時に桑原は，「教育でメシを食う」ために「死ぬまで，オレは教育に対する発言をやめないことにしよう」とハラを決めたといい[17]，その後，在野の教育運動家として生きていくことを決意する。

当時の桑原は，組合活動と並行して民主主義科学者協会国語部会に所属し，『少年少女歴史物語』という小学生用の国語教科書の執筆を行っていた。しかし，この教科書は，1949年の文部省の検定を受けて，「現下の情勢では，これは商品にならない」という理由で不採択になる。その不採択となった理由について桑原は，「この失敗は，現下の社会的な制約もさることながら，根本は，わたしの歴史を説明しようとする態度にあった。歴史は覚えることでも，ものしりになることでもなかった」と考え，自身の歴史研究の態度について反省を行う[18]。桑原によるこうした歴史観の転換をもたらした大きな理由の一つには，当時，民主主義科学者協会歴史部会に所属していた考古学者の和島誠一との交流が大きなきっかけととなっていたと思われる。

桑原は，1951年1月に和島と出会い，その人格に魅かれたとともに，学問的な識見に強く心を打たれたことについて回顧して述べている。当時の和島は，愛知県豊橋市の瓜郷遺跡の発掘調査にもとづいて，小学校社会科教科書『大昔の人の生活：瓜郷遺跡の発掘』（岩波書店，1953年）の執筆を行っており，桑原は，民主主義科学者協会国語部会に所属していたこともあって和島と知り合い，元小学校教師としての知見を生かしながら教科書執筆の手伝いを行ったことにより，交流を深めていた[19]。それらのことがきっかけとなり，桑原は，体ごと歴史を体験することができる「考古学」という学問に興味をもったという[20]。さらに，和島より同じ資源科学研究所に所属していた入江敏夫（地理学），桑野幸夫（地質学）らの面々を紹介され，彼等が「郷土」という「フィールド」を中心に活動していることにヒントを得て，「新しい郷土研究」の展開の仕方を見出していくのである。

　自然の発展はきわめて緩慢なものであって，そのうえにかつてあらわれた生物もまた，この緩慢なテンポの中で発生し，発展し，滅亡した。この長い歴史を背景として生まれた人類の素晴らしさは，それが自然の条件に左右されているのではなくて，その発展のうちに，自然を改造することを学んだことにある。われわれの先祖も，この光栄ある人類の一員として，その苦闘の中に輝かしい足跡をとどめてきた。その足跡を，われわれは具体的に，われわれの郷土の中に求めようとしたのである。[21]（傍点部は筆者）

　ここで桑原がいう「新しい郷土」とは，「郷土愛」や「愛郷心」の拠り所としてではなく，過去にその土地に生きた先祖の「生活苦闘史」が現れている「フィールド」（野外，場所など）という意味合いをもつものであった。そして，「郷土の歴史を通じて，わたしたちは，われわれの先祖の苦闘をしのぶとともに，明日への課題をしっかりとつかみたいのだ」[22]と主張し，それを，「新しい郷土研究」とよんだのである。その「新しい郷土研究」では，過去に「フィールド」に生きた先祖たちによる自然地理的な条件（地形，気候など）の克服の歴史を明らかにすることがめざされたのである。

　こうした桑原の「新しい郷土」認識について，須永（2013）は，「『郷土』の中にこそ，地域社会の深刻な利害対立，賃労働化・都市化といった地域社会の変容といった共同体的な志向とは対局にある『資本』の運動を見出そうとしていた」[23]と述べている。これらの指摘のように，桑原の「新しい郷土」認識に影響を与えていた考え方として，当時において主流となっていた，マルクス主義歴史学[24]の影響もあったと思われる。桑原のいう「新しい郷土研究」とは，資本主義社会のもとで搾取が行われている「郷土の現実」に対して，「科学的」[25]な探究を通じて，その探求をめざす考え方であったといえる。

　桑原は，これまでの「郷土史」は，「ただ単に過去帳の羅列にとどまっていて，そこからは，わたしたちの先祖が血と汗を流してきずきあげてきた生活苦闘史は知るよしもない」[26]と認識していた。さらに，これまでの「郷土研究」についても，とくに「民俗学」に関わって，「とくに民俗学の成果が歴史学の成果というものに結びついていない。ただ現象的に民俗学のこと

が出ているだけで，それがどういう歴史的条件の中で出てきたか，生産力が
どう発展してきた中でそういうものが出てきたかという位置づけがない」[27]
という捉え方をしていた。そのために，「各々の郷土に根をおろした着実な
総合研究」[28] が必要であると考え，これまでの「郷土研究」とは異なる「新
しい郷土研究」の活動を構想していくのである。

　以上のような「新しい郷土」認識にもとづいて，桑原は，戦後における「新
しい郷土研究」実践の展開を探っていたのである。

第3節　むさしの児童文化研究会による 「フィールド学習」の開催

（1）桑原正雄による社会科教育論

　これまで述べてきたような「新しい郷土」認識に立って，桑原は，戦後の
新教科である「社会科教育」のあり方に対しても考えを及ぼすようになる。
1950年代に入り，戦後初期新教育の経験主義教育理論に対する批判と，民
間教育研究運動の高まりの中で，桑原は当時の社会科について，「絵そらご
との社会科」[29] といい，次の三点において批判を展開していた。

　一点目は，「ごっこ学習」についての批判である。桑原は，小学生の社会
科見学において，ただ先生に引率されているだけの子どもの姿を見て，「無
自覚に無批判に電車にゆられていく子供たちの姿は，その形こそちがえ，い
ずれも戦争への道に通ずるという点では，同じことではなかろうか」[30] と
述べる。つまり，桑原は，「科学的な批判の精神」[31] を社会科に持ち込むこ
とを主張するのである。このような桑原の姿勢は，彼自身の戦時中の教師体
験に対する反省から来ていると考えられる [32]。

　また，二点目は，社会科が日本の歴史をきちんと教えていないことに対し
ての不満である。桑原は，日本の歴史についての教育が，社会科カリキュラ
ムに系統的に位置づけられていない状況に対して，「歴史的な発展がつかめ
ない。雑然としたつかみどころのない，単なる知識＝ものしりに終わってい
る」[33] と考えていた。そのために桑原は，戦後いち早く小学校において系

統的な歴史授業に取り組んでいた東京都港区桜川小学校の金沢嘉市の社会科歴史授業を参観し，歴史教育のあり方を探っていたという[34]。

　そして，三点目は，社会科における子どもの「生活」の欠如についての指摘である。1950年11月の天野貞祐文部大臣による「修身科」復活発言に対して，桑原は，「天野文相のいう『修身復活』が，かつての思想統制の道へ，一歩進めそうな形勢にある」といい，そして，「ものしりになることではなく，ものともののつながりを，どう見，どうつかむか，その能力が問題である。社会科の使命もそこにある」と述べる[35]。そして，「子供たちが自分で材料を集め，自分で料理する」といった新しい方法により，「子供たち自身が自己の周辺に正しい歴史の目を向けていく」ことを大切にする社会科の学習を模索していく[36]。

　以上のような当時の社会科教育に対する批判的な立場から，桑原はこれからの社会科において，「ものしりの子供」ではなく，「考えることのできる子供」をつくるべきだと主張するようになる。このような桑原の「社会科教育」論について，寺井（1993）は，「昭和22年に成立した社会科の性格をマルクス主義理論の立場から独自に読み直し，当時の社会的要求に見合う形で，子どもの主体性を育成する『郷土教育論』を構築したのではないであろうか」と述べている[37]。このような指摘からも分かるように，桑原は，戦後新教育における経験主義教育理論に対する批判的な立場から，社会科教育を，「郷土」で「考えることのできる子供」を育てる教科として読み直し，「新しい郷土」認識にもとづいた「社会科教育」論を構築したといえる。

（2）桑原正雄による「新しい郷土研究」の提唱

　そして，桑原は，「社会科教育」の実現のためには，教師の意識改革が必要であると考え，「社会科に批判と自由の新風をおくり」[38]こむための「新しい郷土研究」の普及を，次のような経緯で考えていく。

　1951年1月（中略）わたしたちは岩波の仕事のことで話し合っていた。岩波の仕事というのは和島さんが発掘された瓜郷遺跡の成果を，子どもにもわかりや

すい本にして出版することになっていたのを，わたしなりにお手伝いすることにしていたのである。そんな話から，戦後の教育とくに社会科の学習がいつも話題になった。もっと実地の生きた教材をとりあげて学習したら，社会科をもっとおもしろくやれるのではないか。それには，現場の先生たちによびかけて，校外学習の研究会でもやったらどうだろうと，だんだん話が発展していった。[39]

　このように，桑原は，「社会科をもっと面白くしたい」という願いから，学校現場の教師たちが「実地の生きた教材」をとりあげるようになるための「校外学習の研究会」の開催を考えていく。そして，桑原は，「新しい郷土研究」の方法の普及をめざした「フィールド学習」の開催を計画し，「教育理論（研究者）」と「教育実践（教師）」との結びつきを求めていくのである。

　　学術，文化の普及は，早くから学界の最重要課題であった。（中略）そのような専門学者と大衆のつながりを，どのようにしてもとめるかが，大きな問題であった。わたしたちの研究会は，そのような結合を，まず教育実践家の人々に求めた。そして，その結合の場所を研究室や教室でなく，野外―つまり郷土にもとめたのである。こうして，わたしたちのフィールド・ワークが始まった。（中略）自分たちの郷土をどのように見るか，その研究の方法と基礎が与えられたとしたら，幾千，幾万の小さな誠実な協力者たちは，異常な熱心さをもって，しかも目的的に日本文化へのすばらしい貢献を果たしてくれるであろう。このことは決して小さな考古学者を作ることでもなければ，おませな地理学者を養成することでもない。各各の郷土に根をおろした着実な総合研究は，かつての観念的な歴史や地理のいきかたではできなかった，わたしたちの祖先の生活苦闘史をうきぼりにさせてくれる。それによって，民主日本再建の新しい勇気と確信をもってくることであろう。社会科における道徳教育の根本も，ここにひそんでいるとわたしたちは考えている。こう考えてくると，この研究会の仕事も一つの新しい教育運動だといえよう。[40]（傍点部は筆者）

　この文からも分かるように，桑原は，「郷土」における「校外学習の研究会」の開催を通じて，「研究者」から「教師」へと，「新しい郷土研究」の方法の

普及を図ることをめざしていた。桑原によるこの「フィールド学習」の主張は，1950年代において「国民的歴史学運動」[41] が隆盛していたことや，全国各地の小・中学校の社会科教師たちによって，「考古学」的手法を活用した「郷土研究」が積極的に取り組まれていたという歴史的事実 [42] からも，現場の意識的な教師たちにとって，その「理論」を受け入れやすい状況が存在していたと思われる。

そして，1951年3月には，桑原と和島が中心的な呼びかけ人となって，「むさしの児童文化研究会」が結成され，神奈川県川崎市向ヶ丘で「校外学習の研究会」を開催することが決定される。むさしの児童文化研究会による「校外学習の研究会」は，「フィールド学習」[43] と呼ばれ，「郷土の現実」に根ざす課題を，研究者と教師たちとの連携・共同によって究明することがめざされていた。

第1回目の「フィールド学習」では，向ヶ丘の土地の利用のされ方について把握するため，主に向ヶ丘台地の土地の成り立ちについて理解することがめざされていた。現場の先生への呼びかけ方法としては，桑原の顔なじみが多い世田谷区の教員組合の交換箱を利用したり，学校めぐりをしながら根気よく一人ひとりの先生に当たっていったりしたという [44]。

表1は，むさしの児童文化研究会による「フィールド学習」を順にまとめたものである。第三回目からの「フィールド学習」への参加者が増えたのは，1951年4月13日に，『わたしたちの武蔵野研究―向ヶ丘篇―』（秀文社，1951年）が出版されたことが要因としてあったと思われる [45]。そして，翌年2月1日には，「私たちの郷土研究―府中と国分寺を中心にして―」が，『歴史評論』（第34号，1952年2月）に，掲載されたことも，「フィールド学習」の参加者増加の要因となっていたと思われる [46]。「フィールド学習」の様子について，当時の事務局の一人であった上川淳 [47] は，次のように振り返って語っている。

　　和島先生にさそわれて，同じ資源研の桑野幸夫先生（地質学）入江敏夫先生（地理学）が同行されたのですが，三人のコンビで，それぞれの分野をわかりやすく

表1　1950年代のむさしの児童文化研究会による「フィールド学習」・略年譜

年	むさしの児童文化研究会の活動	参加者
1951 (昭和26)	1月　桑原正雄が資源科学研究所に和島誠一を訪ねる。	
	2月　川崎市向ヶ丘を第1回目の「フィールド学習」の場に選ぶ。	
	3月11日　むさしの児童文化研究会発足 第1回目の向ヶ丘の「フィールド学習」を行う。	23名　桑原正雄，和島誠一，入江敏夫，桑野幸夫
	3月15日　第2回目の府中の「フィールド学習」を行う。	30名前後　桑原正雄，和島誠一，入江敏夫，桑野幸夫，高橋磧一，上川淳，菅忠道
	3月20日　第1次原稿ができあがる。	
	3月30日　現場の先生にたちによって再検討が加えられる。	
	3月31日　高橋磧一に原稿を見てもらう。	
	4月2日　秀文社へ原稿を渡す。	
	4月13日　むさしの児童文化研究会『わたしたちの武蔵野研究―向ヶ丘編―』No. 1（秀文社）ができあがる。	
	5月13日 第3回目の向ヶ丘の「フィールド学習」を行う。	88名　桑原正雄，中小の先生，児童文学者協会，多摩文化懇談会，歴史教育者協議会，野外植物研究会
	6月3日　川崎市稲田中学校で室内研究会を行う。	
	6月24日　第4回目の東京都大田区池上の「フィールド学習」を行う。	
	7月28日～30日　社会科夏季林間講座（川崎市竜厳寺に合宿し，向ヶ丘を中心に何をどうつかむかの実戦訓練を行う）	55名　桑原正雄，地質担当：桑野幸夫，考古学担当：和島誠一，歴史担当：高橋磧一，地理担当：入江敏夫
	8月　考古班が2回にわたり府中の予備調査を行う。	
	8月28日　地質班が府中に出かける。	
	9月3日　歴史班が府中に出かける。	
	9月　地理班が府中に出かける。	
	10月　それぞれの班の報告が持ちよられ，討論され，池上や向ヶ丘と対比して，府中の歴史を明らかにする。	桑原正雄，金石文化担当：篠崎四郎，川崎新三郎，小澤圭介，大江匡希，関根鎮彦，上川淳，高橋清輔

年	むさしの児童文化研究会の活動	参加者
	10月 東京都北多摩郡東玉川小学校の福田和が，自分の学級の児童を連れてきて，現地で授業を試みる。	
	1月 むさしの児童文化研究会「わたしたちの郷土研究 No.2―府中と国分寺を中心にして―」が，『歴史評論』No.34，1・2月合併号に掲載される。	
1952 (昭和27)	2月 高尾山の「フィールド学習」を行う。	
	夏 井の頭と上野の「フィールド学習」を行う。	
	秋 浅草で「フィールド学習」を行う。	

出所：桑原正雄「郷土研究の新しい展開のために」『歴史評論』31号，1951年9月，61～66頁。桑原正雄「新しい郷土教育」『6・3教室』5巻10号，1951年10月，40～43頁等を参考に筆者作成。主な出来事・出版物は，ゴチック体で表した。

　説明されるのを聞いているうち，これなら絶対現場の先生たちに受けると確信をもちました。[48]

　当時の「フィールド学習」は，現場の先生たちに対する考古学，地質学，地理学といった学問の実地的な解説といった位置づけであった。しかも，専門学者によるその説明が，現場の教員にとって，実地をふまえて「わかりやすく」なされたため，参加者から非常に好評であった様子が分かる。この「フィールド学習」の開催を通じて，桑原は，「新しい郷土研究」の方向性を見出す。それは，「それぞれの地域で，熱心なひとびとが中心になって，自主的な研究組織―支部」を作り出すことにより，各地域において研究者と教師たちが結びつきを深め，「第二，第三，第四の向ヶ丘」を生み出そうとする発想として結びついていったのであろう[49]。

第4節　郷土教育全国連絡協議会と戦後の郷土教育運動

（1）桑原正雄における「新しい郷土教育」論

　これまでに述べてきたように，むさしの児童文化研究会による「フィール

ド学習」は，研究者から学校現場の教師へ，「新しい郷土研究」の研究手法が普及される機会となっていた。そしてそれは，教師たちにとって社会科の単元開発や教材開発のための研究手法として用いられ，郷土史教材の研究的実践として取り組まれていたのである。

『1951年度版学習指導要領 社会科編（試案)』は，（試案）という位置づけのもと，学習指導要領の法的拘束力はなく，学校独自あるいは教師独自による社会科単元の自主編纂が可能となっていた [50]。また，1950年代前半における「国民的歴史学運動」の隆盛のもとで取り組まれていた社会科教師による「新しい郷土研究」は，全国各地において，すぐれた社会科教師や在野の歴史研究者を生み出すことにもつながっていた [51]。

さらに，当時の桑原は，戦前の「郷土教育」について，次のような認識をもっていた。

　大正の末期から昭和へかけて，「教育の貧困とたたかい，これを救いだすだけの強い力と光とを獲得する」ために，「科学的調査と経済開発とを先決とする郷土教育の運動」が，全国的におこったことがある。それはまだ景観主義からぬけきれなかったようだが，新しい教育運動として，「生活教育」へと発展する土台をつくった。[52]

　このように，桑原による「新しい郷土研究」の主張は，現場の教師たちの社会科の単元開発や教材の自主編纂活動と結びついて捉えられ，郷土全協による「新しい郷土教育」論の構築につながっていったのである。

（2）教師たちによる「新しい郷土教育」論の受け止め方

　では，郷土全協による「新しい郷土教育」論の主張は，現場の教師たちにとってどのように捉えられていたのであろうか。以下，「フィールド学習」に参加した郷土全協の実践家による言説の検討を通して，その捉え方の特質を明らかにしていきたい。

　東京都北多摩郡（現小金井市）小金井第二小学校の斎藤尚吾は，むさしの児童文化研究会に関わっていったきっかけについて，次のように述べている。

　私はたまたま武蔵野児童文化研究会という，いわば郷土を中心にして，地域の歴史的な考え方,物の見方を実際のフィールドを通してやっていこうという考(マ

マ)のあること知り，早速そこと連絡をとりました。自分の社会科のねらいを整理して，この会のやり方をとり入れることから再出発しようと，私の考えがまとまっていったわけであります。(53)

　ここからは斉藤が，戦後新教育期における自身の社会科の取り組みに対して反省を行い，そのことがきっかけとなって，むさしの児童文化研究会の活動に参加していったことが分かる。そして，「フィールド学習」の参加の経験を通じて，社会科のねらいを次のように整理して考えるようになったという。

（1）　学級や学校を自分たちで一つの共和国にしていくこと。
（2）　自然や社会の研究—子供たちの生活している地域社会（町を中心として）で，具体的な事物を扱って地理・歴史の学習をすること。
　　　教師は事物に向って歴史的・発展的・系統的な取り扱いを重視する。そこで社会科の内容・問題を児童と一しょに郷土研究を進めつつ資料をあつめ，やがて郷土史をつくってみようと考えた。(54)

　このように斉藤は，「フィールド学習」への参加を通じて，「新しい郷土研究」の研究方法を獲得し，それを活用して児童とともに「郷土史」教材の自主編纂活動に取り組んでいたのである。斎藤は，独自に小学校社会科の単元開発を行うとともに，「郷土」の具体的な事物を用いた社会科授業実践に取り組もうとしていたのである。

　また，戦後の社会科教師を代表する実践家であった相川日出雄は，むさしの児童文化研究会との関わりについて，次のように述べている。

　私の集めた村のデータと村の条件が，「私たちの武蔵野」と大体同じでもありました。このことから同じ関東なら，各地域の特殊性の中に一般性があるということが重要です。これは更に日本全体にもあてはまることでしょうし，これによ

って教師がそれぞれの現場で郷土を科学的に究明してこれを積重ね，おしひろげていくことによって，日本史の新しい方向が見出されるのではないでしょうか。更にそれは現場の教師と考古学，地学，史学等の各方面の専門家との結びつきによって，内容が豊富さを増してくるものと考えられます。(55)

　相川は，『私たちの武蔵野研究』を手に入れたことが，むさしの児童文化研究会に関わるきっかけとなったという。そして，専門学者と現場の教師たちが結びついた「新しい郷土研究」を全国各地で推進しようという主張を行っていたのである。この主張のきっかけとなったのは，相川が，むさしの児童文化研究会による「フィールド学習」に参加した経験であった。

　　今のことばでいえば，地域住民の中へ入っていくというような運動がやっぱり大切なんだということで，それと生きた郷土の中の，郷土というより地域の中のものをどう教育にピックアップしていくかという方法がわかんないわけです。板碑の見方とか庚申塔がどうだとか，そういうことは，ひじょうに武蔵野児童文化から吸収しましたね。(56)

　このように，相川は，むさしの児童文化研究会による「フィールド学習」の参加を通じて，「板碑」や「庚申塔」の見方など，教材研究の仕方を学んでいたのである。つまり，相川による「フィールド学習」の経験は，郷土全協による「新しい郷土教育」論の主張と結びついていったといえる。

第5節　郷土教育研究大会と「新しい郷土教育」実践

（1）第1回郷土教育研究大会の開催（1953年2月）

　ところで，桑原は，「新しい郷土教育」論の展開の問題として，具体的な教育実践としてどう取り組んでいくかについての課題を自覚していた。そのために，「わたしたちが郷土の現実を媒介として，歴史地理的な認識を深めようとしたのも，問題の本質をほりさげるための学習運動であった。なぜなら，問題はつねに地域＝郷土のなかに深く根をおろしているからだ。ところ

が，その学習運動なるものは，教師自身の学習であって，それはそれとして
大きな意義をもっていたが，子ども自身の学習の方法として，わたしたちは
新しい分野を開拓することにゆきなやんでいた」[57]と述べている。

　そうしたとき，桑原は，「わたしたちはその点で，千葉の相川さんの実践
に一つの活路を見出した」と述べる。「千葉の相川さんの実践」とは，千葉
県印旛郡富里村立富里小学校久能分校において，1952年度の受け持ちの小
学四年生の児童を対象にして相川日出雄が取り組んでいた社会科教育実
践[58]のことであった。桑原は，相川から送られてくる児童の作文を見て，「こ
れだッ」と思い，相川実践の中の教育方法について，「作文教育と結びつい
た郷土教育は，もはや詰め込み型の旧式教育ではない」[59]として，相川実
践の中の「生活綴方と歴史教育の結合」[60]といった教育方法に，「新しい郷
土教育」実践の根拠を見出すのである。そして，この相川実践について，「こ
のすばらしい成果をみんなものにしなければならない」と決心し，むさしの
児童文化研究会を，「郷土教育全国連絡協議会」と発展的に改称し[61]，第1
回郷土教育研究大会の開催を決定する。

　第1回郷土教育研究大会は，1953年2月14〜15日に，相川の地元，千
葉県印旛郡成田小学校講堂を会場にして，全国より250名を超える参加者を
集めて開催された[62]。大会中に最高潮に盛り上がったのは，大会会長の周
郷博[63]が，「郷土教育の意義」と題して講演を行ったときであったという。
周郷は，自由学園の附属幼稚園の入試で起こった出来事として，「5つの子
どもが，机の上におかれた青いリンゴを描けといわれて，みんな赤いリンゴ
を描いた。ぬり絵に毒されて，目の前にある現実をありのまま見ることが出
来ない。こういう子どもが大きくなれば，やっぱり，赤いリンゴを描いてし
まう。青いリンゴを青く描く子を育てたい」というエピソードを語ったとい
う。この講演を受けて会場の雰囲気は，「満場の拍手，そして，『青いリンゴ』
はこの会の合言葉になった」[64]という。そして桑原も，この「青いリンゴ」
という言葉を引き，「わたしたちがいう郷土教育とは，青いリンゴを青いリ
ンゴと見ることができ，しかも青いリンゴだといいきることのできる子ども
たちをつくる一つの教育運動である」[65]と主張していくのである。

38

　相川実践が示した教育方法とは，「郷土」のフィールド・ワークの後に生活綴方を行うといった教育方法により，「郷土の現実」をつかむというものであった。桑原は，この相川実践を，「青いリンゴを青いリンゴと見ることができ，しかも青いリンゴだといいきることのできる子どもたちをつくる」教育実践として捉えていくのである。

　　青いリンゴを青いリンゴと見る仕事を，生活綴方のみなさんはたくましく実践しておられる。しかし，青いリンゴだといいきる確信は，現実を歴史的（科学的）につかむことによって生まれてくる。生活綴方と歴史教育が，「郷土」を場として，神聖な結婚式をあげることは必然のなりゆきであった。相川日出雄氏の実践を，私たちはそんなふうに考えている。(66)

　このように桑原は，相川実践について，「生活綴方と歴史教育が，『郷土』を場として，神聖な結婚式をあげる」というような表現を用いて，郷土全協の「青いリンゴの運動」と結びつけて考えるのである。そして，「郷土―地域社会への科学的な認識を深めるために，歴史や地理だけではない，あらゆる科学・学問の成果を総合的に統一的に系統的に理解させ」る必要があり，「相川さんの実践は，その可能性に道をあけてくれた」(67) と述べる。つまり，第1回郷土教育研究大会では，「生活綴方と歴史教育の結合」という教育方法が，その後の戦後の郷土教育運動を展開するための教育方法として位置づけられ，相川実践をモデルとして，その普及が図られたといえる。

　この1回郷土教育研究大会の開催によって，他の「新しい郷土教育」実践の創造にもつながっていった。神奈川県足柄上郡松田小学校の湯山厚は，相川実践における「生活綴方と歴史教育の結合」の姿に学んだことを通じて，「教師の自己改造」(68) を迫られたという。そして，「創作活動を通じて歴史を把握する」という教育方法に思い至り，「山城国一揆」という実践記録(69) を残している。

（2）第2回郷土教育研究大会の開催（1953年8月）
　しかし，桑原は，第1回郷土教育研究大会について，「すべてが準備不足

であった」といい,「大会資料にかんじんの相川さんの実践報告をのせなか
ったことが残念であった」といった反省を行う。つまり,第1回郷土教育研
究大会を,相川実践における「生活綴方と歴史教育の結合」の教育方法の普
及までに,十分及ばなかったと理解したのである。そして,「ともかく実践を,
ということで打ち切った不徹底さのために,わずか半年後に第2回の大会を
開かなければならなかった」といい,1953年8月に,第2回郷土教育研究
大会の開催を決定する[70]。

第2回郷土教育研究大会は,1953年8月19〜21日に,会員の斎藤尚志
の地元,東京都北多摩郡小金井町を会場にして,全国より百数十名の参加者
を集めて開催された[71]。この大会では,その後の郷土全協の運動の展開を
支える「綱領」が決定され,「郷土教育的教育方法」に関する議論が深まっ
たことが成果としてあげられる。

「郷土教育的教育方法」に関する議論の端緒となったのは,東京都北多摩
郡(現小金井市)小金井第三小学校の岩井幹明による実践発表であった。岩
井実践「学校へ来る道」は,小学校2年生の児童に,学校からそれぞれの自
分の家までの地図をグループごとに作らせ,その地図を見ながら「フィール
ド・ワーク」を行うという実践であった。岩井実践では,子どもたちが「フ
ィールド・ワーク」を通じて,地図の書き方が不十分であり,道がなくなっ
てしまったりすることを認識していった。そして,実践を通して地図の描き
方を体得していったという[72]。この実践は,自分の頭の中で描いた地図と,
「フィールド・ワーク」において必要とされる地図とを,体験を通して「く
らべてみる」ことにより,地図を描かせることによって体得させるという取
り組みであった。

桑原は,この岩井実践に見られるような「フィールド・ワーク」を通じて,
地図を「くらべてみる」ことができる教育方法を,「誰にもできる」「民衆的
な教育方法」としてその価値を捉えていく[73]。そして,「客観的な知識・技
術の習得が,古い詰めこみの系統学習ではなく,子どもたちの生き生きした
主体的な活動の中でおこなわれている」と評価し,「平凡な地図学習の実践が,
千葉の相川さんの実践を超えるものとして高く評価される理由をもってい

た」[74] と評価するのである。

そして，桑原は，この第2回郷土教育研究大会を通して，「千人の無着・万人の相川」[75] が生み出されることをめざし，より一般的な「郷土教育的教育方法」の確立をめざしていくこととなる。この「郷土教育的教育方法」のテーマを受け止め，「新しい郷土教育」実践に取り組んでいた小学校教師が，東京都世田谷区東玉川小学校の福田和であった。福田は，「東京都北多摩郡小金井町で開かれた第2回郷土教育研究全国大会の時に，北多摩郡の岩井先生の実践を聞いていたので，まねたわけです」[76] といい，「学校へ来る道」の実践に取り組んでいた。

福田は，学校のまわりと家の近所との絵地図を「フィールド・ワーク」により比較させる作業を通じて，子どもたちが郷土の事象を「くらべてみる」ことと，その後の「生活綴方」を組み合わせた「郷土教育的教育方法」を開発したのである。この「郷土教育的教育方法」のモデルとしての実践は，郷土全協が中心となって編集した『あかるい社会』の教科書販売パンフレット[77] の中でも紹介され，その後の「新しい郷土教育」実践の展開に大きな影響を与えていた。

以上述べてきたように，第2回郷土教育研究大会では，岩井実践が「新しい郷土教育」実践における教育方法のモデルとして示された。そして，福田和が，社会科授業実践を通じて，「郷土」における事象を「くらべてみる」ことと，「生活綴方」を組み合わせた「郷土教育的教育方法」を開発し，展開させることによって，戦後の郷土教育運動の展開が図られていたのである。

以上のように，1950年代前半における郷土教育研究大会の開催は，現場の教師同士の実践交流を促し，「新しい郷土教育」に関する教育方法の「理論」化をめざしたものであったと捉えることができるだろう。

1950年代前半において郷土全協が主催した全国郷土教育研究大会の『大会資料』によれば，第1回大会（1953年2月）における実践報告者は，相川日出雄，福田和，金井塚良一（埼玉県東松山市東松山高校）[78] であった。第2回大会（1953年8月）では，岩井幹明，杉崎章（紙上発表）が実践の報告を行い，各分科会の記録からは，多数の中学校・高等学校の教師の参加の様

子が分かる。第三回大会（1955 年 8 月）の実践報告者としては，西村幸夫（東京都大田区池上第二小学校）[79]，中村一哉らといった教師たちが名前を連ねていたことが分かる。表 2 からも分かるように，当時の全国郷土教育研究大会に参加していたのは，小学校教師たちだけではなく，中学校・高等学校の教師たちの存在もあった。そして，そのような中学校教師による「新しい郷土教育」実践については，これまでに，あまり注目されてこなかったといえよう。

愛知県知多郡（現東海市）横須賀中学校の社会科教師であった杉崎章[80]は，第 1 回郷土教育研究大会に参加した印象を，次のように振り返って述べている。

　昭和 27 年の 2 月，郷土教育全国連絡協議会の第一回大会が千葉県の成田で開かれる時，和島先生から添書のある案内をいただいた。このころ民間の教育団体が相ついで結成され，自由なそしてはつらつとした活動がはじめられていたのであるが，この会こそ社会科教師の期待を率直にうけとめてくれる会であると思い，職場の校長さんにも許可をえて参加費の補助を受け勇んで上京した。（中略）
　会議の真ん中ごろ，お茶の水大学の周郷博先生が壇上にたたれて，郷土の現実から真実をつかみださせるフィールド・ワークの考え方を強調され，「もの」を通して自分の認識を創造していく学習，青いリンゴを赤く塗らない真実の教育，リアルな郷土教育の運動を提唱された。「青いリンゴはあくまで青いんだ」と訴えられる先生の真実へのきびしいせまり方には深い感動を受けた。[81]

このように杉崎は，大会への参加を通して，「もの」を通して自分の認識を創造していく「新しい郷土教育」実践の重要性に気づかされたことを振り返って述べている。そして，そのための教育方法として，「新しい郷土教育にはフィールド・ワークを武器とし手段とした教育方法が必要であること，それは戦前からの長い試練と伝統を受け継いできた生活綴方の方法と，考えを同じくするもの」[82]であるとして，「フィールド・ワーク」と「生活綴方」の教育方法的な意義を捉えていく。そうした杉崎による取り組みは，第 2 回郷土教育研究大会において報告され，大会会長の周郷博の目に止まることになり，「考古学と郷土教育」の実践記録として結実していくこととなる[83]。

表2　郷土教育全国連絡協議会による郷土教育研究大会・略年譜

年月日	大会・集会	大会のプログラム	主な実践	主な論文	主な出版物
1953（昭和28）年2月14〜15日	第1回郷土教育研究大会（千葉県成田町・富里村フィールド）	会場：千葉県印旛郡成田町成田小学校講堂。第1日目午前の部：問題提起（周郷博「郷土教育の意義」，古谷綱武「日本の中の日本」，入江敏夫「これからの地理教育」，高橋磌一「郷土に取り組む歴史教育」）午後の部：実践報告（大田堯，福田和，相川日出雄）司会（今井誉次郎，勝田守一）第2日目午前の部：フィールド・ワーク（むさしの児童文化研究会指導，千葉県印旛郡富里村）午後の部：総括討論（司会・桑原正雄）。	**福田和**「私たちの町」**相川日出雄**「新しい地歴教育」	桑原正雄「問題解決と系統学習」（『教育』4月号）むさしの児童文化研究会「小学校社会科教科書批判（『教育』7月号）	桑原正雄『ぼくらの歴史教室』（青銅社，2月）
1953（昭和28）年8月19〜21日	第2回郷土教育研究大会（東京都小金井フィールド）	会場：東京都小金井第一小学校，浴恩館。第1日目：フィールド・ワーク（蛇の目ミシン工場，テスター工場，旧主大久保氏宅，小金井小次郎の墓，下請工場，モーリ農園，旧名主梶氏宅，貫井弁天，前田氏宅）。第2日目午前：講演（和島誠一「郷土研究の考古学的方法について」，高橋磌一「郷土教育における歴史教育」，関根鎮彦「郷土の諸問題と地理教育」）第2日目午後8時：討論会（第1分科会「フィールドと物の考え方と調べ方」，第2分科会「歴史教育と郷土教育的教育方法との関係」，第3分科会「地理教育を中心とした諸問題」，第4分科会「環境と障害—特に基地に関して」，第5分科会「表現について」第6分科会「生活綴方教育から郷土教育への発展」）第3日目：総合討論。	岩井幹明「学校へ来る道」**杉崎章**「知多半島の古代」	綱領・規約決定（『第2回郷土教育研究大会資料集』8月）	小学校用社会科教科書『あかるい社会』（中教出版）の編集に参加（8月〜）

年月日	大会・集会	大会のプログラム	主な実践	主な論文	主な出版物
1955（昭和30）年8月6〜8日	第3回郷土教育研究大会（東京都足立区本木町・千住元町フィールド）	会場：東京都お茶の水大学講堂。第1日午前：講演（中国研究所員・島本修「中国の教育」。第1日午後：実践報告（中野進「郷土から一番縁の遠い教育」中村一哉「耕地整理はどのように行われていったか」西村幸人「日本の水産業」阿部進「国語を大切に」第2日目午前：上野付近バタヤ街のフィールド・ワーク（①紙すき業の現状②スラム街の生態③賃貸業者の実態）。第2日目午後：分科会。第3日目午前：総合討論。	**中村一哉**「耕地整理はどのように行われていったか」西村幸人「日本の水産業」	桑原正雄「ふたたび問題解決学習と系統的学習について」『歴史地理教育』2号1954年9月。関根鎮彦「郷土教育と地理教育」『歴史地理教育』3号，1954年10月。	『歴史地理教育』創刊号を歴史教育者協議会と共同で発行（1954年8月）

出所：むさしの児童文化研究会編『第1回郷土教育研究大会資料 郷土教育』1953年2月。郷土教育全国連絡協議会編『第2回郷土教育研究大会報告 郷土教育』1953年8月。鈴木亮「第3回郷土教育研究大会特集 大会ルポタージュ」『歴史地理教育』第3号，1954年10月等を参考に筆者作成。なお，本論文で取り上げた代表的な実践家は，ゴチック体で記した。

以後，杉崎が中心となって運営し，中学生とともに取り組んでいた。

　杉崎に指導された横須賀中学校郷土クラブの生徒たちは，地域の遺跡の掘削や測量，遺物の観察，記録，接合などの作業に参加していたことが分かる。郷土クラブの活動として，実際に発掘調査の作業を行っていたのである。1952年度における柳が坪貝塚の発掘調査や，1954年より行われた社山古窯の発掘調査の作業も，郷土クラブの生徒たちが中心となって行われたものであり，これらの発掘調査は，杉崎によって教育活動としての位置づけのもとに取り組まれたものであった。

　杉崎は，発掘調査の作業の教育的意義について，「教師や生徒が遺跡や遺物の調査をすすめていくその過程の中で，自然をつかみ社会を理解していく態度をうちたてたいと考えておるのであり，そこには遺跡を研究して歴史や考古学の専門家になるということは問題でなく，ただ郷土の共通経験の場にたって物をあつかう学問としての方法論にまなぶことから，主体的な生活の姿勢を確立していきたいと求めているのである」[84]と述べる。すなわち，

発掘調査の作業を通じて郷土クラブの生徒たちは，考古学的な研究手法を体得していったと考えられる。さらに，杉崎は，発掘調査の作業の後に，その日の調査を通して考えたことを書く生活綴方に取り組ませていた。

　杉崎に指導された郷土クラブの生徒たちは，共通の課題をもちながら作業に取り組み，一日の終わりに討議を行っていた。これは，杉崎が「歴史・地理・道徳についての既成の概念くだきと，創造的な人間の再生」[85]を意図し，発掘調査の中で作文や詩の指導を組み入れた成果であった。さらに杉崎は，発掘調査を通して生徒による文集の刊行の必要性を主張していた。それは，文集の刊行を通して，「生徒たちの協力を具現化する意味」[86]があるからだという。このことにより，郷土クラブの生徒たちは，発掘調査の中の生活綴方により，書くことを通した人間的成長を可能にしたのだろう。発掘調査の中の生活綴方は，1950 年代前半からの郷土全協の立場から取り組まれていた「新しい郷土教育」実践に共通する特質でもあった。

（3）第３回郷土教育研究大会の開催（1955 年８月）

　また，第３回郷土教育研究大会において実践報告を行った岡山県英田郡（現美作市）福本中学校の社会科教師であった中村一哉は，「生活綴方と歴史教育の結びつき」といった教育方法について，次のように熱心に取り組んでいたことを振り返って述べている[87]。

　　歴史教育のあり方を模索していたわたしが，迷った末に到達したのは，生活綴方教育への道であった。

　　きびしい現実を正しく見つめ，未来への確かな夢を育てていく。生活綴方の教育から歴史教育を考えるとき，いままで見過ごしてきた課題が重要な意味をもって迫ってくる。歴史的見方や考え方を学ぶ教科としての歴史はもとより，それを全教育活動の中で育てていくことが必要であると考えるようになった。具体的事象の奥にひそむ，根源的な本質をみずから求め，それを生きる力とする，そういう人間育成の歴史教育こそ，これからの教育の柱としなければならない。[88]

　このように中村は，生徒たちが「郷土」の歴史を書くことによる教育の価

値を見出していく。そして，岡山県・月の輪古墳発掘運動の中での「郷土研究クラブ」を主体とした「全教育活動」において，歴史を書くことによる教育実践に取り組んでいくのである。そうした中村による「新しい郷土教育」実践は，月の輪古墳発掘運動の中の文集『月の輪教室』（理論社，1954 年）として結実していく[(89)]。

　中村は，『月の輪教室』の中に，中学生の生徒たちと共に取り組んだ月の輪古墳の発掘調査の様子が分かる詩を残している。

　このように，1950 年代前半における「国民的歴史学運動」の中で取り組まれていた「生活綴方」は，教師自身による「生活記録運動」とも結びついていた。つまり，当時多くの教師たちによって行われた実践記録の公刊は，教師たちが主体を変革していく契機にもなっていたと捉えることができる[(90)]。発掘調査の中の福本中学校の生徒によって生み出された「道の歌」の生活綴方は，映画『月の輪古墳』の冒頭に登場するものであるが，この作者に対して，当時の中村の教え子であった角南勝弘氏は，「中村先生が熱心に作文指導していた」ことをインタビュー調査において語っていた[(91)]。また，「書けてしまった詩」という詩のタイトルや「詩が書けていた」「詩はこうして生まれるのですね」という内容からは，生徒たちによる生活綴方に対して，福本中学校の教師たちが熱心に作文指導を行っていたことを物語っている。このように体験したことを克明に綴るという学習記録のあり方は，「生活綴方的教育方法」における「概念くだき」[(92)]の手法にもとづくものであったことが分かる。当時，月の輪古墳発掘運動に参加した永瀬清子氏は，このような生活綴方の意義について，「それならば本当はどうなのだろう。その疑問が郷土愛ともつながり，科学的な知識を求める心ともつながったと思う」[(93)]と振り返って述べている。つまり，発掘調査の中の生活綴方は，福本村に生きていた生徒たちの生活態度の形成の役割を担っていたことが明らかになる。なお，発掘調査の中の生活綴方という教育方法は，1950 年代前半から，全国各地で郷土全協の立場から取り組まれていた「新しい郷土教育」実践に共通する手法であった。

　以上のことより，1950 年代前半からの戦後の郷土教育運動の展開の中で

は、「歴史教育と生活綴方の結合」や「郷土教育的教育方法」といった教育方法としての「理論」の追求がなされ、「新しい郷土教育」実践の創造がめざされていた。また、郷土全協に参加した小・中学校の教師たちには、学習者が歴史を書くという「生活綴方」の意義と、教師が「実践記録」を書くことによる自己教育の価値が共有され、数多くの実践記録が生み出されていたといえるだろう。

第6節　本章のまとめ

本章では、1950年代前半における「新しい郷土教育」実践の創造の背景に関して、郷土全協内における「理論」と「実践」の結びつきに焦点を当てて検討を行ってきた。本章で明らかになった点は、以下の三点である。

第一は、1950年代前半のむさしの児童文化研究会による「フィールド学習」においては、学問的研究の「理論」の「実践」化といった関係性が存在していたことである。むさしの児童文化研究会が主催した「フィールド学習」では、研究者より、「理論」としての「新しい郷土研究」の手法が現場の教師へと普及・啓発された。そこで、現場の教師たちによって「新しい郷土研究」の「理論」が学ばれ、社会科の単元開発や教材の自主編纂活動と結びついて、「新しい郷土研究」の「実践」が取り組まれていたのである。

第二には、1950年代前半における郷土教育研究大会の開催を通じて、「新しい郷土教育」に関する「実践」の「理論」化が図られていたということである。そこではまず、相川日出雄実践や岩井幹明実践のような小学校教師による「新しい郷土教育」実践がモデルとして示され、「生活綴方と歴史教育の結びつき」や、「フィールド・ワーク」と「くらべてみる」などといった教育方法の一般化がめざされた。1950年代前半における郷土教育研究大会の開催は、「新しい郷土教育」実践に関する教育方法の「理論」化がめざされて、現場の教師同士の「実践」交流をも促していたと捉えることができる。

第三には、1950年代前半からの戦後の郷土教育運動の中で、「新しい郷土教育」に関わる「理論」の深まりが、現場の教師たちによる「実践」の創造

過程に影響を与えていたことである。つまり，1950年代前半からの戦後の郷土教育運動の中では，「歴史教育と生活綴方の結合」や「郷土教育的教育方法」といった教育方法としての「理論」の追求がなされていた。そのような「理論」の追求は，小・中学校教師による「新しい郷土教育」に関する「実践」の創造を通して，さらに深められていた。また，1950年代前半以降における戦後の郷土教育運動に参加した小・中学校の教師たちにとっては，学習者が「郷土」の歴史を書くという「生活綴方」の意義と，教師が「実践記録」を書くことによる自己教育の意味が共有され，数多くの実践記録が生み出されていたといえる。

　以上述べてきたように，1950年代前半における「新しい郷土教育」実践の創造の背景に共通する特質としては，小・中学校の教師たちによる，むさしの児童文化研究会が主催した「フィールド学習」への参加の経験や，郷土全協が開催した郷土教育研究大会への参加の経験，戦後の郷土教育運動における教育方法に関する理論の深まりなどといった要因が，「新しい郷土教育」実践の創造のための契機となっていたことを示すことができた。さらに，本章の検討を通じて，1950年代前半における「新しい郷土教育」実践の創造過程に関わった「研究者（理論）」と「教師（実践）」との協力・共同の歴史的な実態を示すことができたと考える。

　これまでの先行研究では，1950年代の郷土全協の活動について，「その主な活動主体が研究者・学者主催ではなく小学校教師であり，小学校教師自身のための実践交流活動が行われていたこと」[(94)]が指摘されているが，本章での検討を通じて，研究者と学校現場の教師たちとの交流，中学校の教師たちの存在などの実態についても，研究視点を深めることができた。

　また，1950年代前半における郷土全協の運動に関しても，「初期の郷土全協における運動は，フィールド・ワークを行いながら『教育内容と教育方法の統一』に取り組もうとしていた」とまとめられているが[(95)]，本章での検討を通じて，戦後の郷土教育運動の教育実践レベルで，その「理論」と「実践」の結びつきの実態についても検討することができたと考える。

注

（1）桑原正雄「新しい郷土教育」『6・3教室』5巻10号，1951年10月，40～43頁。

（2）桑原正雄「新しい郷土教育について」『歴史評論』No.56，1954年6月，56頁。

（3）桑原正雄，前掲「新しい郷土教育」，43頁。

（4）同前，同書，41～43頁。

（5）臼井嘉一「子どもの問題意識を育てる『郷土の歴史学習』」『戦後社会科の復権』岩崎書店，1982年。木全清博「地域認識の発達論の系譜」『社会認識の発達と歴史教育』岩崎書店，1985年。谷口雅子・森谷宏幸・藤田尚充「郷土教育全国協議会社会科教育研究史における〈フィールド・ワーク〉について」『福岡教育大学紀要』第26号，第2分冊社会科編，1976年。松岡尚敏「桑原正雄の郷土教育論―『郷土教育論争』をめぐって―」『教育方法学研究』第13巻，1987年。廣田真紀子「郷土教育全国協議会の歴史―生成期1950年代の活動の特徴とその要因―」東京都立大学『教育科学研究』第18号，2001年。板橋孝幸「戦後の郷土教育運動と『地域と教師の会』」臼井嘉一監修『戦後日本の教育実践―戦後教育史像の再構築をめざして―』三恵社，2013年等を参照。

（6）臼井嘉一は，戦後日本の教育実践に関する総合的研究のなかで，「理論と実践との関わり」を，渋谷忠男による郷土教育運動・地域教育運動との関わりに求めている。そして，そのような郷土教育運動・地域教育運動の中でも，地域の現実と向き合いながら取り組まれた「1960年代の郷土をふまえる教育実践」について焦点を当てて研究を行う必要性について述べている（臼井嘉一「（講演記録）渋谷忠男実践の軌跡」，前掲『戦後日本の教育実践―戦後教育史像の再構築をめざして―』所収）。本研究では，臼井による問題設定のあり方を参考にしつつ，1950年代における「新しい郷土教育」実践を対象として，その創造過程の問題について，「理論と実践との関わり」に着目して検討を加えた。

（7）前掲，廣田真紀子「郷土教育全国連絡協議会の歴史―生成期1950年代の活動の特徴とその要因―」，33頁。

（8）本研究では，「教育実践」について，「教育という仕事を主体的に，自覚的に担って，子どもとともに新しいものを創り出していく営み」として捉えている（中野光「特別寄稿（講演記録）戦後教育実践史のなかの上越教師の会」二谷貞夫・和井田清司・釜田聡編『「上越教師の会」の研究』学文社，2007年，291頁）。

（9）中内敏夫・竹内常一・中野光・藤岡貞彦『日本教育の戦後史』三省堂，1987年，127～128頁。

（10）上原専禄『国民形成の教育』新評論，1961年，25頁。

（11）石母田正『歴史と民族の発見』岩波書店，1952年，280頁。

（12）広岡亮蔵「牧歌的なカリキュラムの自己批判―梅根・海後先生にこたえる―」『カリ

キュラム』1950年3月号。

(13)国分一太郎「民間教育運動の一年について―その成果と欠落―」『教師の友』No.10,
　　1952年12月。

(14)当時の資料の中では,「むさしの文化研究会」と「郷土教育全国連絡協議会」という
　　名称は,同時期において使用されている。したがって,会の名称は,徐々に後者へと
　　統一して変更されていったと思われる。

(15)桑原正雄の経歴については,廣田真紀子『郷土教育全国協議会の歴史―その運動的側
　　面からの評価』東京都立大学修士学位論文,2000年に詳しい。

(16)元郷土全協副委員長・木下務氏からの聞き取りによる(2012年5月17日,東京都大
　　田区・郷土全協事務局にて聴取した)。

(17)前掲,桑原正雄『郷土教育運動小史―土着の指導と行動―』,27頁。

(18)桑原正雄「郷土研究の新しい展開のために」『歴史評論』31号,1951年9月,64頁。

(19)和島は,『大昔の人の生活：瓜郷遺跡の発掘』岩波書店,1953年の「はじめに」の文
　　中において,「むずかしい内容をわかりやすくしてくださった桑原正雄さん」と謝辞
　　を書いている。

(20)桑原は,『私たちの考古学』創刊号(考古学研究会編,1954年6月)において,「も
　　のとものを具体的に見くらべて,自分のちえを働かせて考えることのできる子供たち」
　　を今日の教育で育むことの重要性について触れた序文を寄せている(桑原正雄「創刊
　　を祝って―考古学と教育―」同書所収)。

(21)前掲,桑原正雄「郷土研究の新しい展開のために」,64頁。

(22)前掲,桑原正雄「新しい郷土教育」,43頁。

(23)須永哲思「小学校社会科教科書『あかるい社会』と桑原正雄―資本制社会における『郷
　　土』を問う教育の地平―」教育史学会『日本の教育史学』第56集,2013年,55頁。

(24)当時のマルクス主義歴史学については,「日本史学ではマルクス主義的共同体理論を
　　採用した時期があり,1936年の渡部義通ほかの『日本歴史教程』はエンゲルス理論
　　を取り入れて原始共同体の概念を使用し,1945年以降それが学界で広く市民権を得,
　　1960年代まで指導的な理論となった」と説明されている(都出比呂志「共同体」田
　　中琢・佐原真編集代表『日本考古学事典』三省堂,2006年,204頁)。

(25)1950年代において「科学的」であることをめざした「歴史科学運動」が,「共産党が
　　指導する目前の革命運動に従属し,農村への文化工作に偏重した」という特質をもっ
　　ていたことにも注意する必要がある(戸邊秀明「歴史科学運動」歴史科学協議会編『戦
　　後歴史学用語辞典』東京堂出版,2012年,325頁)。

(26)同前,同書,同頁。

(27)桑原正雄「郷土の問題をどう受けとめるか」『教育技術』第12巻第5号,1957年8月,
　　28頁。

(28)桑原正雄「戦後の郷土教育（1）」『歴史地理教育』1956年5月，第18号，20頁。

(29)前掲，桑原正雄『郷土教育運動小史―土着の思想と行動―』，82頁。

(30)前掲，桑原正雄「郷土研究の新しい展開のために」，62頁。

(31)前掲，桑原正雄「新しい郷土教育」，40頁。

(32)敗戦後教師としての同様の姿勢は，戦後の教育実践家を代表する教師であった金沢嘉市にも当てはまるものでもあった。金沢の戦後教師としての歩みについては，中野光・浅岡靖央・白井克尚・森田浩章『教師とは―金沢嘉市が拓いた教育の世界―』つなん出版，2003年を参照。

(33)前掲，桑原正雄「郷土研究の新しい展開のために」，62頁。

(34)上川淳「武蔵野児童文化研究会の業績をしのんで―私と歴教協の結びつき―」『東京の歴史教育』第15号，東京都歴史教育者協議会，1986年，22頁。なお，金沢嘉市による小学校社会科歴史授業については，白井克尚「1950年代における小学校社会科歴史授業の分析―「平和と愛国の歴史教育」に関する一考察―」愛知教育大学歴史学会『歴史研究』第47号，2001年を参照。

(35)前掲，桑原正雄「郷土研究の新しい展開のために」，62頁。

(36)同前，同書，62～63頁。

(37)寺井聡「『論争』に見る桑原正雄の社会科教育論―桑原正雄の社会科教育史上における位置―」中国四国教育学会『教育学研究紀要』第39巻第2部，1993年，173頁。

(38)前掲，桑原正雄「郷土研究の新しい展開のために」，62～64頁。

(39)前掲，桑原正雄「戦後の郷土教育（1）」，15頁。

(40)同前，同書，20頁。

(41)西川宏「学校教育と考古学」『岩波講座　日本考古学』第7巻，岩波書店，1986年，187頁。なお，1950年代における「考古学」研究が，「研究者と国民が結合」する上で，より多くの機会をもっていたとする視点については，十菱駿武「『国民的考古学』運動の『復権』と継承のために」（『歴史評論』第266号，1972年9月）を参照。

(42)山﨑喜与作「郷土研究の作品をみて―その紹介と批判―」『社会科教育』第35号，社会科教育研究社，1950年。

(43)その後の郷土全協内では，「フィールド・ワーク」という呼び方に関して，言葉そのものが外来的・権威的であるとして，「フィールド学習」という言葉を用いるようになったという経緯についても伺った（注16・木下務氏からの聞き取りより）。

(44)前掲，桑原正雄「新しい郷土教育」，41～42頁。

(45)武蔵野児童文化研究会『新しい社会科のワーク・ブック No.1 わたしたちの武蔵野研究―向ヶ丘篇―』秀文社，1951年4月。

(46)むさしの児童文化研究会「わたしたちの郷土研究 No.2 府中と国分寺を中心として」『歴史評論』第34号，1952年1・2月。

(47) 後の歴史教育者協議会副事務局長。桑原とは，世田谷教員組合の委員長・副委員長の関係にあり，1950年に共にレッド・パージを受け，むさしの児童文化研究会の設立に関わった主要メンバーの1人であった。

(48) 前掲，上川淳「武蔵野児童文化研究会の業績をしのんで―私と歴教協の結びつき―」，19頁。

(49) 前掲，桑原正雄「新しい郷土教育」，43頁。

(50) 前掲，西川宏「学校教育と考古学」，188頁。

(51) 佐藤伸雄『戦後歴史教育論』青木書店，1976年，71頁。

(52) 前掲，桑原正雄「新しい郷土教育」，43頁。

(53) 斉藤尚吾「郷土教育と歴史教育」歴史教育者協議会編『平和と愛国の歴史教育―1952年度歴史教育年報―』東洋書館，1953年，92頁。

(54) 斉藤尚吾「私たちの郷土研究はこうして始められた」『月報郷土』第5号，1952年（前掲，桑原正雄「戦後の郷土教育（1）」所収，21頁）。

(55) 相川日出雄「私の歩んだ歴史教育の道」『歴史評論』第35号，1952年4月，43頁。

(56) 相川日出雄他「〈座談会〉『あかるい社会』の継承と発展―徳武敏夫氏の新著をめぐって―」『歴史地理教育』No.220，1974年1月，31頁。

(57) 桑原正雄「戦後の郷土教育（2）」『歴史地理教育』第19号，1956年6月，29頁。

(58) 相川日出雄による『新しい地歴教育』実践については，数多くの先行研究が行われているが，小学校における「新しい郷土教育」実践との関連で検討した研究は，以下のものがある。白井克尚「相川日出雄の郷土教育実践を支えた考古学研究―『考古学と郷土教育』を手がかりに―」日本社会科教育学会『社会科教育研究』第115号，2012年。白井克尚「相川日出雄による郷土史中心の小学校社会科授業づくり―『新しい地歴教育』実践の創造過程における農村青年教師としての経験と意味―」全国社会科教育学会『社会科研究』第79号，2013年。

(59) 前掲，桑原正雄「戦後の郷土教育（2）」，25～26頁。

(60) 「生活綴方と歴史教育の結合」といった視点は，それ以前の国分一太郎と高橋磌一による対談の中で示されていた（「対談　生活綴方と歴史教育」『教師の友』第6号，1952年7月号）。しかし，桑原が使用していた「生活綴方」の概念については，社会認識へと「飛躍」して結びついていたとする視点も提示されており，より吟味が必要である（須永哲思「1950年代における社会科と生活綴方―生活綴方から社会認識への「飛躍」はいかになされたのか―」『教育史フォーラム』第8号，2013年を参照）。

(61) 「むさしの児童文化研究会」から，「郷土教育全国連絡協議会」への改称は，実際には，「新しい郷土研究」に関する著作名は「むさしの児童文化研究会」として，「郷土教育」に関する著作名は「郷土教育全国連絡協議会」というように並列して存在し，徐々に後者へと統一されていったようである。

(62) 海老原治善「新しい郷土教育の創造―第一回郷土教育研究大会ひらく―」『カリキュラム』第53号，1953年5月。当時，大会事務局を担当していた佐藤伸雄によれば，富里村が開催地として選ばれた理由は，「地元の保守勢力から圧迫を受けていた相川日出雄を救助する意味あいをもっていた」と述べられている（前掲，佐藤伸雄『戦後歴史教育論』，94頁）。

(63) お茶の水女子大学教授。周郷博が，郷土全協の第1回郷土教育研究大会の会長に選出された理由は，中教出版の1952・53年度用小学校社会科教科書『あかるい社会』の監修者として名前を連ねていたためだと考えられる（徳武敏夫『新しい歴史教科書への道―『あかるい社会』の継承と発展』鳩の森書房，1973年，42頁）。

(64) 高志信隆「青いリンゴを『第1回郷土教育研究会』記」『日本児童文学』第6号，1953年，17頁。

(65) 桑原正雄「青いリンゴの運動―第1回郷土研究大会を終って―」『教育』No.16，1953年4月，82頁。

(66) 桑原正雄「『新しい地歴教育』の教育実践について」国民教育編集委員会編『教育実践論―教師と子どもの新しい関係―』誠信書房，1958年，54～55頁。

(67) 前掲，桑原正雄「青いリンゴの運動―第1回郷土研究大会を終って―」，82頁。

(68) 湯山厚「先人に学ぶということ―相川日出雄氏から―」『歴史評論』47号，1953年7・8月。

(69) 湯山厚「実践記録 山城国一揆―虚構の中に歴史をさぐる―」『歴史地理教育』第14号，1955年11月。

(70) 前掲，桑原正雄「戦後の郷土教育（2）」，26頁。

(71) 上川淳「第2回郷土教育研究大会―歩いてつくる歴史教育―」『歴史評論』第49号，1953年10月。

(72) 第2回郷土教育研究大会・総合討論における岩井幹明による発言記録より（郷土教育全国連絡協議会編『第2回郷土教育研究大会報告 郷土教育』1953年9月，67～68頁）。

(73) 前掲，桑原正雄「戦後の郷土教育（2）」，32頁。

(74) 同前，同書，同頁。

(75) 同前，同書，28頁。

(76) 福田和「近所の人びと（実践記録）」阿久津福栄編著『教師の実践記録―社会科教育―』三一書房，1956年，32頁。

(77) 「わたしのきんじょ」「あかるい社会」編集委員会編『小学校における社会科教科書の扱い方 実践例とその解説・批判』中教出版，1954年。

(78) 後の考古学研究者。代表的な研究著作に，『吉見穴横穴墓群の研究』校倉書房，1975年がある。

(79) 代表的な実践記録として，「日本の水産業」『歴史地理教育』第1（1）号，1954年

10月がある。

(80) 杉崎章による中学校における「新しい郷土教育」実践に関連する先行研究は，以下の
　　ものがある。西川宏「学校教育と考古学」西川宏「学校教育と考古学」『岩波講座　日
　　本考古学　第7巻―現代と考古学』岩波書店，1986年。山下勝年「敷波の寄せる半島1」
　　知多古文化研究会編『知多古文化研究9』知多古文化研究会，1995年。斎藤嘉彦「歴
　　史教育（郷土教育）のあり方を求めて―杉崎章さんの教育実践から学んだこと―」知
　　多古文化研究会編『知多古文化研究10』知多古文化研究会，1996年。大橋勤「郷土
　　史学習」『愛知県における考古学の発達』親和プリント，2005年。白井克尚「中学校
　　における歴史研究と歴史学習の協働に関する史的考察―愛知県横須賀中学校『郷土ク
　　ラブ』の実践の分析を通して―」愛知教育大学歴史学会『歴史研究』第57号，2011年。
　　しかし，中学校における「新しい郷土教育」実践という位置づけのもとに，論じてい
　　るわけではない。

(81) 杉崎章『常滑の窯』学生社，1970年，11～12頁。

(82) 同前，同書，10頁。

(83) 杉崎章「実践例　中学校の部　考古学と郷土教育」和島誠一編『日本考古学講座』第1
　　巻，河出書房，1955年。

(84) 杉崎章「歴史教育における考古学の役割」『私たちの考古学』第18号，1958年，14頁。

(85) 同前，14頁。

(86) 杉崎章「考古学と郷土教育（懇談）」瓜郷遺跡発掘調査会編『野帳』第二期第三冊，
　　1958年7月，24頁。

(87) 中村一哉による中学校における「新しい郷土教育」実践に関連する研究としては，以
　　下のものがある。吉田晶「月の輪古墳と現代歴史学」『考古学研究』第120号，1984年。
　　西川宏，前掲「学校教育と考古学」。小国喜弘「国民的歴史学運動における日本史像
　　の再構築―岡山県・月の輪古墳を手がかりに―」『東京都立大学人文学報』第337号，
　　2003年：再収「国民史の起源と連続―月の輪古墳発掘運動―」『戦後教育のなかの〈国
　　民〉　乱反射するナショナリズム』吉川弘文館，2007年。中村常定「月の輪運動と歴
　　史教育」角南勝弘，澤田秀実編『月の輪古墳発掘に学ぶ―増補　改訂版―』美前構シ
　　リーズ普及会，2008年。しかし，中学校における「新しい郷土教育」実践という位
　　置づけのもとに論じているわけではない。

(88) 中村常定「皆で発掘した月の輪古墳」近藤義郎・中村常定『地域考古学の原点・月の
　　輪古墳』新泉社，2008年，47頁（筆者注：中村一哉とは，中村常定氏のペンネーム
　　であった）。

(89) 美備郷土文化の会・理論社編集部編『月の輪教室―10，000人が参加した古墳発掘・
　　新しい歴史教育―』理論社，1954年。

(90) 谷口雅子「『国民的歴史学』運動にまなぶ歴史教育実践」『歴史評論』第364号，1980

年8月，91頁。

(91)元・福本中学校生徒の角南勝弘氏からの聞き取り調査の記録より（2012年6月1日，岡山県美咲町・月の輪郷土館資料館にて聴取した）。

(92)国分一太郎「概念くだき」『新しい綴方教室』新評論，1957年，30～40頁。

(93)永瀬清子「みんなが学んだ─『月の輪』発掘30周年に際して─」『考古学研究』No.118，1983年10月，16頁。

(94)前掲，廣田真紀子「郷土教育全国協議会の歴史─生成期1950年代の活動の特徴とその要因─」，34頁。

(95)前掲，板橋孝幸「戦後の郷土教育運動と『地域と教育の会』」，93頁。

表3　桑原正雄による論文・著作リスト

年	年齢	論文名・著作名・出版社・発行年月
1949 （昭和24）	43	「9原則と教員組合」『教育社会』4（6），1949年6月 「窮乏生活と教師の立場」『教育社会』4（11），1949年11月。 「コア・カリキュラム批判と国語教育」第4巻12号，1949年12月。
1950 （昭和25）	44	桑原七郎「校長と検事」『教育新報』No.12，1950年5月。
1951 （昭和26）	45	武蔵野児童文化研究会『新しい社会科のワーク・ブックNo.1 わたしたちの武蔵野研究―向ヶ丘篇―』秀文社，1951年4月。 「郷土研究の新しい展開のために」『歴史評論』No.31，1951年9月。 「新しい郷土教育」『6・3教室』5巻10号，1951年10月。 『みつばち文庫　みんなでやろう郷土をしらべる』1951年。
1952 （昭和27）	46	むさしの児童文化研究会「わたしたちの郷土研究No.2 府中と国分寺を中心として」『歴史評論』No.34，1952年1・2月
1953 （昭和28）	47	「フィールドのあとをふりかえって」むさしの児童文化研究会編『第一回郷土教育研究大会資料』1953年2月。 「青いリンゴの運動―第1回郷土研究大会を終って―」『教育』No.16，1953年4月。 「日本地理の学習指導案」『教育』No.21，1953年6月。 むさしの児童文化研究会「小学校社会科教科書の検討」『教育』No.21，1953年7月。 「私の質問と希望―生活綴方の問題」『カリキュラム』No.60，1953年12月。 「社会科と地理教育」『日本の社会科』国土社，1953年。 桑原正雄編『ぼくらの歴史教室―新しい郷土研究』青銅社，1953年。
1954 （昭和29）	48	「郷土教育的教育方法とフィールド精神について」『カリキュラム』No.62，1954年2月。 「『綴方風土記』―新しい地理教育の方向」『歴史評論』No.53，1954年3月。 「問題解決学習と系統的学習」『教育』No.31，1954年4月。 「地理教育の問題」『教育評論』1954年4月号。 むさしの児童文化研究会「三浦半島漁村の共同調査」『新しい歴史教育』第3号，1954年4月。 むさしの児童文化研究会『京王風土記1』1954年4月。 桑原正雄他「〈共同研究〉小学校1年生の社会科をどうするか―歴史・地理・道徳教育の指導計画案」『教育』No.32，1954年5月。 「新しい郷土教育について」『歴史評論』No.56，1954年6月。 「創刊を祝って―考古学と教育―」『私たちの考古学』創刊号，1954年6月。 むさしの児童文化研究会「京王線沿線のフィールドワーク」『新しい歴史教育』第4号，1954年6月。 「かえるの目玉」『歴史地理教育』創刊号，1954年8月。 むさしの児童文化研究会「バスからのぞいた東京」『歴史地理教育』創刊号，1954年8月。 「再び『問題解決学習と系統的学習』について」『歴史地理教育』No.2，1954年9月。 「蛙のめだま」『歴史地理教育』第3号，1954年10月。

年	年齢	論文名・著作名・出版社・発行年月
		「第3回大会をおえて―NHK放送より」『歴史地理教育』第3号, 1954年10月。 「郷土と地理教育」『新しい教室』9 (10), 1954年10月。 「研究報告・地図の指導について」『教育評論』1954年11月。
1955 (昭和30)	49	「鈴木喜代春実践 野菜作り」『歴史地理教育』第7号, 1955年2・3月。 桑原正雄他「〈共同研究〉社会科改定における地域の問題」『教育評論』1955年4・5月号。 「生きている統計」『教育』No.46, 1955年5月。 むさしの児童文化研究会『京王風土記2』1955年5月。 『郷土をしらべる―みんなでやろう』国土社, 1955年5月。 「第4回郷土研究大会の反省・声明」『歴史地理教育』No.12, 1955年10月。 「民話と歴史教育」『日本児童文学』1955年11月。 「〈時評〉何のために地方史を勉強するのか」『地方史研究』No.18, 1955年12月。 「郷土の現実から明るい芽をどうほりおこすか」『郷土教育』1955年。 「郷土をしらべる子ども達」『PTA教室』1955年。
1956 (昭和31)	50	「郷土の見方, 考え方, 扱い方―児童生徒の学年発達段階に応じて―」『教育技術 社会科研究』1956年4月。 「紀元節の歴史」『るねさんす』No.98, 1956年。 「戦後の郷土教育（1）」『歴史地理教育』No.18, 1956年5月。 「戦後の郷土教育（2）」『歴史地理教育』No.19, 1956年6月。 「戦後の郷土教育（3）」『歴史地理教育』No.20, 1956年7月。 『教師のための郷土教育』河出書房, 1956年10月。 桑原正雄他「〈座談会〉民間教育運動の発展のために」『教育』No.65, 1956年11月。 「郷土教育全国連絡協議会の課題」『教育』No.65, 1956年11月。 歴史教育者協議会・郷土教育全国連絡協議会編『歴史地理教育講座―郷土教育編―』第6巻, 明治図書, 1956年。
1957 (昭和32)	51	「低学年の社会科と生活指導」『教育』No.69, 1957年2月。 「郷土教育の問題点」『カリキュラム』No.120, 1957年6月。 「考える地理への志向―どうすれば生きた地域学習ができるのか」『社会科研究』1957年6月号。 「夏休みの校外生活と読書活動―郷土の研究」『学校図書館』No.80, 1957年7月号。 「郷土の問題をどう受けとめるか」『教育技術』第12巻第5号, 1957年8月 「郷土教育全国連絡協議会の任務と性格について」『歴史地理教育』No.30, 1957年10月。 『社会科の指導計画』国土社, 1957年。 「郷土教育の遺産」小川太郎編『明治図書講座学校教育第2巻 日本教育の遺産』明治図書, 1957年。
1958 (昭和33)	52	「なぜ私たちは社会科を守ろうとするのか―再び郷土教育全国連絡協議会の任務と性格について」『歴史地理教育』No.32, 1958年1月。 『郷土教育的教育方法』明治図書 1958年2月。 「教育における地域性の尊重」『教育評論』1958年4月。 「教育における地域性の問題―今井氏『社会科の新構想』に寄せて」『教育』No.87, 1958年5月。

年	年齢	論文名・著作名・出版社・発行年月
		「民間教育団体の仕事」『教育評論』1958年5月。 「子どもの社会認識をどのようにしてそだてるか」『歴史地理教育』No.36, 1958年7月。 桑原正雄他「座談会・ふたたび問題解決学習をめぐって―科学的な社会認識を育てるために」『カリキュラム』No.116, 1958年7月。 「教科別・お母さんとの勉強会―母と子の社会科」『母と子』1958年7月。 『社会認識を育てる教育：社会科指導要領の歴史的批判に立って』大村書店, 1958年12月。 桑原正雄他「座談会・社会科における郷土の考え方, 扱い方―小中学校社会科における郷土の位置づけ, 役割」『教育技術 社会科指導』1958年8月。 「子どもの社会認識をどのように育てるか―高橋・国分両氏の諸論に答える」『歴史地理教育』No.36, 1958年9月。 「『新しい地歴教育』の教育実践について」国民教育編集委員会編『教育実践論―教師と子どもの新しい関係―』誠信書房, 1958年。 『郷土学習の手引き』中教出版, 1958年。
1959 (昭和34)	53	郷土全協「教科研への批判と期待」『教育』No.100, 1959年5月。 「〈時論〉一条先生における可能性と教育技術」『総合教育技術』1959年6月。 『生活を学ぶ社会科教室』大村書店, 1959年11月。 「社会科における郷土の扱い方, 子どもの問題意識に立って」『小学校社会科教室』中教出版, 1959年。 「郷土全協のあゆみ」『社会科教育のあゆみ』小学館, 1959年。 『国民教育叢書第7巻　社会科の授業研究』明治図書, 1959年。 郷土全協編『現場の研究授業―社会科編』誠信書房, 1959年。
1960 (昭和35)	54	桑原正雄他「座談会・教育における生活と系統」『生活教育』創刊号, 1960年1月。 「私は期待しない」『母と子』1960年6月。 「自主編成についての問題点」『教育評論』1960年8月号。 『国民教育の構造』明治図書, 1960年9月。
1961 (昭和36)	55	「教科研 真鍋氏の全協への批判論文」『教育』1961年7月。 「書評・月光村小学校編『学童疎開の記録』」『教師の友』No.83, 1960年9月。
1962 (昭和37)	56	『教育とは何か』郷土教育全国協議会, 1962年。 『続 教育とは何か』郷土教育全国協議会, 1962年。
1963 (昭和38)	57	「暮らしと教育・投げ銭をひろう子ども」『子どものしあわせ』1963年1月。 「暮らしと教育・生む権利と育てる権利」『子どものしあわせ』1963年2月。 「暮らしと教育・自殺する子ども」『子どものしあわせ』1963年3月。 「郷土学習の前進のために社会科で何を教えるか―郷土学習の進め方に関連して」『総合教育技術』1963年4月。 「暮らしと教育・吉廣ちゃんのこと」『子どものしあわせ』1963年6月。 「暮らしと教育・交通事故」『子どものしあわせ』1963年7月。 「組織する指導性の確率」『教育ジャーナル』1963年11月号。 『教育合作論』郷土教育全国協議会, 1963年。
1964 (昭和39)	58	『町やむらをしらべよう』国土社, 1964年。

年	年齢	論文名・著作名・出版社・発行年月
1965 (昭和40)	59	「郷土学習は何を学習するのか」『教育科学 社会科教育』No.10，1965年7月。 「今日の社会における郷土学習の意義」『教育科学 社会科教育』No.10，1965年7月。 桑原正雄他共著『日本の母親と教師にうったえる』郷土教育全国協議会，1965年。
1968 (昭和43)	62	「郷土への関心」『母と子』1968年1月。 『抵抗の教育運動』郷土教育全国協議会，1968年1月。
1971 (昭和46)	65	『社会科・授業研究』郷土教育全国協議会，1971年。
1972 (昭和47)	66	『此処に歴史あり』郷土教育全国協議会，1972年5月。 『地域における教育闘争』郷土教育全国協議会，1972年12月。
1973 (昭和48)	67	「母の問題親の問題・子どもと歩いて社会科の勉強を」『母と子』1973年6月。
1976 (昭和51)	70	『郷土教育運動小史—土着の思想と行動—』たいまつ新書，1976年11月。
1980 (昭和55)	74	12月12日逝去。

出所：「桑原正雄・郷土全協に関する文献一覧」廣田真紀子『郷土教育全国協議会の歴史—その運動的側面からの評価』東京都立大学修士学位論文，2000年，資料Ⅰ〜Ⅲを参考にして筆者作成。※桑原正雄，むさしの児童文化研究会，郷土全協と重複する部分が多く，主著のみを記述した。

第2章

郷土史中心の「新しい郷土教育」実践の創造

第1節　本章の課題

　1950年代前半（昭和20年代後半）における全国各地の「農村青年教師」による初期社会科教育実践[1]は，「『問題解決』を方法原理とする社会科授業論の一つの到達点であった」[2]とされ，これまでの先行研究においても高く評価されている。「農村青年教師」とは，簡潔に示すと，1950年代前半において，地域の生活現実や地域の問題を教材として取り上げ，教材を徹底的に調査することを通して，発見した研究問題を解決していく社会科教育実践を行っていた教師[3]として説明されている。本章で検討の対象とするのは，そうした「農村青年教師」の一人であった相川日出雄による「新しい郷土教育」実践の事例である。

　相川が，「新しい地歴教育」という戦後社会科教育実践史において高く評価される教育実践を，なぜ行うことができたかという歴史的背景については，先行研究において以下のように述べられている。遠藤（1966）は，相川の生い立ちに「新しい地歴教育」実践の萌芽ないしは原型があったことについて述べている[4]。日比（1976）は，相川本人からの聞き取りを通して，武蔵野児童文化研究会の桑原正雄，高橋磧一，和島誠一，民主主義科学者協会地学団体研究部会の井尻正二氏等の影響が大きかったことを明らかにしている[5]。小原（1977）は，「実践の中の問題意識から民間教育団体の成果を主体的に取り入れることを通して，教育実践を自己改造していった」[6]と述べている。田中（1980）は，社会科の課題や方法を，「歴史的な現実と戦前

および戦後の教育運動における教育方法の成果の継承によってとらえ直す」
と同時に,「歴史教育内容の創造」の課題に取り組んだためだと述べてい
る[7]。小島（1983）は,「子どもの現実をとらえ,その上に立って子どもの
可能性を伸ばすことが教育の営みであると考えた」[8]ためだとしている。
このように,相川が「新しい地歴教育」実践を行うことができたのは,彼自
身による独創的な発想の転換があったためだと考えられている。

　ところで,相川は,1950年代前半において戦後初期新教育を批判的に捉え,
文部省社会科から距離を置いて社会科授業づくりを行っていたことも知られ
ている。つまり,「新しい地歴教育」実践の創造過程には,彼の社会科授業
観の変容が伴っていたことも推察される。そこには,相川独自の「農村青年
教師」という歴史的に特異な経験が,背景として存在していたと考えられる。
そうしたとき,小原による次のような相川実践に対する評価の言葉には,注
目すべき視点が存在していることが分かる。小原は,「相川氏の思考発展の
過程に即して,一人の教師の中でどのように結実していったのかを見てゆか
なければ,相川氏がなぜそのような授業構成をしたのかを明らかにすること
はできないし,また相川実践のよさを現在の視点から切り捨てる結果に陥り,
遺産としての優れた実践を正しく評価することはできなくなる」[9]と述べ
ている。しかし,小原の研究では,「小学校における歴史授業構成」の分析
に主眼が置かれているため,相川の「思考発展の過程」についての検討は,
十分行われていない。

　このような見方から,「新しい地歴教育」実践の創造過程についてつきつ
めて考えていくと,相川の1950年代前半における「農村青年教師」として
の経験についてさらに検討を深める必要性が生じてくる[10]。そしてまた,
これまでの先行研究においては,相川の社会科授業観の変容の契機となった
経験について,十分に整理されてきたとはいいがたい。

　そこで,本章では,相川の社会科授業観の変容の契機となった諸経験の実
相を,著作や雑誌論文を活用し,相川自身の文言をもって明らかにする。ま
た,史料の妥当性を考慮し,聞き取り記録などの複数の資料を用いて検討す
ることとしたい。

第2節　相川日出雄による「新しい地歴教育」実践への着手

（1）社会科への着目

　相川日出雄の生い立ち[11]について，これまでの先行研究を参考にして，立論上必要な限り紹介しておきたい。

　相川は，1917年東京府豊多摩郡角筈（新宿区）に生まれる。京浜実業学校を卒業した後，区役所に勤務するが，1939年3月に応召を受けて衛生兵として結核病棟に勤務する。しかし，勤務中に突然喀血したために，1942年6月に除隊となり，祖父母の郷里である千葉県富里村に帰る。ただボンヤリしていても仕方がなかろうという人の勧めで，1943年4月より千葉県安房郡根本国民学校で教師生活をスタートさせる。26歳の時であった。

　そして，敗戦後の1946年に，相川は千葉県印旛郡富里小学校久能分校に転任する。周知のように，相川による実践記録『新しい地歴教育』は，この分校における1952年度と一部1953年度の教育実践を中心に記述されたものである。当時34歳であった相川は，その経緯について，次のように語っている。

　　私は敗戦の翌年，1946年にこの分校へ着任して以来，ずっと4年生を担任してきたのだが，1952年の第1回目の文集「やづの子ども」が生まれるまでに，7年の月日がたっていた。その間の道はまことにジグザグのコースであったが，新教育といわれる占領期の教育の中で，少しずつ経験を蓄積し整理してきた。そして社会科は，「このよきもの」生活綴方と平行して，郷土の現実に立って郷土史中心にやらねばならないと考えた。[12]

　ここからは，相川が分校において当時の文部省の社会科に対して一定の距離感を取り，独自に郷土史中心の社会科授業づくりを行っていたことが分かる。相川は，「郷土史を学ばせるということは，郷土の現実を歴史主義的に扱うことであり，また郷土という民族的なものをはっきり把握させることであると思う」[13]と考えていた。そこで，相川は，「新しい地歴教育」実践の

年間計画について，次のような構想を立てた。

> 私はまず地域社会にたいして，郷土史としては大まかに，1 地図学習，2 原始，3 古代，4 中世，5 近代とし，1，2，3を一学期，4を二学期，5を三学期というように大まかな目標を置いた。（中略）しかし，だからといって，無責任なでまかせな仕事だというのではない。一歩一歩経験を整理して，たえずその中から教訓をくみとり，そして先の見通しをつけながら進んでいくべきであり，またそのように仕事をやってきたのだった。(14)

　このようにして相川は，「新しい地歴教育」実践を創造することができたのは，「一歩一歩経験を整理して」きたからだという。では，相川による「一歩一歩経験を整理」した過程とは，どのようなものであったか。以下より，相川による「新しい地歴教育」実践の創造過程に着目し，彼の教育実践を特徴づけている「農村青年教師」としての経験とその意味について考察することとしたい。

　1948年度，相川は分校の小学4年生を担任していた。同時に相川は，千葉県支部の教員組合の執行委員を務めていたが，団体交渉権を否認する占領政策の転換などといった当時の政治状況に翻弄され，教育現場に帰る決意をしている。

> 最初，コース・オブ・スタディのことばに目をパチクリし，文部省の指導要領は申すにおよばず，社会科関係の教育書をよみあさって，さてと心おどらし胸をときめかして社会科を始めたのである。カリキュラム，シーケンス，スコープ，ガイダンス…頭を悩ましたコトバは数えきれない程であった。(15)

　このようにして相川は，1948年度において，社会状況に翻弄されながらも，社会科教育実践に前向きに取り組んでいったことが分かる。後に，その頃に取り組んでいた社会科について，次のように振り返って述べている。

> こんな時代に私は社会科を始め，その第1回の生徒がいま中学3年になっているのである。そして彼らは小学校6年まで社会科を学習して4年で足ぶみをして

いる。(中略)

　もちろん4年は不完全ではあったが，農業面では家庭の農具を調べ，作物の種類を調べて歩き，グラフをつくり，討論をしたのである。そのような行動が良かれ悪しかれ教科書中心の社会科よりは少なくとも彼らの身についていたのだった。[16]

　こうした発言からは，相川が1948年度に，「作業単元」を中心とした社会科授業に取り組んでいたことが分かる。また，戦後初期新教育における「経験主義」重視の考え方に意義を認めていたことも伺える。相川は，戦後初期新教育の時代に，「行動することによって学ぶ」という社会科授業実践を展開していたのである。

（2）戦後初期新教育批判

　ところで，相川が，郷土史中心の社会科教育実践に着想することができたのは，彼自身の社会科授業に対する反省の経験に基づいていたと考えられる。当時，相川と共同研究を行っていた古川原と勝田守一は，相川が歴史教育に取り組んだきっかけについて，次のような聞き取りを行っている。

　あなたは，石橋勝治氏の社会科に学んで，物価のしらべをしたり，稲の種類をしらべたり成果を見せてくださいました。そうして，子どもたちは結論として，農村をよくしていくために，農業に機械をいれ，作物の種類を改良しなければならないということに気がつくことも見せてくださいました。またいわゆる農村好景気の時代でも，物価がどんなに農民の犠牲できまっているかということも子どもたちが気がついているといわれました。(中略) ところで，その石橋式という社会科はあなたがごらんになって，獲得される知識はバラバラであり，恐ろしく長い時間をかけねばならず，わあわあいうばかりで子どもの生活にしみ込まない，という結果になりました。[17]

　つまり，ここからは，相川が戦後初期新教育の時代に石橋勝治の社会科に学び，「作業単元」中心の社会科授業に取り組んでいたことが分かる。とこ

ろが相川は，子どもたちはすでに農村を良くするためにはどうすれば良いか
ということにすでに気がついており，そのような現実的な課題の解決に寄与
しない自身の社会科授業に対して，次第に疑問を感じていくようになるので
ある

　そこで相川は，千葉大学の城丸章夫との共同作業によって，コア・カリキ
ュラム批判を行っていたという[18]。相川によるコア・カリキュラム批判の
要点は，社会科授業が「作業」を目的としていることにあった。つまり，自
身のこれまでの社会科授業に対する反省に基づいてなされたものであった。
そのような経験を通して相川は，社会科教材の開発に価値を見出していくの
である。

　そして相川は，1950年度に，地元の青年農家の協力を得て，富里村にお
ける「地力等級」の調査を行っている[19]。こうした郷土の実態調査の経験
を通じて，相川は，当時の富里村が抱えていた現実的な問題へと眼を向けて
いく。そこで相川は，1952年8月に，「教師ができる実態調査—とくに郷土
史について—」という論考を発表し，教師による郷土史研究の必要性を主張
するようになる。

　　「びんぼう」はどうしておこるか。現実を見つめさせると共に，それを解明し
　てやらなくてはいけません。ここに歴史的にものを見る眼が養わなければならな
　い必要さが出てくるのです。その現実的なもの，身近なものは村々にころがって
　いるのです。私たちは郷土の歴史をピンからキリまで知りつくしていなければな
　らないと思います。[20]

　相川は，地域の貧困問題への着目を通して，社会科が郷土における現実的
な問題と取り組んでいくべきことを主張する。相川が主張するような教師に
よる郷土史研究は，1950年代前半において隆盛していたことであった。
1948年9月に発行された『小学校社会科学習指導補説』において，社会科
教科書は教材の中の一つという相対的な位置づけがされており[21]，それに
対応してなされていたことだと考えられる。教師たちは，さまざまな社会科
教材を自ら編成する必要に迫られ，郷土史研究を進めていたのである。

表4　1950年代における相川日出雄の代表的な社会科単元と授業

年度・時期	年齢	社会科単元	社会科授業	関連する出来事
1950 (昭和25)	32			3.5『山びこ学校』発刊
1951 (昭和26) 1学期	33		計画を立て，地図の読み方を教える	3.11 武蔵野児童文化研究会が発足。神奈川県向ヶ丘でフィールド学習を行なう 4.1 千葉県富里小学校久能分校の4年生担任（六年連続） 4.12 武蔵野児童文化研究会が『わたしたちの武蔵野研究・向ヶ丘編』発行 7.10 1951年度版『小学校学習指導要領　社会科編（試案）』発行
2学期		単元「久能，日吉倉の土地はどうしてできたか」 単元「私たちの土地で大昔の人たちはどんなくらしをしていたろうか」	ワーク・ブックの指示通りの道を，地図を読みながら歩いてフィールド・ワークを行なう	夏休み，自作スライド『私たちの村のれきし』作成 11.3 郷土史読本『私たちの村』編集完了
3学期			授業「縄文土器」 授業「原爆の子」	
1952 (昭和27) 1学期	34	1　地図学習 単元「地図学習」 2　かりのくらし（原始） 単元「かりのくらし」 3　農業のはじまり（古代） 単元「農業のはじまり」	授業「地図学習」 授業「実測」，疑問を出させる，地図の話し合いを行なう 授業「房総半島」 授業「日本」 きくのや台地へフィールド・ワークに行って話し合う 授業「土地・地層・地質」 授業「土器」 授業「テーマによる話し合い」 授業「石包丁の変化」 授業「太陽」 授業「石棺とたてあなの家」	4.1 4年生担任（七年連続） 4.1「私の歩んだ歴史教育への道」発表 7.1 高橋磌一・国分一太郎の対談「歴史教育と生活綴方」発表 7.1「郷土から学ぶ教育の実践」発表 8.1「教師ができる実態調査」発表

年度・時期	年齢	社会科単元	社会科授業	関連する出来事
2学期		4 川栗の城（中世） 単元「川栗の城」 5 野馬のすんでいたころ 単元「どての学習」 単元「宗門おあらため帳」 6 続 野馬のすんでいたころ 単元「旧道しらべ」 単元「新田のはじまり」 単元「先祖しらべ」	川栗の城へフィールド・ワークに行って話し合う 授業「武士のはじまり」 授業「農民の生活」 授業「蒙古の侵入」 授業「山城国」 どてへフィールド・ワークへ行って話し合う 授業「昔の地図」 授業「牧士の手紙」 授業「木内宗吾」 授業「百姓一揆」 授業「世界の地理」 授業「五人組証文」 授業「旧道と石」 授業「昔の人の名前」 授業「こうしんとう」 授業「新田のはじまり」 授業「先祖しらべ」	10.25, 6 お茶の水女子大学における歴史教育者協議会第四回大会で実践報告を行なう 10.27 成田町の郷土史家・大野政治に古文書の判読について教えを請う 10.28 勝田守一・大田堯・古川原が授業参観をする 12. 綴方「先祖」
3学期		7 士農工商（近代） 単元「士農工商」 8 創作を通しての歴史教育 単元「野馬ものがたり」 大単元9 新しい世の中へ 単元「新しい世の中へ」	授業「しょくにん」 授業「野馬ものがたり」 授業「嘉永六年」 授業「明治の世の中へ」 授業「戦争」	1.1「歴史教育と人格形成」発表 1.20「農村生活と歴史教育」発表 2.14, 15 千葉県成田小学校講堂においてむさしの児童文化研究所主催による第1回郷土教育研究大会が開催され，実践報告を行う
1953 （昭和28）	35	1952年度とほぼ同様の為，省略		4.1 4年生担任（八年連続）
1954 （昭和29）	36			4.1 千葉県富里小学校に転任し，6年生担任 7.20『新しい地歴教育』発刊

出所：相川日出雄「私の歩んだ歴史教育への道」『歴史評論』No.35, 1952年4月, 39～48頁。 相川日出雄「霜降る夜の母子の話―古川先生の質問に答えて―」『教育』No.15, 1953年1月, 27～32頁。相川日出雄『新しい地歴教育』国土社, 1954年, 1～306頁を参考に筆者作成。

第3節　郷土史研究を活用した教材研究

(1) 教師が行う郷土史研究

　相川は，1951年度の小学4年生を対象とした教育実践を通じて，「私の歩んだ歴史教育の道」という論稿を雑誌『歴史評論』（河出書房，1952年4月号）に発表する。そこで相川は，自身の郷土史研究への取り組みについて次のように振り返っている。

　　私のいる学校は，成田町から2キロばかりの4年までの分校で，私はそこで4年を受持ってもう6年になります。4年前に社会科で原始時代を学習して縄文土器のことを子供に話したところ，子供は競争で土器の破片を私のところに持って来ました。それから気がついたのですが，畑に必ず土器の破片があるのです。土器ばかりでなく時には石斧や石鏃さえ子供たちはみつけました。それから私も興味を覚えて，とくに珍らしいものを持って来た子どもには，ノートや鉛筆をくれたものです。私もつとめて村の畑や山を家庭訪問の度毎に歩くようにしました。[22]

　ここで語られているのは，相川が1947年度より，郷土における考古学的遺物の分布調査を行っていたということである。相川は，「私たち教師は，まず生きた現実の中から教材を引きずり出す具体性と創造性の持主になることが，必要」[23]だと述べ，郷土史研究を独自に行っていたのである。

　さらに，1951年の夏には，幻燈用の自作スライドの作成を企画する。村人への考古学的遺物の普及啓発を意図した視聴覚教材であった。その際に，「計画中に考えついたことは，このスライドと郷土史を統一してとりあげなければ教育効果は十分発揮できないであろう」[24]と思い立ち，児童用の郷土史読本『私たちの村』の作成に取りかかることとなる。

　さらに相川は，この郷土史読本『私たちの村』の作成に影響を与えた要因として，むさしの児童文化研究会が編集した『わたしたちの武蔵野研究―向ヶ丘編―』（秀文社，1951年）を手に入れたことをあげている。

　ちょうどその頃，武蔵野児童文化研究会の「わたしたちの武蔵野研究，向ヶ丘編」を手に入れたことは，大変私に幸いしました。それは，このワークブックを見て私の考えていることが，ぴったりこれによって示されていたからです。また私の集めたデータと村の条件が，「わたしたちの武蔵野」と大体同じでもありました。このことから同じ関東なら，各地域の特殊性の中に一般性があることが重要です。これは更に日本全体にあてはまることでしょうし，これによって教師がそれぞれの現場で郷土を科学的に究明してこれを積重ね，おしひろげていくことによって，日本史の新たな方向が見出されるのではないでしょうか。更にそれは現場の教師と考古学，地学，史学等の各方面の専門家との結びつきによって，内容が豊富さを増してくるものと考えられます。したがって，郷土史は興味本位であったり，プロジェクト的な問題解決の単元的郷土史だったりでなく，あくまでも，一貫した民族の発展してきた過程として，また現在までにわれわれ祖先が，どのように社会をおし進めて来たか，そして，「われわれの未来は？」というテーマでなければと思います。[25]

　このように当時の相川は，武蔵野児童文化研究の考え方に賛同し，郷土史研究を行っていたことが分かる。そして，多くの現場の教師たちが各地域の郷土史についての科学的な探究を進めていくことを主張するのである。

　また，当時の相川は，むさしの児童文化研究会の「フィールド学習」にも積極的に参加していた。むさしの児童文化研究会は，1951年5月に，桑原正雄や和島誠一らが中心となって，神奈川県向ヶ丘において結成され，現場教師たちの「校外学習の研究会」としての「フィールド学習」を開催して，1950年代前半において戦後の郷土教育運動を推進していた[26]。相川は，このむさしの児童文化研究会主催の「フィールド学習」に積極的に参加し，「板碑の見方」「庚申塔」などの専門的な郷土史研究の手法を獲得したことについても振り返って述べている[27]。

　そして，1953年2月14・15日には，彼の地元である千葉県成田町において，第1回郷土教育研究大会が開催される。この大会は，相川の教育実践の成果を全国に広めるといった目的もあり，全国から二百人を超える現場教師たちが集まったという[28]。1日目には，成田小学校講堂で相川による教育実践

の報告も行われ，2日目には，富里村でフィールド・ワークも行われたという⁽²⁹⁾。こうした1950年代前半における戦後の郷土教育運動への積極的な関わり⁽³⁰⁾を通じて，相川は，小学校における社会科授業について次のように考えていくようになる。

> 力への奉仕者として教師は教える機械となり，教科書や処方箋的雑誌にかじりつく道をとらずに，魂の技師として，子どもたちの住む郷土の生き生きとした具体的な事物による社会科を私はおしすすめたいと願っている。これは私の魂の叫びでもありまた，私が現場教師として終戦以来たどりついたところの民族の未来の世代を幸福にする社会科の道でもあるのだ。⁽³¹⁾

この「子どもたちの住む郷土の生き生きとした具体的な事物による社会科」という彼の授業観は，1950年代前半における戦後の郷土教育運動への参加の経験に支えられていたといってよいだろう。

（2）社会科授業における郷土史教材の活用

では，ここで相川の経験と社会科授業との関連について検討していくこととしたい。授業「土器」は，相川が，1952年6月に取り組んだことをもとにして，1953年度に実践したものである。この授業について相川は，「考古学を興味本位に考えていた教師の私を何より啓蒙してくれた」⁽³²⁾と述べており，彼の経験と社会科授業観の変容の関係を最もよく反映している教育実践として捉えてよいであろう。表5に示したのは，授業「土器」の展開である。

本研究のアプローチより確認できるこの社会科授業「土器」の特質は，次の二点である。

第一に，「土器」という教材について，相川が「土地の生産力」の問題と関連づけて捉えていることがある。その理由の一つには，当時の富里村の農業が，ほとんどを天水・湧水に頼っていたためだと考えられる⁽³³⁾。そこで相川は，富里村の「土地の生産力」について研究を行い，「自然への処置なしの状態」から「意識を高めてやることは当然といわねばならなかった」⁽³⁴⁾

表5　社会科授業「土器」の展開

段階	教師の発問・指示・説明	学習活動・学習内容
導入	・土器の落ちている場所も大事だし，また一つの土器だって大切にしなければいけないことを教える。そして，子どもたちが喜んで集めた土器の出た場所を地図に記入して，教室で話し合いを行った。	・綴方「どき」を読む。
展開	・さあ，気のついたところをいってごらん。 ・どっちがよいかいある？ ・どうして土師器の出る場所が多いのだろうか。	・縄文土器の出るところはたいてい土師器が出る。 ・土師器だけ出るところは，ひっこししたところだっぺ。 ・土器の出る場所の方が多い。 ・農業やるようになれば，たべる心配がなくて人がふえた。
終末	・話し合いのまとめをする。	・話し合いのまとめ 1　縄文土器のでるところは大てい土師器が出る。 2　土師器の出る場所の方が多い。 3　それは農業をやるようになって人口がふえたから。 4　台地ばかりで谷津（やづ：谷の方言）のないところは土器が出ない。 5　縄文時代は台地をよけい使った。それでもやづは水と土器をつくる粘土をとるのにだいじ。 6　農業をやるようになってから，やづと台地と両方大事になった。

出所：相川日出雄「考古学と郷土教育　実践例Ⅰ　小学校の部」和島誠一編『日本考古学講座　第1巻』河出書房，1955年，257～258頁を参考に筆者作成。※富里村の台地は，狩猟の時代から少しずつ畑へと利用され始め，中世では野馬の放牧場へ，そして当時の農地へと土地の生産力の発展が見られたという。

と考えたと思われる。

　第二に，授業構成の特徴として，フィールド・ワークの後に話し合いがもたれている点である。こうした授業構成の仕方は，相川自身による郷土史研究[35]の経験によるものが大きかったと考えられる。それは，相川が，遺跡や遺物からものを見極めていくという学習について，「子どもの論理的思考力を─それは極めて単純な推理，判断であるが─養っていくことをわたしは重視したい」[36]と述べていることからも確認できる。つまり相川は，自身のフィールド・ワークの経験に基づいて，富里村の郷土史についての科学的

な学習をめざした授業構成を行っていたことが分かる。

　以上のことから，授業「土器」は，相川による郷土史研究の経験を通して教材開発がなされ，自身のフィールド・ワークの経験に基づいて授業構成がなされた社会科教育実践として位置づけることができる。

　さらに，1949年10月，相川の受け持ちの児童の父親が，他地域からの移住者であったがゆえに，疑いをかけられ，警察へ連行されるという事件が起きる[(37)]。この事件が契機となり，相川は，「相互依存の，お互いに助け合うという，いわゆる地域共同社会＝コミュニティの中のよそもん」としての扱いを受ける児童に対して，他の子と同様に「幸福な子にしてやらなければならない」[(38)]と考えるようになる。つまり，すべての児童を，地域における生活の主体者として捉えていくのである[(39)]。

　そこで相川は，1950年に結成された「日本綴方の会」（「日本作文の会」の前身）の活動に加わり，「生活綴方」の指導に力を注いでいくことになる。当時，生活綴方を多少とも手がけていた教師たちの合言葉は，無着成恭によって発刊された「『山びこ学校』（青銅社，1949年）を乗り越える」ことにあったという。相川自身も，『山びこ学校』の発刊に目を開かれたことを振り返って述べている[(40)]。

　さらに，相川は，教師が，「生活記録」を残すことの意義についても，次のように述べている。

　　わたくし自身，この一年間をふりかえってみて，驚くほどの変化と前進をしているのを感じている。そして，この教師の自己改造と無関係に子どもたちは変化しているのではない。

　　この前例がしめした子どもたちの前進は，この教師の自己改造とどのように関係し，成し遂げられていったかという過程を，学習や子どもの作品を通して，順を追って書いていこうと思う。

　　私には，子どもたちの意識が，どんな契機で，どのように変化していったかというプロセスこそ最大の関心事であり，それはまた次の年度の私たちの前進にとって欠くことのできない反省でもあると信じている。[(41)]

　つまり，相川にとっての「生活記録」を残すことの意義とは，「教師の自己改造」のために必要な「反省」だとして位置づけていたのである。相川は，そのような「生活」への着目を通して，地域における生活の主体者として，子どもという存在を捉えていくようになったのである。

　では，そのような相川による「子どもを郷土における生活の主体者としてとらえる経験」と，社会科授業との関連について考察していくこととしたい。授業「牧士（筆者注：もくし）への手紙」は，相川が，1952年6月に取り組んだことをもとにして，1953年度に実践したものである。この授業について歴史学者の木村博一が，歴史教育に「古文書」を取り上げた教育実践として「その早い例ではなかったかと思う」(42)と述べていることからも，相川による代表的な教育実践として捉えてよいであろう。

　表6に示したのは，授業「牧士への手紙」の展開である。

　本研究のアプローチより確認できるこの授業「牧士への手紙」の特質は，次の二点である。

　第一に，相川が「古文書」について，江戸時代の武士と農民の支配・非支配の関係を理解させる絶好の教材と捉えて授業を行っていたことである。

　相川は，「古文書」を教材にした主なねらいについて，「封建社会のタテの人間関係を理解させる」(43)ことであったと述べている。そのことは，当時の富里村に現実的な課題として残っていた「部落の封建制」(44)の解決をめざす立場から取り組まれたと思われる(45)。

　第二に，授業構成の特徴として，導入部で郷土の具体的事物を用いて，子どもたちの興味・関心の喚起を行っている点である。相川は，郷土の具体的事物についての学習を通して，子どもたちが，「過去を具体的に生き生きと想像し」，「より高い知識や新しい知識のカクトクの源泉となる」(46)ことをめざしていたのである。

　以上のことから，授業「牧士への手紙」は，相川が子どもの郷土における生活をより豊かにすることをねらいとして，子どもたちの興味・関心の喚起を重視しながら取り組んだ社会科教育実践として位置づけることができる。

表6　社会科授業「牧士への手紙」の展開

段階	教師の発問・指示・説明	児童の学習活動・学習内容
導入	・牧場人足の徴発令書である古文書を，4年生なりに理解できるように口語文に直し（成田町の郷土史家・大野政治氏の教示による），野馬の土堤のフィールド・ワークの学習の後，プリントして配り，子どもたちの話し合いの材料にするために朗読させた。	・はじめに牧士の手紙の口語文を朗読する。
展開	・話し合いをする。 ・だれからだれへやった手紙か？ ・どんなことが書いてある？ ・なにを出せっていうの？ ・依田山城守はだれにいわれたのだろう？ ・そうだね。じゃ，依田山城守はだれにいばった？ ・むくしは？ ・それでは名主と組頭は？ ・名主は手紙もらってどう思ったろう？ ・百姓はどうだろう？	・牧士が名主と組頭へ出した手紙。 ・秋に馬つかめるから道なおしてくれ。 ・人足。 ・佐倉のとのさま。 ・むくし（筆者注：もくしと読むが，富里村ではむくしといった）にいばった。 ・名主と組頭にいばった。 ・百姓にいばった。 ・たいへんだあ，早く準備しなくちゃしょうねえ。 ・稲かりあんのに人足でるとこまんなあ…。 ・おらあ，また人足だっちけど，こなんねなあ…。
終末	・話し合いのまとめをする	・生活綴方（詩）を書く。

出所：相川日出雄「古文書と歴史教育（実践例　小学校）」高橋磌一編『古文書入門』河出書房新社，1962年，303～310頁を参考に筆者作成。※江戸時代の富里村は，野馬の放牧場であった。この「牧士への手紙」という古文書は，牧場の管理人で佐倉藩から名字と帯刀を許された村の牧士（もくし）が，村々の名主・組頭に回覧させた人足の徴発令書であった。

第4節　郷土史教育と生活綴方

（1）郷土史中心の社会科授業づくり

　これまで論じてきたように，郷土全協の小学校教師であった相川日出雄は，1950年代前半における「新しい郷土教育」実践の創造過程のなかで，「歴史教育と生活綴方」を結合させた取り組みを行っていた。相川は，自身の「歴史教育と生活綴方」を結合させた取り組みについて，次のように述べている。

　私の実践の中で考えられたことは，生活綴方による事実の把握を，歴史のものの見方，考え方でさらに一そう科学的にすることだと思うのです。また単なる歴史教育だけでは，豊かな生き生きとした創造的教育，即ち子どもをして民族の伝統をほりおこし，創造の面へみずから進んでいくというような教育の実現は期待できないと思います。それは歴史と生活綴方を結びつけ，統一することによってはじめて可能になるのではないかという立場で現在まで進んでまいりました。[47]

　このように，相川は，「子どもをして民族の伝統をほりおこし，創造の面へみずから進んでいくというような教育の実現」をめざし，「歴史教育と生活綴方の結合」という課題を捉え，「新しい郷土教育」実践に取り組んでいたのである。

　このような「生活綴方と歴史教育の交流」という考えのもとに取り組まれたのが，相川による「新しい郷土教育」実践であったといえる。

　さらに，相川を勇気づけたのが雑誌『教師の友』（1952 年 7 月号）に掲載された高橋磌一と国分一太郎による「生活綴方と歴史教育の結合」ということばであったという[48]。これらの出来事をきっかけにして相川は，「生活綴方と歴史教育の結合」に手探りで取り組んでいくこととなる。そうした過程の中で，児童による優れた「生活綴方」が現れてきたのであった。相川は，その背景について，次のように述べている。

　平凡な毎日の生活の中で，母は子へ，子は母へと語りあっていたものは歴史であったと私は考えるのです。私の命のすりへらした部分がこうして子供に乗りうつりさらにそれは伝統を親から子へうつしていく大きな力の一部になっていると思う時，もうこの田舎教師はたとえ一時にせよ自己満足してしまうのでした。[49]

　相川は，「郷土の歴史」を学ぶことに，児童の「生活」の向上を見出していた。そのことが，優れた「生活綴方」の出現につながっていたと捉えていたのである。また，それは，戦争で父親を亡くした学級の四人の児童に対する「いつまでも悲しみのなかに沈むのでなく，そこからたくましく根強い生活力を持たせて立ち上がらせてやることだ」[50]という相川自身の教師としての願いに結びついていた。

　つまり相川は，児童が，「郷土の歴史」を学ぶことに，児童の「生活」の
向上を見出し，学習者による「郷土」における現代的な課題の解決を押し進
めるために，「郷土史教育」の必要性を主張していていたのである。

　また，相川実践において特徴的であったのは，児童が，郷土史研究の手法
を活用して学習に取り組んでいることである。その取り組みは，「考古学と
郷土教育」の実践として結実していく。以下，「考古学と郷土教育」の順に
従い，児童の学習面での特質について検討していきたい。

　相川は，「考古学と郷土教育」の実践の順序について，「学習方法としては，

図1　千葉県富里村の地図

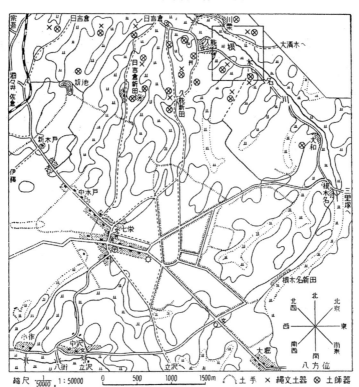

出所：相川日出雄「考古学と郷土教育　実践例Ⅰ　小学校の部」和島誠一編『日本考古学講座　第1巻』河出書
　　房，1955年，251頁。

図2 竪穴住居の位置ときくのや台地のがけ

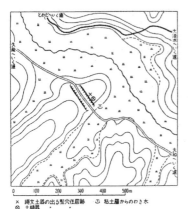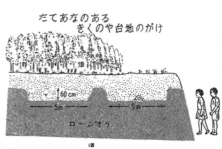

出所：相川日出雄「考古学と郷土教育　実践例Ⅰ　小学校の部」和島誠一編『日本考古学講座 第１巻』河出書
　　房，1955年，252頁。

　主としてフィールド・ワークする。あるいは古文書の現代訳をしらべる。次
に調査したことについて討論し，また教師が不足な知識をここで補足してや
り，考えたこと，わからないことをノートさせる。そしてそのノートの中か
らさらに発展する方向を見出し，次に進んでいく，という形で学習しており
ます」と述べていた[51]。

　このような順序に従って，児童は最初に，図１・２に示したような「きく
のや台地」へフィールド・ワークに行き，竪穴住居跡の見学を行い，そこか
ら生まれた「台地の土にすんだのはなぜか？」という疑問を出発点として，
話し合いを行っている。資料１の記録は，第１回目のフィールド・ワークか
ら帰ってきた児童が抱いた疑問や考え方をまとめたものである[52]。

　資料１からも分かるように，児童は，フィールド・ワークを通して訪れた
竪穴住居跡について，疑問に思うことや考えたことを出し合い，活発な意見
交換を行っている。中でも特徴的なものは，「〜だから〜である」とか，「そ
れだから〜」という根拠をもった意見である。つまり，児童は，実際に見て
きた遺跡や遺物などをもとにして，推理や判断をしているのである。また，「じ
かまき」の問題について，「なぜ」，「どうして」と，思考をはたらかせて疑

資料1　第1回目のフィールド・ワークにおける子どもの疑問や意見

1）台地の上にむかしの家があったから，どきがある。
2）台地の下に水のわいているところに昔は家を作る。
3）昔の家はみんな台地の上にある。
4）昔の家の下にわき水がある。
5）昔の家のあととわき水のでるところをくらべると，昔の家のあとの方が高いところにある。わき水の方はひくい。
6）たてあなの家は台地のとがったところにある。
7）昔の家は台地のとがったところにたてた。
8）昔の家のあとはくろ土そうとロームそうのあいだにある。
9）じかまきというのがわかった。
10）きれのまん中へ穴をあけたきものがわかった。
11）農業をやるようになってから土きにもようがない。
12）かりの生活の時より農業をやるようになってから，こまかい仕事をやれるようになったから土器もうすい。
13）かりの生活をしている人たちもあれば，もう田んぼを作っている人たちもあった。だから世の中はみんな一しょにすすまないということがわかった。
14）じめじめしたところに木のくわやげたがどうして残っていたか。
15）農業をやった人はどこから米のたねをもってきたか。
16）どうしてなえでうえないでもみでまくのか。

出所：相川日出雄「考古学と郷土教育　実践例Ⅰ　小学校の部」和島誠一編『日本考古学講座　第1巻』河出書房，1955年，251～253頁。

問を抱いている姿もある。こうした児童の姿が登場した理由について，相川自身は次のように述べている。

　　文章形式でいうなら，「…だから…である。」とか「それだから…。」というような論理的思考は考古学という科学で，遺跡や遺物からものを見極めていくのにもっとも根本的なものと考える。ではそれを教育に適用した場合はどうなるのであろうか。考古学で当時の社会発展を学ばせるとともに，子どもの論理的思考力を—それは極めて単純な推理，判断であるが—養っていくことをわたしは重視したい。[53]

資料２　児童による生活綴方「たてあののうち」

```
  たてあなのうち

                                              〈佐藤　正雄〉

  きくのや台地の道のわき，        ／がけにたてあなのうちが半分見える。
  先生がはじきのかけらをほり出した。  ／みんな
  「あれ，はじきだな。」            ／といった。
  じかまきのいねつくり，はじめてからの人が／ここにすんでいただな。〈中略〉
  それでもやづで                ／いね作り，いっしょうけんめい
  やっただっぺな。              ／きぞくたちは
  ならのみやこでたのしく          ／あそんでいただっぺな。
  このがけはこんなとこまで        ／わかるからだいじだ。
  やづの方を見たら      ／田んぼのいねが風にふかれて　なみのように動いている。
```

出所：相川日出雄「考古学と郷土教育　実践例Ⅰ　小学校の部」和島誠一編『日本考古学講座　第１巻』河出書房，1955年，254～256頁。

　以上のように相川は，原始・古代史の学習目的として，考古学研究を通じての児童の「論理的思考力」の形成を求めていたのである。そして，話し合いの場面において，根拠をもった発言や表現を重視していた。そのことが，児童によって主体的に疑問や意見が提出される歴史学習を可能性にしていたのであろう。

　次に，第二回目のフィールド・ワークを行い，遺跡現場を目の当たりにして山上憶良の貧窮問答歌の解説と奈良の都の生活を児童に聞かせている。学習後，ある児童は，資料２のような生活綴方を残している。

　この作文からは，竪穴住居において「土師器」を用いた農民のくらしと，奈良の都の貴族のくらしを対比させながら，郷土の歴史を考える児童が育っていることが分かる。相川が遺跡や遺物の学習を通して子どもの生活感覚に訴える学習を継続して行ったことの成果が現れたのであろう。

　その後の学習の展開として，今の稲はどんなものがあるかという疑問から，稲の種類調べに発展し，子どもの調査の結果，中世種が圧倒的に多いことが分かり，「では北海道や九州では早生，中生，晩生のどれだろうか」という

資料３　土器の出土位置から分かることについての話し合い

T　さあ，気のついたことをいってごらん。

P　じょう文式土器の出るところはたいてい土師器がでる。

P　土師器だけ出るところは，ひっこししたところだっぺ。

T　どっちがよけいある？

P　土師器のでる場所の方が多い。

T　どうして土師器の出る場所が多いのだろうか。

P　農業をやるようになれば，食べる心配がなくて人がふえた。

　　以上のような話合いの結論は

1　じょうもんどきのでるところはたいてい土師器が出る。

2　土師器の出る場所の方が多い。

3　それは農業をやるようになって人口がふえたから。

4　台地ばかりで谷津（谷の方言）のないところは土器がでない。

5　じょう文時代は台地をよけい使った。
　　それでもやづは水と土器をつくる粘土をとるのにだいじ。

6　農業をやるようになってから，やづと台地と両方だいじになった。

出所：相川日出雄「考古学と郷土教育　実践例Ⅰ　小学校の部」和島誠一編『日本考古学講座　第１巻』河出書房，1955年，257〜258頁。

問題に発展し，日本の緯度の問題から地球の学習まで進んでいくという [54]。

　また相川は，フィールド・ワークを通じて，「土器の落ちている場所も大事だし，また一つの土器だって大切にしなければならないことを教え」，児童がよろこんで集めた土器の出た場所を地図に記入して，資料３のような話し合いを行っている。

　児童は，話し合いを通してお互いの考えを検証し合っている。そして，導き出された結論は，縄文時代の竪穴住居が舌状台地の上で，しかも突端部（湧き水の出るところ）に作られており，土師器の作られる時代には谷と台地の両方を利用するようになったというものであった。つまり，遺跡から出土する縄文土器と土師器の出土場所の調査を通して，児童が共通に認識したのは，富里村の土地利用の歴史であった。

　では，どうして児童は，土地利用の問題にこだわったのか。その原因には，富里村の現実の農業問題が関わっていたことが想像できる。当時の富里村は，稲作のほとんどを天水・湧水に頼っていたため，農業生産が不安定であった[55]。そのため，水田や畑が最高の生産力を発揮しておらず，土地利用の工夫が求められていたのである。

　さらに相川が，竪穴住居跡を考古学者の和島誠一に見てもらった際には，「竪穴住居と水とは必ず関係がある」「台地は初め狩猟だけだったが，徳川期には広い部分が放牧場となり，現在は広大な畑となっている土地の生産力の発展を考えなければならぬ」[56]と助言をもらっている。このことより，「もっと工夫すればよけいとれるんだ」ということが分かっている児童が，現在の水田や畑の生産力の向上について考えるために，土地の利用のされ方を知る必要があったのである[57]。

　では，相川が「考古学」を通じて求めていたものは何か。それは，児童に「論理的思考力」を身につけさせ，「現代の問題解決」のための研究的態度を育成することであった。

　　論理的思考は単に社会科の中の原始・古代学習のみでなく，算数や理科でもその訓練がなされる訳だが，逆にいえばここに考古学の教育部門での位置がはっきりしてくるかもしれない。[58]

　そして，相川は，原始から古代についての歴史を教育する場面において，児童が自然と社会生活の関係について考えることについても述べていた。なぜならば，「歴史を教育するばあい，とくに原始から古代のような自然が人間にとって重大な脅威の時代には，自然は社会生活に大きな影響をおよぼすから，われわれは自然科学を学習しなければならないし，とくに地理的条件と地質を学ぶ必要がある」[59]からだという。そして，教育の全分野における考古学の果たす役割について次のように述べる。

　　これだけでは（考古学だけでは）子どもの認識はいびつになってしまうので，どうしても時代を追っての系統的な歴史学習が必要になってくる。そうやって初

資料4　児童による生活綴方「かわぐりの石かん」

かわぐりの石かん

杉田　みつ子

　川ぐりの台地へ行ったら，古ふんのそばに石のかんがあった。わたしは「昔はきぞくなんか，あんなに死んだらうめられて，どれいはずいぶん生きうめにしられたっぺな。」と思った。ひみこが死んだって百人くらいうめるんだもの，きぞくはかたなだのなんか，うんとうめてもらっていいべな。石のかんは勉強になるのに，「だれかがぬすんでしまった。」と先生がいった。

　石のかんはながぼそかった。先生がシャベルで石をひっくりかえしてみた。中にかれたはっぱがはいっていた。わたしは「ちょくとうは石にくっついていただっちけもの，どろぼう，わかんなかっただっぺな。」と思った。

　まわりにすすきがうんとはえていた。わたしは先生が話していても石のかんばっかり気になっていた。はじめて石のかんをみたもんで気になってしょうがなかった。

　「どれいはこんな石のかんまでつくるんだからこなんめ（いやだ）な。」と思った。

　先生はあせがおでこのはなにつゆみたいにくっついていた。わたしは「せんせいもいっしょうけんめいやっていっからだな。」と思った。

出所：相川日出雄「考古学と郷土教育　実践例Ｉ　小学校の部」和島誠一編『日本考古学講座　第1巻』河出書房，1955年，259頁。

めて子どもも社会の認識が正確になってくると思う。これは教育の全分野において果たす考古学の位置ともいうべきであろうか。[60]

　つまり，相川にとっての「考古学研究」を活用した指導とは，児童が生活する「郷土の歴史」を，総合的に描き出すための一つの方法であったといえる。

　また，遺跡や土器からの学習だけではなく，実際に，児童が古墳の発掘調査を行っていたことを示す資料4のような生活綴方がある。

　こうした古墳の発掘調査は，『1951年度版中学校学習指導要領・社会科編日本史（Ｃ）案』において，「遺物や遺跡を見学・調査し，歴史を科学的に取り扱おうとする態度や習慣や技能」を身につけることによって，「神話や伝説を正しく批判する態度」をやしなう必要性が強調されていたことと無関

資料5　児童による生活綴方「供出」

供出

大竹　直子

　かあちゃんがとうちゃんに「きょ年三びょうだから，ことしも三びょうにしちゃおうか。」といった。とうちゃんは「うん，しちゃおうか。」とへんじをした。その時，わたしは大化の改新のころの米をとる「『そ，よう，ちょう』の『そ』みたいにいつまでやっているのかなあ。」と思った。いまでも，むかしと同じように米を出さなければならない。わたしは万よう集の「父母はまくらもとのほうに，つまこは足もとの方にかたまっている。」という歌をいまでもわすれずに「かわいそうだなあ。」とおぼえている。世の中は今もむかしもおなじですすまないみたいだ。ふろの火はいきおいよくまだもえている。わたしは「こんどはごはんをたくべ。」と思った。

出所：相川日出雄「考古学と郷土教育　実践例Ⅰ　小学校の部」和島誠一編『日本考古学講座　第1巻』河出書
　　　房，1955年，260頁。

係ではないだろう[61]。1950年代前半という歴史的状況が，相川のような自主的な発掘調査を可能にしていたのであった。

　そして，この「かわぐり」古墳の調査を通して，子どもたちは「貴族―奴隷」といった封建制に考えをめぐらせている。年貢米の供出の問題が，現代の問題として当時の富里村に存在していたためである。そのことは，資料5に示した生活綴方からも分かる。

　また，ある児童は，歴史学習を通して封建制について考えた成果を，現代の生活にもち込んで，資料6のような生活綴方を書いた。

　この作文に表れているのは，平等な社会の実現を望む児童の姿である。つまり，「郷土の歴史」の学習を行った目的は，児童が現代社会の生活で直面する問題を，歴史認識を通じて考えることにあった。これは，歴史学習を通じて民主主義の実現について考える社会科のねらいとも合致していた。

（2）社会科授業実践の中の生活綴方

　相川は，「生活綴方」，とりわけ「詩作」に力を入れて取り組んでいた教師であった。以下，相川による生活綴方の指導の概略を示すこととする。

資料6　児童による生活綴方「おれたち」

おれたち

三橋　和枝

きくのや台地や松の木台地のたてあなの人らよ。／こくよう石のやじりでかりをしただっぺ。
雨の日はたてあなのうちの中で，／じょうもん土きをこしらえていただっぺ。
竹だの，貝だの，なわだのでもようを／つけただっぺ。／けものと魚をこうかんしただっぺ。
大雨の日はけものもとれねし，木の実もとれねし，外にでられなくて
たてあなの中でさむくてふるえていただっぺ。／しぜんにまけてくるしいつらい冬だっぺ。
今もおめらとおなじやづ（谷津）と台地で，／20せいきのおっらがくらしている。
まだ人間が人間をいじめているよ。／おっらはもっとびょうどうで幸福になるよう，
のぞんでくらしている。／そうなるまで，おっらはなんでもかんでんぜったいにいきていてえ。

たてあなの農業をはじめていた人らよ。／おめらの世の中になったら人口がふえたっぺ。
もようのないはじきつかうようになったっぺ。／米はまい（うまい）べ。
あしのはえていたやづにじかまきをはじめただっぺ。
えらい人ができて川ぐり，向台，松の木大の台地の上にこふんをこしらえただっぺ。
だじじなおどっちゃんをさきもりへだされてかなしかっただっぺ。
ひみこのしんだ時はどれいをいっしょにうめただっけな。
今もおめらとおなじやづと台地で／二十せいきのおっらがくらしている。
まだ人間が人間をいじめているよ。／おっらはもっとびょうどうでこうふくになるように
しべとのぞんでくらしている。／そうなるまで，みんなで力をあわせて
なんでんかんでんいきてくど。〈一部のみ抜粋〉

出所：相川日出雄「考古学と郷土教育　実践例Ⅰ　小学校の部」和島誠一編『日本考古学講座　第1巻』河出書
　　房，1955年，260～262頁。

　まず，資料7の詩は，5月の段階における学級の児童による生活綴方であ
った。

　この詩に対して，相川は，「詩のように行間をきったが，これはまだ詩と
は言われないし，こどもたちはまだ詩を書く力はなかった」[62]と捉えていた。

　そして，この児童に行った詩作の指導としては，他の児童の詩を紹介して，
「みじかいことばでかくのが詩だよ」と説明したり，「かあちゃんのこと，も
う少しほかのことないかな」「これでもだめだなあ」[63]などの言葉をかけた

資料7　児童の生活綴方「かあちゃん」

かあちゃん

〈池田　千鶴子〉

5月18日の日曜日に，　　　　／えいまきの畑のあいてるところを
かあちゃんがくさをとっておけといった／くわをかまでとってくさのねが
ふかいのでくだがきれた。　　　　／手でくさの根をほったので
つめの中に　　　　　　　　　／すながたくさんはいった。
くさとりはこなんない。　　　　／かあちゃんが
「ちゃんとくさとっておいたか。」ときいたから，
「うん，とっておいた。」といった。　／「おう，よくやっておいたで。」
といって十円おかねをくれた。

出所：相川日出雄『新しい地歴教育』国土社，1954年，38頁。

りしたという。すると，児童は，資料8のような詩を書いてきた。

　この生活綴方のように，相川は，日常的に詩作の指導に力を入れていたことが分かる。それは，相川が，児童の「生活」の姿勢を日常的に鍛えようとする姿勢であったからだと考えられる。

　なお，国分一太郎は，この池田千鶴子の詩に対して，毎日新聞（1952年8月13日付）の学芸欄に「生活綴方の明るさ」と題して，次のような評を書いていた。

　　母親のこの真剣さをみてほしい。この真剣さにはあたたかさがひそんでいる。日本のどこの村に，子どもの学習に，これほど熱心な母親がいるだろうか。子どもの生活の中からの創造物に，こんなに深く心をよせている母親があるだろうか？

　　おかあさんにたたかれたとかいたり，家が貧乏だとかいたりすると，すぐに「がいぶんがわるい，そんなことをかくな」とののしり叱る両親がよけいにいるあいだは，日本の村むらに明るさは生まれない。いや都会にも生まれない。子どもと親と先生の一つの生活を根じろにした真剣な探求と協力，そこから教育の進歩も生き方もうまれるのだ。これをくらいものだとだれがいえよう。[64]

資料8　児童の生活綴方「かあちゃん」（改稿版）

かあちゃん

〈池田　千鶴子〉

わたしはかあちゃんに／はん画を見せた。
「まゆげがかたっぽ，ねじゃねがよ。／まるでかたわみてでねかよ。
学校でへえへえわらってなまけているから，こんなふうになっちゃうだよ。」
といった。／かあちゃんは手をあげた。
わたしはたたかれっかと思った。／わたしはうらの方へにげていくべと
思った。／そしたらかあちゃんに
つかまっておしりを一かいうらで／たたかれた。
わたしが／「おお，いたかった。」
といったら，／「いてえためにやっただ。」
とかあちゃんはいった。／「こんどからきちんとやればだれも
たたきゃしねよ。」／とかあちゃんがいった。
わたしは／「こんどやる時はおこられぬように
やっぺ」／と思った。

出所：相川日出雄『新しい地歴教育』国土社，1954年，40〜41頁。

　このような国分の評価からも分かるように，相川は，「生活」に根ざした詩作を重視して，実践に取り組んでいたのである。そして，その詩作の指導法として，「詩の一方法として子どもの書いた文の中から，◎短いことばをぬきだす。◎よけいなことばをとる。◎じゅんばんをかえてみる。といった指導法を最初とっていった」[65]という指導を行い，児童のノートには，資料9のような朱書きを行っていた。

　こうした相川による地道な指導の積み重ねが，児童の「生活」を見つめる力を育んでいたといってよい。また，そのような取り組みを通じて，教え子の池田千鶴子は，相川実践の中で，「先祖のいはい」という詩を1952年12月に綴り，その作品は，『基地の子』（清水幾太郎，宮原誠一，上田庄三郎共編，光文社，1953年）に掲載された。以下，児童の生活綴方「先祖のいはい」を資料10に示す。

　この詩から受け取れることは，児童が，「生活」に根ざす問題を追求しよ

資料9　児童の生活綴方「とうちゃん」に対する相川の朱書き

とうちゃん 〈見沢　悦子〉	私の質問したことば
わたしのうちのおとうちゃん。 いつもおちゃこせしている。 とても元気なとうちゃん。 年をとったけど元気だ。 かおからあせがはらのほうまでたれて いる。 てぬぐいであたまをしばって， ほいろであせをたらしながら， おちゃをよじっている。 あせがかおからはらの下までたれてい る。 おきがほいろの下にたくさんいれてあ るのであせが出るのだ。	あとにあせのことがあるからここはとっ てしまおう。 あせはどこに出ていたの。 おきが………のでというのは説明のこと で詩ではあまり使わない。 おきのようすにかきなおした方がいいな
おちゃをこしらえて なりたの方へおちゃをうりに行って， おかねをもらってくる。 そのおかねでわたしのえんそくのくつ をかってきてもらう。 おちゃをうってもそんなにだいじんに ならないとわたしは思った。 とうちゃんは， おちゃをうっても ぜにをつかってくるので，うってきたし （かわり）に，ならないといっていた。	とうちゃんはこのおちゃをどうするんだ い。かいてごらん。 お茶のお金でくつかってきてもらうのな ら，とうちゃんがはたらいて作ったお茶 がくつになることだっぺ。 いいとうちゃんだなあ。 じゃ今，えっちゃんがお茶作っていると ころをみているつもりでかくと，このお 茶は何になるんだろう。 あとの文はだいじなことがかいてあるけ ど，この詩では，けずっておこう。

出所：相川日出雄『新しい地歴教育』国土社，1954年，44〜46頁。

資料10　児童の生活綴方「先祖のいはい」

　　先祖のいはい

〈池田　千鶴子〉

ぶつだんにたくさんならんでいるいはい／新しいのもある，古いのもある。

小さいのもある，大きいのもある。　　／ぶつだんがせまくなるほどならんでいる。

1ばん古い大先祖のいはい。　　　　　／いたんばで黒くて字がよくわからない。

洋貞大徳とかいてある。

洋貞大徳さん。　　　　　　　　　　　／江戸時代はどんなくらしであったや。

ひゃくしょうはどんなくらしであったや／武士は年ぐをどのくらいとったや。

洋貞大徳さん。　　　　　　　　　　　／田畑をどのぐらい持っていたや。

毎日まい（うまい）ものをくっていられなかったっぺ。／洋貞大徳さん。

いっしょうけんめい，ひゃくしょうやっただっぺ。／ほうそうの病気にかかって，

どうそじんは一本松のところへたてただっぺ。／こうしんとう（庚申塔）たてて，

ゆさんこ（遊山講）やって，　　　　／まいものくっていかたっぺ（よかったでしょう）。

いろんな石をたてたのは少しくらしが，／らくになったからだっぺ。

洋貞大徳さんや。　　　　　　　　　　／今は1952年の12月だよ。

わたしのいうちは，　　　　　　　　　／わたしといもうとのマス子と

かあちゃんとばあちゃんだよ。　　　　／この4人でうちをたてなおしたんだよ。

元気でいるよ。　　　　　　　　　　　／とうちゃんはせんそうにでて，

山の中のかんりょうけんで（中国の地名）／たべものがなくなってしんだだよ。

とうちゃんがいれば　　　　　　　　　／もっとくらしがらくだっただよ。

洋貞大徳さんや。　　　　　　　　　　／今は江戸時代よりこわいせんそうがあるだど。

ちょうせんでは今でもせんそうやっていっだどよ。

うちがやけた人やしんだ人がうんといっだど。

げんしばくだんなんかおとされると　　／人がいちどに何十万人もしぬだよ。

すいそばくだんはげんしばくだんより　／おっかねえだちけ（そうだ）。

すいそばくだんを東京へおとされると　／ここらへんもやけちゃうだど。

すいそばくだんは今アメリカで　　　　／つくっていっだど。

おっかねえばくだんだど。　　　　　　／洋貞大徳さんのころはすいそばくだんや

げんしばくだんがなくて，　　　　　　／てっぽうやかたなでせんそうやっただっぺ。

今はこわいげんしばくだんがあっだよ（ありますよ）。

電気やひこうきや自動車があって　　　／べんりになったけど，

くだんがあって　　　　　　　　　　　　／こなんねだよ（こまるのだよ）。
九十九里では外国の人がきて　　　　　　／たいほううつれんしゅうやっていっだど。
さかなはとれねだよ。　　　　　　　　　／毎日どっかでたいほうの音が，
どどん，どどん　　　　　　　　　　　　／この久能や日吉倉へきこえっだよ。
こんど，せんそうがはじまったら，　　　／日本中の人がしんじゃうだよ。
きっと人間がいなくなっちゃうだよ。　　／昔は洋貞大徳のように
はたらく人いじめられたっぺ。　　　　　／今もとうちゃんがせんそうにでて
しんじゃっただよ。　　　　　　　　　　／わたしが大きくなったら，
せんそうなんかやんねで，　　　　　　　／みんなびょうどうでこうふくにして，
みんなはたらく人になるだよ。　　　　　／わたしはそんなつもりでいるだよ。
なあ洋貞大徳さんや。

出所：相川日出雄『新しい地歴教育』国土社，1954年，12〜14頁。

うとする意識の高さである。相川は，この詩に関して，「概念くだきから，思ったとおり，見たとおり，聞いたとおり書くというだけだったら，それは技術主義だ。技術ももちろんのことだが作品から子どもの考え方を追求し，そしてものの見方や考え方を正しく指導しなければならない。こういう不幸な子どもを幸福にするような教育の道を歩まねばならない」[66]と述べていた。「概念くだき」とは，当時の生活綴方教師たちが主張していた「生活綴方的教育方法」と呼ばれる教育方法であった。詳しくは，国分一太郎が，次のように述べている。

　　概念をくだく，概念化をふせぐ，ということは，生きた事物から学ばせるということの土台であろう。そして，生きた事物から学ばせることは，生活的な教育の第一歩である。[67]

　この国分の発言のように，相川実践では，「郷土」の「生きた事物」に学ばせることを通じた，「概念くだき」に取り組んでいたのである。つまり，相川実践では，児童に「郷土」の現実に根ざす現実的課題に目を向けさせることを通じて，児童の「生活」の姿勢を育むことがめざされていたといえる。

第5節　本章のまとめ

　本章では，1950年代前半における郷土史中心の「新しい郷土教育」実践の創造過程に関わる小学校教師による取り組みの事例として，相川日出雄による「新しい郷土教育」実践を取り上げ，検討してきた。本章での検討を通じて，研究の視点を深めた点は，以下の三点である。

　第一に，相川による「新しい郷土教育」実践への着手の背景として，相川が1950年代前半の富里村における農村の貧困問題に着目し，郷土史研究を通してその解決をめざしていたことである。相川は，郷土の現実的な課題に目を向け，その解決をめざして，戦後初期新教育としての自身の社会科授業に対して反省を行う。そして，郷土史研究を通して，社会科が郷土における現実的な問題と取り組んでいくべきことに思い至るのである。そのような経験に支えられて相川は，郷土史を中心とした小学校社会科授業づくりを着想したと考えられる。

　また，第二には，相川における教材研究の取り組みとして，「郷土史研究を活用した教材研究」にもとづいて，郷土史中心の小学校社会科授業づくりを行っていたことである。相川は，考古学研究や古文書研究を用いた郷土史研究を通じて，郷土史教材を開発し，社会科の教材として用いていた。また，郷土教育運動の参加によるフィールド・ワークの経験を通して，フィールド・ワークを授業方法として用いていた。つまり相川は，教材開発や授業構成において，自身の郷土史研究やフィールド・ワークの経験を活用しつつ，小学4年生の社会科カリキュラムを自主編纂していたと考えられる。

　そして，第三には，相川が，「郷土史教育と生活綴方の結合」といった取り組みを通じて，「郷土の歴史」を学ぶことに子どもの「生活」の向上を見出していたことである。相川は，郷土における子どもの生活に着目する中で，子どもを地域における生活の主体者として捉えていった。また相川は，子どもの意識の変化を，実践記録への記述を通して捉えることを自身の「反省」として位置づけながら社会科教育実践に取り組んでいた。これらのことを通

じて相川は，郷土における子どもの「生活」の向上をめざした社会科教育実践に取り組んでいくことができたと考える。

　上記のような検討をふまえ，1950 年代前半における相川による「新しい郷土教育」実践の創造過程における，彼の「農村青年教師」という歴史的に独自な経験についても考察を深めることができた。

　なお，小原（1977）は，相川が「新しい地歴教育」実践を生み出すことを可能にした背景として，「現実を見させよ」「科学的な見方・考え方を」「まず郷土から」，「そのためには生活綴方と歴史教育の結合を」という「発想の転換」[68] があったことを述べているが，このことは，本章で論じたように，相川が富里村における郷土の現実的な課題について，郷土史研究を通じて探究した経験が契機としてあったと考えられる。

　また，臼井（1982）は，相川実践に対して，「通史学習において『郷土の歴史』が位置づけられ，子ども自身の生活や興味と関連づけられて」おり，「子どもの問題意識を育てる歴史教育」[69] を行っていたことをあげているが，このことは，本章で論じてきたように，相川が子どもを郷土における生活の主体者として捉えた経験に基づいていたと考えられる。

　以上のことより，相川に対するこれまでの評価に加え，「農村青年教師」としての彼の経験に即して，「新しい郷土教育」実践の創造が図られた彼の経験の意味について，研究の視点を深めたことが本章の成果としてあげられる。

注
（1）初期社会科教育論や初期社会科教育実践に関しては，以下の先行研究が詳細を明らかにしている。平田嘉三・初期社会科実践史研究会編『初期社会科実践史研究』教育出版センター，1986 年。片上宗二『日本社会科成立史研究』風間書房，1993 年。小原友行『初期社会科授業論の展開』風間書房，1998 年。木村博一『日本社会科の成立理念とカリキュラム構造』風間書房，2006 年。

（2）前掲，小原友行『初期社会科授業論の展開』，463 頁。

（3）小原友行「農村青年教師による初期社会科教育実践の授業論—相川・江口・鈴木実践

の分析—」日本教育方法学会『教育方法学研究』第 21 巻，1995 年，146 頁。

（4）遠藤豊吉「『新しい地歴教育』解説」宮原誠一・国分一太郎編『教育実践記録選集』第 3 巻，新評論，1966 年，321 ～ 322 頁。

（5）日比裕「フィールド・ワークと文集による郷土史学習—相川日出雄小 4「野馬のすんでいたころ」（昭 27）—」『教育科学 社会科教育』明治図書，No.152，1976 年，106 頁。

（6）小原友行「小学校における歴史授業構成について—相川日出雄『新しい地歴教育』の場合—」広島史学研究会『史学研究』第 137 号，1977 年，92 ～ 93 頁。

（7）田中史郎「相川日出雄『新しい地歴教育』における方法と内容—現代歴史教育理論史研究—」『岡山大学教育学部研究集録』第 55 号，1980 年，60 頁。

（8）小島晃「郷土に根ざす系統的な歴史学習— 1954 年・相川日出雄『地域の歴史』（4 年生）の授業—」民教連社会科研究委員会『社会科教育実践の歴史—記録と分析・小学校編』あゆみ出版，1983 年，94 頁。

（9）前掲，小原友行「農村青年教師による初期社会科教育実践の授業論—相川・江口・鈴木実践の分析—」，90 頁。

（10）このような社会科教育理論や教育実践の構築・創造過程にアプローチした社会科教育史研究としては，木村博一や小田泰司による研究をあげることができる。木村は，地域の社会科教育実践の構築過程に着目し，現職教育史研究，社会科研修サークル史の立場からアプローチを試みている。木村博一「地域教育実践の構築に果たした社会科教師の役割—愛知県三河地方における中西光夫と渥美利夫の場合—」（全国社会科教育学会『社会科研究』第 70 号，2009 年）。小田は，研究者の研究軌跡に焦点を当て，アメリカ社会科教育史における社会科教育論の構築過程についての研究を試みている。小田泰司「アメリカ社会科教育史研究における新たな研究方法の可能性—ラッググループの社会認識形成論の展開とタバ社会科—」（全国社会科教育学会『社会科教育論叢』第 47 号，2010 年）。

（11）相川日出雄の詳しい生い立ちについては，白井克尚「相川日出雄のライフヒストリー研究—小学校社会科教師としての専門性形成に焦点を当てて—」（歴史教育研究会『歴史教育史研究』第 10 号，2012 年）を参照。

（12）相川日出雄『新しい地歴教育』国土社，1954 年，17 頁。

（13）同前，同書，18 頁。

（14）同前，同書，同頁。

（15）相川日出雄「社会科と郷土教育」宮原誠一編『日本の社会科』国土社，1953 年，246 ～ 247 頁。

（16）同前，同書，220 頁。

（17）古川原「子どもを全面的に—相川先生の歴史教育を見る—」『教育』国土社，No.15，1953 年 1 月，22 頁。

(18) 同前，同書，同頁。

(19) 相川日出雄「地力等級と取組む―キン青年奮闘記」『農村文化』No.52，1951 年 4 月，52 〜 55 頁。

(20) 相川日出雄「教師ができる実態調査―とくに郷土史について―」『教育』No.10，1952 年 8 月号，77 頁。

(21) 西川宏「学校教育と考古学」『岩波講座 日本考古学 第 7 巻―現代と考古学』，1986 年，185 〜 187 頁。

(22) 相川日出雄「私の歩んだ歴史教育への道」『歴史評論』No.35，1952 年 4 月，39 頁。

(23) 同前，同書，同頁。

(24) 同前，同書，41 頁。

(25) 相川日出雄「私の歩んだ歴史教育への道」『歴史評論』No.35，1952 年 4 月，43 頁。

(26) 桑原正雄「戦後の郷土教育（1）」『歴史地理教育』No.18，1956 年 5 月，14 〜 22 頁。

(27) 相川日出雄他「〈座談会〉『あかるい社会』の継承と発展―徳武敏夫氏の新著をめぐって―」（『歴史地理教育』No.220，1974 年 1 月号）における相川の発言（31 頁）より。

(28) 桑原正雄「戦後の郷土教育（2）」『歴史地理教育』No.19，1956 年 6 月，26 頁。

(29) むさしの児童文化研究会編『第 1 回郷土教育研究大会資料 郷土教育』1953 年 2 月，1 〜 2 頁。

(30) 『新しい地歴教育』のまえがきの相川による謝辞の中にも，「たえずこの仕事に見とおしをつけてくださった歴史教育者協議会の高橋磌一先生，郷土教育全国協議会の桑原正雄，和島誠一両先生，日本作文の会の今井誉次郎，国分一太郎，さがわ・みちおの諸先生」とある。これらの人物は，第 1 回郷土教育研究大会に参加していた人物であり，そのような事実からも「新しい地歴教育」実践の創造過程における戦後の郷土教育運動の影響を窺える。

(31) 前掲，相川日出雄「社会科と郷土教育」，247 頁。

(32) 相川日出雄「考古学と郷土教育 実践例 I 小学校の部」和島誠一編『日本考古学講座 第 1 巻』（河出書房，1955 年）258 頁。

(33) 富里村史編さん委員会編『富里村史・通史編』富里村，1981 年，756 頁。

(34) 前掲，相川日出雄『新しい地歴教育』，92 頁。

(35) とりわけ，相川による考古学研究については，白井克尚「（研究ノート）相川日出雄の郷土教育実践を支えた考古学研究―『考古学と郷土教育』を手がかりに―」（日本社会科教育学会『社会科教育研究』No.115，2012 年，90 〜 102 頁）を参照。

(36) 前掲，相川日出雄「考古学と郷土教育 実践例 I 小学校の部」，253 頁。

(37) 相川日出雄「家貧しければ」後藤彦十郎編『魂あいふれて―二十四人の教師の記録―』百合出版，1951 年。

(38) 同前，同書，200 頁。

(39) 中野光は,『魂あいふれて―二十四人の教師の記録―』に寄稿した戦後の生活綴方教師の特徴として,「ひとりひとりの子どもを地域に生きる生活主体者としてとらえていた」ことについて言及している（中野光「二十四人の教師の記録―『魂あいふれて』を読む―」『中野光　教育研究著作集② 日本の教師と子ども』EXP, 2000 年, 197 頁）。

(40) 相川日出雄「『新しい地歴教育』の背景」『歴史地理教育』No.239, 1975 年 7 月, 87 頁。

(41) 前掲, 相川日出雄『新しい地歴教育』, 15 ～ 16 頁。

(42) 木村博一「古文書と歴史教育（総論）」高橋磌一編『古文書入門』河出書房新社, 1962 年, 292 頁。

(43) 相川日出雄「古文書と歴史教育（実践例 小学校)」高橋磌一編『古文書入門』河出書房新社, 1962 年, 310 頁。

(44) 敗戦直後の富里村内では, 下総御料牧場の農地解放に伴って, 戦災者が開拓者として入村し, 地元住民との間で地域間紛争が起こっていたという記録も残っている（前掲, 富里村史編さん委員会編『富里村史・通史編』, 732 ～ 750 頁）。

(45) 前掲, 相川日出雄「地力等級と取組む―キン青年奮闘記」, 54 頁。

(46) 前掲, 相川日出雄「古文書と歴史教育（実践例 小学校)」, 310 頁。

(47) 相川日出雄「農村生活と歴史教育」『平和と愛国の歴史教育―1952 年度歴史教育年報―』東洋書館, 1953 年, 98 頁。

(48) 同前, 同書, 同頁。

(49) 相川日出雄「霜降る夜の母子の話―古川先生の質問に答えて―」『教育』No.15, 1953 年 1 月, 31 頁。

(50) 前掲, 相川日出雄『新しい地歴教育』, 255 頁。

(51) 前掲, 相川日出雄「農村生活と歴史教育」, 100 頁。

(52) 前掲, 相川日出雄「考古学と郷土教育　実践例 I 小学校の部」, 251 ～ 253 頁。

(53) 同前, 同書, 253 頁。

(54) 同前, 同書, 256 頁。

(55) 前掲, 富里村史編さん委員会編『富里村史・通史編』, 756 頁。

(56) 前掲, 相川日出雄『新しい地歴教育』, 82 頁。

(57) 前掲, 相川日出雄「農村生活と歴史教育」, 103 頁。

(58) 同前, 同書, 253 頁。

(59) 前掲, 相川日出雄『新しい地歴教育』, 82 頁。

(60) 前掲, 相川日出雄「考古学と郷土教育　実践例 I 小学校の部」, 260 頁。

(61)『1951 年度版中学校学習指導要領・社会科編日本史（C）案』では,「終戦後, もっとも大きく根本からゆり動かされた日本の原始・古代の歴史は, 今や科学の正しい基礎に立って, 中学校生徒の興味と関心の中に, 正しく展開し続けられるべきである。かたよった歴史教育が植えつけたものが, 根底からくずれ去って, そこに新しく, 郷土・

祖国に対する正しい理解と愛情，そして世界との正しい交わり，結びつきが育てられ，養われるべきである」として位置づけられていたが，それは，戦後の考古学研究の成果であったとしている（勅使河原彰『日本考古学の歩み』名著出版，1995年，211～213頁）。

(62)前掲，相川日出雄『新しい地歴教育』，38頁。

(63)同前，同書，38～39頁。

(64)同前，同書，41～42頁。

(65)同前，同書，44頁。

(66)同前，同書，12頁。

(67)国分一太郎「概念くだき」『新しい綴方教室』新評論，1957年，41頁。

(68)前掲，小原友行「小学校における歴史授業構成について―相川日出雄『新しい地歴教育』の場合―」，93頁。

(69)臼井嘉一「子どもの問題意識を育てる『郷土の歴史教育』―1950年代の相川日出雄実践」『戦後歴史教育と社会科』岩崎書店，1982年，56頁。

表7　相川日出雄による論文・著作リスト

年度	年齢	論文名・著作名・出版社・発行年月
1951 (昭和26)	33	「地力等級と取組む　キン青年奮闘記」『農村文化』No.52，1951年4月号。 「家貧しければ」後藤彦十郎編『魂あいふれて―二十四人の教師の記録―』百合出版，1951年10月。
1952 (昭和27)	34	「私の歩んだ歴史教育への道」『歴史評論』No.35，1952年4月。 「郷土から学ぶ教育の実践」『教師の友』第3巻6号，1952年7月。 「教師ができる実態調査―とくに郷土史について―」『教育』10号，1952年8月。
1953 (昭和28)	35	「農村生活と歴史教育」歴史教育者協議会編『平和と愛国の歴史教育―1952年度歴史教育年報―』東洋書館，1953年1月20日発行。 「霜降る夜の母子の話―古川先生の質問に答えて―」『教育』No.15，1953年1月。 「社会科と郷土教育」宮原誠一編『日本の社会科』国土社，1953年10月15日発行。
1954 (昭和29)	36	「ごろ吉，おたんものがたりについて」『新しい歴史教育』No.4，1954年6月。 『新しい地歴教育』国土社，1954年7月20日。
1955 (昭和30)	37	「考古学と郷土教育　小学校の部」『日本考古学講座』河出書房，1954年1月。 「依田氏への疑問―指導実践記録・社会科はかくて生きる」『教師の友』No38，1955年2月。 「国語教師の仕事」『教師の友』No.42，1955年6月。
1957 (昭和32)	39	『やづの子ども―心を養い育てる指導記録―』三一書房，1957年2月28日。
1960 (昭和35)	42	「算数の問題と子どもたち」『教師生活』1960年3月号 『やづの子ども』『戦後教員物語（Ⅱ）』三一書房，1960年6月21日。
1962 (昭和37)	44	「古文書入門」高橋磌一編『古文書入門』河出書房新社，1962年。 「四街道町及び周辺地域石器時代遺跡調査」『四街道町内遺跡地図』四街道町教育委員会，1962年。
1963 (昭和38)	45	「旭小学校5年文集『らっかしょうの子ども』から」『母と子』1962年5月。
1964 (昭和39)	46	「子どもの文化の変化」『千葉教育』No.193，1964年12月6日。
1965 (昭和40)	47	『作文と教育』1965年7月臨時増刊号，編集協力。
1969 (昭和44)	51	「日本史・実践の整理4　江戸時代（幕藩体制）」『歴史地理教育』No.157，1969年7月。
1970 (昭和45)	52	「小集団学習と学習課題への疑問の出させ方」『社会科教育』No75，1970年11月。
1971 (昭和46)	53	「四街道町中世城砦跡調査報告」『四街道町中世城砦跡調査報告』千葉県教育委員会，1971年。
1974 (昭和49)	56	「〈座談会〉『あかるい社会』の継承と発展―徳武敏夫氏の新著をめぐって―」『歴史地理教育』No.220，1974年1月。

年度	年齢	論文名・著作名・出版社・発行年月
		「四街道の中世遺跡」『四街道の文化財』第1号，四街道超教育委員会，1974年3月31日。 『学び生きるよろこびを』明治図書，1974年。 『わたしたちの四街道町』1974年4月，編集者。
1975 (昭和50)	57	「千葉県大宮町坂尾のフィールドワーク」『歴史地理教育』No.236, 1975年4月。 「町内の遺跡　亀崎，米山遺跡」『四街道町の文化財』第2号，四街道町教育委員会，1975年6月31日発行。 「『新しい地歴教育』の背景」『歴史地理教育』No.239, 1975年7月。 「北総の中世遺跡」『房総の民衆の歴史と現実』千葉県歴史教育者協議会，1975年7月20日。 「中世へのいざない―地域に根ざした授業づくりのために―」『房総の民衆の歴史と現実』千葉県歴史教育者協議会，1975年7月20日。
1976 (昭和51)	58	「町内の石仏・石造物」『四街道町の文化財』第3号，四街道町教育委員会，1976年4月01日発行。
1977 (昭和52)	59	「地区探訪・吉岡地区―古い伝統と歴史を今なお残す―」『町政だより』1977年10月号。 「地区探訪・旭ヶ丘地区―山林と畑の地を造成してはや10年―」『町政だより』1977年11月号。 「地区探訪・内黒田地区―明治のはじめ44戸の農村―」『町政だより』1977年12月号。
1978 (昭和53)	60	「地区探訪・山梨地区―千里の里　山梨―」『町政だより』1978年2月号。 「地区探訪・鹿放ケ丘地区―一面の原野も今は宝の農地―」『町政だより』1978年3月号。 「地区探訪・和良比地区―宅地造成と隣り合わせ―」『町政だより』1978年4月号。 「地区探訪・長岡地区―伝統を引き継ぎ文化財の宝庫に―」『町政だより』1978年5月号。 「地区探訪・小名木地区―小名木の『木』は『城』の意か―」『町政だより』1978年6月号。 「地区探訪・栗山地区―古村から軍都そして住宅地に…―」『町政だより』1978年7月号。 「地区探訪・上野地区―妙見様が産土神の村…―」『町政だより』1978年8月号。 「地区探訪・物井地区―物井とともに歩んだ四街道―」『町政だより』1978年9月号。 「地区探訪・亀崎地区―米作りに影響を与えた日光水―」『町政だより』1978年10月号。 「地区探訪・鹿渡地区―興味ある名の由来と集落の面影―」『町政だより』1978年11月号。 「地区探訪・成台中地区―集団信仰と石塔群―」『町政だより』1978年12月号。
1979 (昭和54)	61	「地区探訪・大日地区―開拓地・住宅地とかけ足の変遷―」『町政だより』1979年1月号。 「地区探訪・下志津新田地区―演習場拡大による村ぐるみの大移動―」『町政だより』1979年2月号。

年度	年齢	論文名・著作名・出版社・発行年月
		「地区探訪・南波佐地区―語感から経済交流は千葉市か―」『町政だより』1979年3月号。 「地区探訪・吉岡地区吉岡新開―歴史の足跡残す御成街道―」『町政だより』1979年4月号。 「地区探訪・萱橋地区―戦に泣かされた農家―」『町政だより』1979年5月号。 「地区探訪・栗山地区馬洗―佐倉から千葉へ抜ける街道　馬も人もここ―」『町政だより』1979年6月号。 「地区探訪・山梨地区向井―縄文時代からの生活の場―」『町政だより』1979年7月号。 「地区探訪・山梨地区川戸―今も続く六夜様―」『町政だより』1979年8月号。 「中世へのいざない―千葉県四街道町の古屋城跡発掘―」『歴史地理教育』No.295, 1979年9月。 「地区探訪・吉岡地区―町名地名考　その1―」『町政だより』1979年9月号。 「地区探訪・吉岡地区―町名地名考　その2―」『町政だより』1979年10月号。 「地区探訪・吉岡地区―町名地名考　その3―」『町政だより』1979年11月号。 「地区探訪・山梨地区宿―今も残る旅籠―」『町政だより』1979年12月号。
1980 (昭和55)	62	「地区探訪・四街道地区―昔十三人衆の畔田新田―」『町政だより』1980年1月号。 「地区探訪・四街道地区―夫婦坂輪廻の絆―」『町政だより』1980年3月号。 「地区探訪・四街道地区―軍隊の町，首都圏都市に蘇る―」『町政だより』1980年4月号。 「地区探訪・和田地区―さざなみの志賀の大わだ淀むとも…―」『町政だより』1980年5月号。 「地区探訪・内黒田地区―百姓大迷惑の合戦―」『町政だより』1980年6月号。 「地区探訪・長岡地区―十九たちまち二十日宵闇―」『町政だより』1980年7月号。 「地区探訪・長岡地区―御酒頂戴被仰付冥加至極難有仕合奉存候―」『町政だより』1980年8月号。 「地区探訪・亀崎地区―チャンカラカン，チャンカラカンと機織って…―」『町政だより』1980年9月号。 「地区探訪・栗山地区―三百十六年の伝統，男の出羽三山参り―」『町政だより』1980年10月号。 「地区探訪・山梨地区川戸―妙見の祭礼とて，三百疋の早馬を見物―」『町政だより』1980年11月号。 「地区探訪・庚申塔特集―三百年続く庚申信仰―」『町政だより』1980年12月号。
1981 (昭和56)	63	「地区探訪・地名・珍名・奇名づくし①」『町政だより』1981年1月号。 「地区探訪・鹿放ケ丘地区―下志津原ニ於テ　大砲射的演習候ニ付…―」『町政だより』1981年2月号。 「地区探訪・鹿放ケ丘地区―つわものどもが夢のあと―」『町政だより』1981年3月号。 「地区探訪・鹿放ケ丘地区―不毛の原野　八億八千万円の宝の土地に―」『市政だより』1981年4月号。 「地区探訪・長岡地区―千三百年前の火事，ボッカ山遺跡―」『市政だより』1981年5月号。

年度	年齢	論文名・著作名・出版社・発行年月
		「地区探訪・長岡地区―千三百年前の火事，続ボッカ山遺跡―」『市政だより』1981年6月号。 「地区探訪・長岡地区―赤いたすきを先に立て ウエテシャレ，ウエテシャレ―」『市政だより』1981年7月号。 「第5章 近世 第11節 宗教」『富里村史 通史編』富里村，1981年7月31日発行。 「第6章 近・現代 第6節 教育」『富里村史 通史編』富里村，1981年7月31日発行。 「第6章 近・現代 第10節 兵事」『富里村史 通史編』富里村，1981年7月31日発行。 「地区探訪・吉岡地区―霜ばしら氷のはりに雪のけた…―」『市政だより』1981年8月号。 「地区探訪・物井地区―御山繁盛記―」『市政だより』1981年4月号『市政だより』1981年9月号。 「地区探訪・成台中地区―百万遍・ナイダナイダ，ソーレハナイダー」『市政だより』1981年10月号。 「地区探訪・長岡地区―古文書拝見，霜月中急度可令皆納者也―」『市政だより』1981年11月号。 「地区探訪・市内歴史地図」『市政だより』1981年12月号。
1982 （昭和57）	64	「地区探訪・地名・珍名・奇名づくし②」『市政だより』1982年1月号。 「地区探訪・山梨地区―鷲棲山大隆寺―」『市政だより』1982年2月号。 「地区探訪・長岡地区―読みも読んだり百巻の書籍―」『市政だより』1982年4月号。 「地区探訪・亀崎地区―農民と共に三百余年―」『市政だより』1982年5月号。 「地区探訪・鹿渡地区―ししわたし村・農民と城―」『市政だより』1982年6月号。 「地区探訪・栗山地区―再見吧！祖国啊・我的母親！―」『市政だより』1982年7月号。 「地区探訪・長岡地区―まほろしの寺正福寺―」『市政だより』1982年8月号。 「地区探訪・吉岡地区―精霊，家々に還る日―」『市政だより』1982年9月号。 「地区探訪・道標石塔特集」『市政だより』1982年10月号。 「地区探訪・成台中地区―市内神社詣で成山の高龗神社―」『市政だより』1982年11月号。 「地区探訪・山梨地区――切如来心秘密 全身舎利真言陀羅尼経―」『市政だより』1982年12月号。
1983 （昭和58）	65	「地区探訪・亀崎地区―神社初詣で亀崎熊野神社―」『市政だより』1983年1月号。 『地区探訪』四街道市役所，1983年3月。 「地区探訪・亀崎地区―井伊掃部頭様に水戸様御家来及乱妨―」『市政だより』1983年6月号。 「地区探訪・物井地区―村方必死と困窮相募り難渋至極―」『市政だより』1983年8月号。 「地区探訪・長岡地区―地蔵堂通夜物語―」『市政だより』1983年9月号。 「地区探訪・物井地区―隠岐国物井から下総国物井へ―」『市政だより』1983

年度	年齢	論文名・著作名・出版社・発行年月
		年 11 月号。 「地区探訪・物井地区―河内国若江郡高井田村長栄寺と下総国印旛郡物井村円福寺―」『市政だより』 1983 年 12 月号。
1984 (昭和 59)	66	「地区探訪・亀崎地区―ほんでんと出羽三山参り―」『市政だより』1984 年 1 月号。 「地区探訪・亀崎地区―長州藩士桂小五郎佐倉へ―」『市政だより』1984 年 2 月号。 「地区探訪・亀崎地区―踊念仏の伝統・亀崎の天道念仏―」『市政だより』1984 年 3 月号。 「市内の石造物・庚申塔の部」『四街道市の文化財』第 10 号，四街道市教育委員会，1984 年 3 月 31 日発行。 「地区探訪・上野地区―天保の飢饉・春三月中より西方の風吹き―」『市政だより』1984 年 4 月号。 「地区探訪・上野地区―消えた地名馬堤・田苗尻―」『市政だより』1984 年 5 月号。 「地区探訪・物井地区―近郷在 82 村 600 人集まる―」『市政だより』1984 年 6 月号。 「地区探訪・栗山地区―昔 30 戸，今 2,148 世帯―」『市政だより』1984 年 7 月号。 「地区探訪・吉岡・軽戸地区―空一面花火と見まごう焼夷弾―」『市政だより』1984 年 8 月号。 「地区探訪・和良比中山遺跡」『市政だより』1984 年 10 月号。 「地区探訪・物井地区―坂東太郎大暴れ―」1984 年 11 月号。 「地区探訪・物井地区―当山奔走する医師松本春亭―」『市政だより』1984 年 12 月号。
1985 (昭和 60)	67	「地区探訪・内黒田地区―内黒田地名考と集落の始まり―」『市政だより』1985 年 1 月号。 「地区探訪・亀崎地区―おびしや―」『市政だより』1985 年 2 月号。 「地区探訪・吉岡地区―ナンジャモンジャのどうろくじん―」『市政だより』1985 年 3 月号。 「長栄寺弟子儀正尼の事―物井地区桜井靖彦家文書による―」『四街道市の文化財』第 11 号，四街道市教育委員会，1985 年 3 月 30 日発行。 「地区探訪・物井地区―天狗等筑波山に挙兵―」『市政だより』1985 年 4 月号。 「地区探訪・四街道地区―春日神社村ぐるみの変遷―」『市政だより』1985 年 6 月号。 「地区探訪・四街道地区―縄文時代の四街道の人口―」『市政だより』1985 年 7 月号。 「地区探訪・四街道地区―縄文時代の四街道の人口　その 2 ―」『市政だより』1985 年 8 月号。 「地区探訪・物井地区―けら・いなご・赤蛙取り人足―」『市政だより』1985 年 9 月号。 「地区探訪・和良比地区―天保サラリーマン伝―」『市政だより』1985 年 10 月号。 「地区探訪・四街道地区―此度神奈川表江英国艦数艘渡来―」1985 年 11 月号。

年度	年齢	論文名・著作名・出版社・発行年月
		「地区探訪・亀崎・物井・長岡・山梨地区―御変革につき左の村々助郷申付―」『市政だより』1985年12月号。
1986 (昭和61)	68	「地区探訪・下志津新田―親子三代 天保サラリーマン伝―」『市政だより』1986年1月号。 「地区探訪・百二十三年前にあった種痘」『市政だより』1986年2月号。 「地区探訪・和良比地区―どろんこまつり―」『市政だより』1986年3月号。 「近世農民の現当二世信仰」『四街道市の文化財』第12号，四街道市教育委員会，1986年3月31日発行。 「地区探訪・吉岡地区―中世末自分たちの手で創建された吉岡春日神社―」『市政だより』1986年5月号。 「地区探訪・鹿放ケ丘地区―四〇年の歳月が原野を変えた―」『市政だより』1986年6月号。 「地区探訪・四街道地区―八百稲荷さま演習場からお引越し―」『市政だより』1986年7月号。 「地区探訪・物井地区―弥五兵衛・徳治郎の運命―」『市政だより』1986年8月号。 「地区探訪・大日地区―開拓41年辛苦の農業実る―」『市政だより』1986年10月号。 「地区探訪・亀崎地区―実りの秋，収穫そしてお祭―」1986年10月号。 「地区探訪・下総国印旛郡山梨村の話その1―幻の寺，常福寺・太照院・泉蔵院・不動院―」『市政だより』1986年11月号。 「地区探訪・下総国印旛郡山梨村の話その2―幻の寺，常福寺・太照院・泉蔵院・不動院―」『市政だより』1986年12月号。
1987 (昭和62)	69	「地区探訪・下総国印旛郡山梨村の話その3―さなか街道をお馬が通る―」『市政だより』1987年1月号。 「地区探訪・下総国印旛郡内黒田村の話―人口，いま690人121年前210人―」『市政だより』1987年2月号。 「地区探訪・四街道地区―『四街道』地名発祥の地に当時の道標復元成る！」『市政だより』1987年3月号。 「物井・桜井家近世文書伐取願書について―とくに文化・文政期における諸問題―」『四街道市の文化財』第13号，四街道市教育委員会，1986年3月31日発行。 「地区探訪・物井地区―寒川御蔵への年貢道」『市政だより』1987年7月号。 「地区探訪・旧千代田村―寒川御蔵へ，寒川御蔵への年貢街道―」『市政だより』1987年9月号。 「地区探訪・馬頭観音特集その1」『市政だより』1987年9月号。 「地区探訪・亀崎地区―江戸時代の年貢米の話―」『市政だより』1987年10月号。 「地区探訪・馬頭観音特集その2」『市政だより』1987年11月号。 「地区探訪・突きつけられた連判状―佐倉藩領2カ町85カ村の名主大奮発！」『市政だより』1987年12月号。
1988 (昭和63)	70	「地区探訪・市内文化財紹介」『市政だより』1988年1月号。 「地区探訪・全域―おびしや・百万遍・はだかまいり…―」『市政だより』1988年2月号。 「地区探訪・物井地区―小山藤右衛門日露戦争に従軍する―」『市政だより』

年度	年齢	論文名・著作名・出版社・発行年月
		1988 年 3 月号。 「馬頭観音―市内所在近世造立の石塔についての一考察」『四街道市の文化財』第 14 号，四街道市教育委員会，1988 年 3 月 31 日発行。 「地区探訪・物井地区―猪鹿多く殊の外 作をあらし迷惑仕り候―」『市政だより』1988 年 4 月号。 「地区探訪・大日地区―銃声と共に原野に散った若い命―」『市政だより』1988 年 5 月号。 「地区探訪・大日地区―市内最高地点は大砲の標的に―」『市政だより』1988 年 6 月号。 「地区探訪・大日地区―当今，容易ならざる時節に相成り候―」『市政だより』1988 年 7 月号。 「地区探訪・大日地区―昔，軍事基地・今，核兵器廃絶平和都市―」『市政だより』1988 年 9 月号。 「地区探訪・栗山地区―草蒸す，かばね幾星霜―」『市政だより』1988 年 11 月号。
1989 （平成元）	71	「地区探訪・市内文化財紹介」『市政だより』1989 年 1 月号。 「地区探訪・上野地区―総合公園用地に平安時代の住居址―」『市政だより』1989 年 2 月号。 「物井不動堂の来しかた行くすえ」『四街道市の文化財』第 15 号，四街道市教育委員会，1989 年 3 月 31 日発行。 「地区探訪・物井地区―物井村に六孫王神社（京都）修復の寄進―」『市政だより』1989 年 4 月号。 「地区探訪・旧千代田村―秩父参りの話―」『市政だより』1989 年 11 月号。 「地区探訪・市内全域―秩父観音札所第 23 番寺詠歌―」『市政だより』1989 年 12 月号。
1990 （平成 2）	72	「地区探訪・和良比地区―永和五蔵大才己未，仲春時正―」『市政だより』1990 年 5 月号。 四街道市史編纂委員会『四街道市史 近世編 資料集』四街道市，1990 年 5 月 30 日発行。 「地区探訪・和良比地区―此頃都ニハヤルモノ 夜討，強盗，謀論旨―」『市政だより』1990 年 6 月号。 「地区探訪・和良比地区―（キャ，カ，ラ，バ，ア）―」『市政だより』1990 年 7 月号。 「地区探訪・和良比地区―生きて領地を得る者あり 死して板碑に名を残す者あり―」『市政だより』1990 年 7 号。 「地区探訪・南波左間地区―九百年前の渡来銭出土―」『市政だより』1990 年 11 月号。
1991 （平成 3）	73	「地区探訪・南波左間地区 その 2―渡来銭の村 景徳鎮ともつながっていた―」『市政だより』1991 年 1 号。 「地区探訪・南波左間地区 その 3―しょんずい五郎太夫，中国に渡る―」『市政だより』1991 年 2 月号。 「地区探訪・物井地区―南蛮渡来のタバコそして火打石―」『市政だより』1991 月 3 月号。 「南波左間，寺屋敷遺跡についての考察―とくに中世以降の諸問題について―」『四街道市の文化財』第 17 号，四街道市教育委員会，1991 年 3 月 31 日発行。

年度	年齢	論文名・著作名・出版社・発行年月
		「地区探訪・物井地区―鎌倉・南北朝と生き抜いた人々―」『市政だより』1991年5月号。
		「地区探訪・吉岡地区―千葉貞胤と花山院藤原師賢―」『市政だより』1991年6月号。
		「地区探訪・物井地区―六日七日八日の灰砂ニテ村中一同難儀―」『市政だより』1991年7月号。
		「地区探訪・物井地区―再び46年目の8月15日」『市政だより』1991年8月号。
		12月29日逝去。

出所:「相川日出雄年譜」四街道市文化財審議会編『四街道の文化財―故 相川日出雄氏追悼号―』第19号,四街道市教育委員会, 1996年, 39 〜 48 頁を参考にして筆者作成。

第3章
フィールド・ワークを活用した「新しい郷土教育」実践の創造

第1節　本章の課題

　第3章では，1950年代における「新しい郷土教育」実践を象徴する事例として，東京都世田谷区東玉川小学校の福田和による実践を取り上げ，検討する。これまでの先行研究では，郷土全協は，「第三回大会（筆者注：1955年8月6〜8日）と前後して，わたしたちの関心は地理教育の分野に強い関心をしめしはじめた」[1] とされている。しかし，1950年代における「地理教育」を中心とした「新しい郷土教育」実践とは，具体的にどのようなものであったのかについては明らかにされていない。そこで，本章では，「地理教育」を中心とした「新しい郷土教育」実践として，福田による実践に以下の三点の理由から注目する。第一に，福田は，1953年2月に，郷土全協が主催した第1回郷土教育研究全国大会において相川と共に実践報告を行い，当時の「新しい郷土教育」実践に大きな影響を与えていたためである。第二に，福田は，郷土全協の教師たちと共に1955年度版の小学校社会科教科書『新版・あかるい社会』（中教出版）の執筆陣に加わり，戦後の郷土教育運動に積極的に関わっていたためである。第三に，福田は，1950年代における自らの実践の経験を踏まえて，郷土全協の事務局長として活躍するとともに，「地理教育」を中心とした郷土全協の運動的立場に関して，多くの発言を行っていたためである。これらの理由から，福田を，1950年代における郷土全協を代表する実践家であったと捉えて良い。そして，この福田の取り組みに着目することを通じて，1950年代における「地理教育」を中心とした「新

しい郷土教育」実践の典型的な実態が明らかになると考えた。

　以上のような理由から，本章では，社会科授業づくりに関わる視点に絞って，1950年代前半における福田による「新しい郷土教育」実践を事例として，郷土のフィールド・ワークを活用した社会科教育実践の特質を明らかにする。

第2節　福田和による「新しい郷土教育」実践への着手

（1）戦後の郷土教育運動への接近

　まず，本論に必要な点に絞り，福田の経歴[2]について見ていきたい。福田は，1916年5月に，大分県東国東郡に生まれる。1938年4月に，東京府豊島師範学校を卒業した後，東京府青梅町立小学校に赴任する。東京府世田谷区奥沢小学校に勤務していた1947年には，東京大学経済学部派遣学生として研修を受けている。そして，1950年34歳の時より，東京都世田谷区東玉川小学校において勤務する。このときに福田は，世田谷区の教員組合活動を通じて，当時の世田谷区教員組合執行委員長であった桑原正雄と出会う。この出会いが，福田を，1950年代において「新しい郷土教育」実践に取り組ませる一つのきっかけとなった。

　桑原は，1951年12月に，郷土全協の前身となる「むさしの児童文化研究会」を結成し，東京都府中において教師の学習会としての「フィールド学習」[3]を開催していた。この「むさしの児童文化研究会」は，「社会科に批判と自由の新風をおくりこもう」という考えに基づき，「専門学者の成果がひろく大衆に利用され，逆に大衆の創意と欲求が，とかく狭いわくの中にとじこもりがちな専門学者の視野を広げていく」[4]ために結成された民間教育研究団体であった。当時の桑原は，「フィールド・ワーク」[5]そのものを教育運動として捉え，戦前からの郷土教育や柳田国男の民俗学的な郷土教育論とは異なる「新しい郷土教育」の主張を行っていた。そして，1953年2月には，桑原らが中心となって，「むさしの児童文化研究会」を発展的に改称して，郷土全協を結成するとともに，その後の戦後における郷土教育運動を中心的に担っていくこととなる。

表8　福田和による「新しい郷土教育」実践・関連年譜

年	年齢	福田和の個人史年譜
1947 (昭和22)	31	東京都世田谷区奥沢小学校に勤務する。教員組合活動に参加し，桑原正雄に出会う。（4年生担任）
1950 (昭和25)	34	東京都世田谷区立東玉川小学校に勤務する。この頃より，社会科に問題意識をもつようになる。（6年生担任）
1951 (昭和26)	35	むさしの児童文化研究会に参加する。神奈川県向ヶ丘のフィールド学習に参加する。（4年生担任）
1952 (昭和27)	36	むさしの児童文化研究会が開催した研究会において東京都府中での実地授業を試みる。（5年生担任）
1953 (昭和28)	37	第1回郷土教育研究大会において「私の実践報告」の発表を行う。第2回郷土研究大会において岩井幹明「学校へ来る道」実践報告を聞き，影響を受ける。（6年生担任）
1954 (昭和29)	38	「私たちの町」の実践を行う。（4年生へ補講）『改訂新版 あかるい社会』（中教出版）の執筆を行う。（1年生担任）
1955 (昭和30)	39	「まつり」の実践を行う（『小学校における社会科教科書の扱い方 実践例とその解説・批判』所収）。（1年生担任）
1956 (昭和31)	40	「近所の人々」の実践を行う（阿久津福栄編著『教師の実践記録―社会科教育―』所収）。（2年生担任）
1957 (昭和32)	41	郷土全協事務局長を務める。「郷土教育運動を進めるにあたって」（『歴史地理教育』第23号）を発表。（2年生担任）
1958 (昭和33)	42	『改訂新版 あかるい社会 5年』（中教出版）編集委員を務める。（2年生担任）

出所：福田和「歴史教育の10年」『歴史地理教育』第38号，1958年11月，4～11頁及び福田和の長女・岡原京子氏からの聴取にもとづいて筆者作成。

　福田は，この「むさしの児童文化研究会」の活動や「フィールド学習」に積極的に参加し，「4年の時（筆者注：1951年度）は桑原氏に学びながら，子どもをつれてフィールドワークを一生懸命にやった」[6]と振り返っている。さらに，1951年12月には，担任していた小学4年生の児童を引率して，東京都府中での社会科授業実践を試みており，そのときの取り組みは，1953年2月に，千葉県成田町で開催された第1回郷土教育研究全国大会において報告されている。福田実践は，相川実践とともに，当時の「新しい郷土教育」実践に大きな影響を与えていた。

　さらに，福田は，1953年度に，むさしの児童文化研究会による共同研究

の一環として，小学校社会科教科書の批判を行っていた⁽⁷⁾。このような経験を通じて福田は，1955年度版『新版・あかるい社会』の執筆陣として名を連ね⁽⁸⁾，戦後の郷土教育運動への関わりを深めていく。そして，「現在の民間教育団体の中で，問題にされなければならない地理教育の立ちおくれを克服しうるものは郷土教育全国連絡協議会をおいてないという自覚がある」⁽⁹⁾といい，1950年代半ば以降には，郷土全協の運動的立場に関して多くの発言を行っていた。これらの事実からも，福田に対して，1950年代における郷土全協の立場を代表する教師であったと評価してよいだろう。

（2）郷土教育とフィールド・ワーク

　では，福田の考える「フィールド・ワーク」とは，どのようなものであったのだろうか。福田が，郷土のフィールド・ワークに取り組むきっかけとなったのは，むさしの児童文化研究会が開催した「フィールド学習」に参加し，「学者の方々に話を伺っているときであった」⁽¹⁰⁾という。そして，福田は，フィールドにおける調査研究活動を通じて，「学習の中から正しい意味での国を愛する感情や本物とニセモノを嗅ぎわける鋭い知恵を感得する」⁽¹¹⁾ことを認めていくのである。

　そして，福田は，郷土のフィールド・ワークの有効性を，「新しい郷土教育」実践を通じても認めていくこととなる。福田は，むさしの児童文化研究会が作成した『わたしたちの武蔵野研究 No. 1 ―向ヶ丘編―』（秀文社，1951年4月）の附図や，『東京の地図』を資料として用いて作業をさせ，「郷土学習が地理教育や歴史教育と結びつき発展するようなものを考えて」⁽¹²⁾実践に取り組んできたという。そして，「はっきりしていることは，郷土の事物を通して教えるということは，間違いなく子どもたちの理解を深めるものであるということであった」⁽¹³⁾と理解するようになる。つまり，福田は，郷土のフィールド・ワークの意義を，フィールドにおける調査研究活動と，郷土の具体的事物を通して教えることにおいて認めていたといえる。

　福田は，そのような郷土のフィールド・ワークの経験を通じて，表9のような小学校の社会科単元における「郷土学習」の構想をしていくこととなる。

表9　小学校社会科単元における「郷土学習」の位置づけ

学年	時期	郷土学習の指導計画
第4学年	4月	○私たちの学校 　・自治会 　・学校の歴史　本校の設立　玉川地区の小学校の歴史 ○交通の昔と今
	5，6，7月	・遠足の計画 　・橋とトンネル　山と川 　・昔の旅　街道や宿場 　・灯台　海の旅 ○ひらけゆく世田谷
	9，10，11月	・私たちの町　奥沢町が今のようになるまで（玉川支所管を含めて） ○便利な生活 　・大昔の道具 　・便利な生活
	12，1，2，3月	
第5学年	4，5，6，7月	○産業のあけぼの 　・自治会 　・大昔の人々 　・農業のはじまり 　×日本歴史—古代から武士の起源まで ○開けゆく生活
	9，10，11，12月	・市場と職人 　・日本の農業 　・日本の畜産業 　・日本の水産業 　×日本歴史—鎌倉時代から室町時代の終わりまで ○道具から機械へ 　・蒸気機関の発明 　・機械生産のはじまり 　・日本の工業
	1，2，3月	×日本歴史—徳川時代
第6学年	4，5，6月	○新聞とラジオ 　・自治会 　・議会と租税 　・新聞・ラジオ 　×日本歴史—明治時代
	7，9，10，11，12月	○世界と日本 　・小麦と綿花 　・石炭と石油 　・鉄と船 　×貿易の歴史

学年	時期	郷土学習の指導計画
	1，2，3月	○私達の進路 ・世界の国々 ・日本の歴史 ・私たちの進路

出所：福田和「私の実践報告」むさしの児童文化研究会編『第1回郷土教育研究大会資料 郷土教育』1953年
　　3月，33～34頁より筆者作成。

　この表からは，福田による「郷土学習」の構想の背景として，教師として
行った東玉川地区のフィールド・ワークの経験が存在していたことが示され
る。では，福田は，社会科授業の中において，どのようにして郷土のフィー
ルド・ワークに取り組んでいたのか。以下，授業づくりの視点を中心に，郷
土のフィールド・ワークのあり方やフィールド・ワークを伴う社会科授業実
践の特質について考察していきたい。

第3節　社会科授業「まつり」の実践

(1)「まつり」実践における教師のねらい

　次に，福田実践におけるフィールド・ワークの活用について，小学1年生
を対象にした社会科授業「まつり」の実践を事例として取り上げて論じてい
きたい。

　本実践は，1954年度に担任した小学1年生を対象にして，教科書『あか
るい しゃかい 1ねん』にある「単元七の（三）まつり」のモデルとして取
り組まれたものである。社会科授業「まつり」の展開は，表10に示した。

　この社会科授業「まつり」の特質は，次の二点である。

　第一に，教育内容として，郷土における「まつり」や「露店の経営」の歴
史的変遷について取り上げていることがある。郷土の事象を扱い，低学年な
りの歴史認識の育成がめざされていたのである。

　第二に教育方法の特質として，福田がフィールド・ワークの後に，生活綴
方を取り入れていることがある。この授業実践の場合，「絵日記」という表

表10　社会科授業「まつり」の展開

段階	教師の指示・発問・説明	学習活動・学習内容
導入	・今日は，神社のお祭りだね。学校から帰ったらどうするの。	・着物を着て，お宮に行くの。 ・おねだりをして着物を着たがったりしてはいけない。 ・おみこしをかつぐのは，まだムリだから，山車を引くくらいがちょうどいい。 ・食べ物は買わない方がいい。
展開	・お宮を見に行こう，いつもと，どうちがうか見てこよう ・（鳥居を指して）これは何だろう。 ・この形はよく見ておきなさい。今日の勉強の一つだよ。 ・（神楽殿を指して）あそこでは何をやるの。 ・寄付でこの建物が建てられたこと。この建物がない時は，小屋掛けをしたこと，新しくできたので，何かお祈りしているらしいこと，芳名録のことなどを話した。 ・あの人たちは，さっきから何をしているのだろう。 ・ほら，あのへんにあるリヤカーや荷車は誰のだろう。 ・そうだ。売り屋さんがもってきたんだよ。そうすると，あの人たちは何の相談をしてるかわからないかな。 ・どこにお店を出すか決めているんだよ。	・お宮のもん。 ・とりい（鳥居）。 ・えんげい。 ・おどり。 ・まんざい。 ・売り屋さんがまだきてないね。 ・話をしているよ。 ・そうだんしてる。 ・あ，あのおじさんたちのだね。
終末	・絵日記を書かせる。	・祭りはお父さんやお母さんが子どものころにもあった。 ・祭りのやり方は変わってきている。 ・祭りの日には，いろいろの売り屋さんがいる。だけど，他のお店と違っている。 ・鳥居の形をちゃんと見ておく。 ・小遣い銭の使い方，悪いまねはしない。

出所：福田和「まつり」「あかるい社会」編集委員会編『小学校における社会科教科書の扱い方　実践例とその解説・批判』1954年，6〜12頁を参考に筆者作成。

現が用いられているが，それはまた，1950年代前半における「新しい郷土教育」実践に共通する特質でもあった。

　第二に子どもの学習の特質として，フィールド・ワークを通して，郷土の「まつり」について，いきいきと具体的に捉えている点である。

　以上のことより，社会科授業「まつり」の実践は，福田によるフィールド・ワークや生活綴方といった教育方法の活用を通じて，子どもたちが郷土の事象について，具体的に認識し，歴史認識を高めていった社会科授業実践であったと位置づけることができるだろう。

（2）「まつり」の実践の中の生活綴方

　さらに，資料11には，社会科授業「まつり」の実践における子どもたちの生活綴方（作文）を掲載した。これらの作文には，「たのしくかったり，たのしくあそびました」「おもしろくなかった」等の感想が表現されている。社会科授業「まつり」の実践におけるフィールド・ワークの経験を通じて，児童は，具体的な体験を通じた感想をもつことができたといえるだろう。

　また，「祭りはお父さんやお母さんが子どものころにもあった」「祭りのやり方は変わってきている」，「祭りの日には，いろいろの売り屋さんがいる。だけど，他のお店と違っている」「鳥居の形をちゃんと見ておく」，「小遣い銭の使い方，悪いまねはしない」等のように，小学1年生なりに，社会認識を深めていることも分かる。

　つまり，社会科授業「まつり」の実践では，児童は，生活綴方に取り組み，具体的な社会認識を深めていたといえる。

　では，福田は，社会科授業実践において，どのように地理学研究を活用していたのだろうか。以下，具体的な社会科授業実践の事例を取り上げて，検討していきたい。

資料11　社会科授業「まつり」の実践における子どもたちの生活綴方

　　N　男

　きょうはおまつりです。ふるたくんにも　のむらさんにも　すえよしさんにもあい
ました。おねえさんのともだちにも，たくさんあいました。おねえさんのおともだち
にも，たくさんあいました。のむらさんはきれいなようふくをきて，くちべにをまっ
かにして，おおきなさいふをもっていました。そして，りぼんをさがしていました。
　ぼくはみんなから146えんもらいました。そして，たのしくかったり，たのしくあ
そびましたよ。ほんとにほんとにたのしくあそびましたよ。

　　S　女

　きょうは，おまつりなので，おかねを20えんもらいました。10えんでぱいぷをか
いました。おかぐらをみました。おもしろくなかった。わたしはあちらこちらみてま
わりました。わたしは10えんひろいましたので，おまわりさんにとどけたら，おま
わりさんがわたしにくれました。

　　S　男

　おとうさんとぼくと，おくさわじんじゃの　おまつりにいきました。うしろのほう
でみえないから，おとうさんにおんぶしてみました。ぶたいでは，はだかのひとがお
なかのうえで，だいこんやねぎをきっていました。かえりにじいぶをかってもらいま
した。

出所：福田和「まつり」「あかるい社会」編集委員会編『小学校における社会科教科書の扱い方　実践例とその解説・批判』中教出版，1954年．6頁。

第4節　社会科授業「私たちの町」の実践

（1）「私たちの町」の実践における教師のねらい

　まず，福田による代表的な「新しい郷土教育」実践の事例として，社会科授業「私たちの町」の実践を取り上げる。本実践は，1953年4月12日から6月末日まで，小学校4年生の児童53名を対象にして，同僚の塚田陽子の補教に3時間行くという形で，およそ30時間かけて取り組まれたものである [14]。

　この「私たちの町」の実践に際し，福田は，次のようなねらいをもってい

たことを述べている [15]。

　○教師のねらい
　・郷土の具体的な歴史を理解させる。
　・郷土の歴史地理を通して，科学的なものの見方，考え方を身につける。
　・たくほんのとり方，郷土地図の見方，白地図の記入の仕方，人の話を聞いてメ
　　モができるようにする。

　このような教師のねらいからも分かるように，福田は社会科授業を通じて，
児童が，「自分の町のでき上がり方」や「発展の仕方」「現在の町の様子」に
ついて考えを深めることをめざして，教材研究に取り組んでいたのである。
その際の教材研究に活用されていたのが，教師による郷土のフィールド・ワ
ークであった。
　表11には，社会科授業「私たちの町」の実践の展開を示した。この「私
たちの町」の実践の特質として，以下の三点を指摘することができる。
　第一に，社会科授業構成の仕方として，郷土のフィールド・ワークを授業
の流れの中で取り入れていることである。福田は，この単元の目標について，
「郷土にあるうずもれたいろいろな資料を，子供の目でとらえ，自分の村の
でき上がり方，発展の仕方，現在の町の様子に関心をむけ郷土を歴史的，地
理的観点より理解する」 [16] として設定していた。つまり，福田は，児童が
郷土のフィールド・ワークを行うことによって，「歴史的，地理的観点」に
基づく「科学的な見方，考え方」を習得することをめざして，授業づくりを
行っていたのである。
　第二に，社会科授業における教育内容として，東京都東玉川町の急激な宅
地開発といった郷土の現代的な課題を取り上げていることである。福田は，
庚申塔という教材について，「町はりっぱな住宅地にかわってしまっていて
も，庚申塔は，屋敷の一隅で，昔をものがたっていた」 [17] と捉えていた。
また，当時の東玉川町についても，「このような住宅地に変わった原因を学
ばせることには大きな意義があると考えられる」 [18] と述べていた。これは，
福田が，町の急激な変化を理解させることや，宅地開発の問題に関心をもた

表11　社会科授業「私たちの町」の展開

段階	教師の指示・発問・説明	学習活動・学習内容
第一時	・郷土にあるお地蔵様,庚申塔を調べよう。	・教科書(『明るい社会上』中教出版)を読む。 ・お地蔵様,庚申塔についての話し合い。 ・どこにあるだろうという話し合い。 ・今は,どうなっているかについての話し合い。 ・何を調べたらよいかについての話し合い。
第二時	・現場を調べよう。	・計画を立てる。 ・現場で,どのように活動したか,作文を書く。
第三時	・見たり調べたりしたことを,絵や文,拓本にしよう。	・どんなことを理解したか,作文を書く。 ・どんな態度を習得したか,作文を書く。 ・どんな技術能力を身につけたか,作文を書く。
第四時	・発表会をしよう。	・東玉川神社に行ったグループの発表。 ・道しるべを調べにいったグループの発表。 ・庚申塔を調べたグループの発表。
第五時	・地図をつくろう。 ・地図は,教師が主な道路を書き入れたものを与える。 ・符号を決めておく。	・グループで一つ大地図を作り上げる。 ・町にある学校,神社,お寺を書き入れる。 ・わき水のでるところ,坂道,呑川の支流も記入する。
第六時	・地図に書き入れよう。 ・でき上がった地図に,お地蔵様,庚申塔,道しるべを書き入れさせる。 ・農家,旧家を調べて書き入れさせる。 ・調べる方法を決めよう。 ・6,7人のグループを作る。そのグループを,農家を調べるもの,旧家を調べるものに分ける。	・一軒農家が見つかったら,まわりにたくさんあった。 ・わらぶきの家を探していたら,奥沢にとても古いお墓があった。 ・東玉川町には,農家は少なかった。 ・奥沢には,たくさんあって,地図に書き入れるのに困った。
第七時	・地図を見て話し合いをさせる。	・奥沢には,ななめの道路が一本通っている。 ・まっすぐな道路と曲がった道路がある。 ・奥沢通りは広い。なぜか。 ・東玉川町の道は,奥沢大通りに向かってななめになっている。 ・昔は,どこに道があったのか。 ・わらぶきの家は,かたまっている。 ・渡辺,中川,毛利家は,かたまっている。 ・奥沢町は農村だったのに,なぜ電車が通るようになったか。 ・大井線,目蒲線,東横線について調べたい。 ・奥沢町,東玉川町には,高い土地がある。 ・呑川は,どんな働きをしているか。 ・川は,どうしてできたか。 ・多摩川と呑川は,どちらが古いか。

段階	教師の指示・発問・説明	学習活動・学習内容
		・呑川は, なぜ多摩川のように広くならないか。 ・川のそばにお寺がある。 ・奥沢町, 東玉川町の名前は, なにかわけがあってつけたのか。 ・奥沢町と東玉川町はどうしてひらけたのか。 ・お百姓は, どうして武士になれないか。
第八時	・発展的問題を追究させる。	・私たちの町は, 昔どんなだったか。 ・今までに, どんな変わり方をしてきたか。

出所：塚本陽子・福田和「私たちの町（1）・（2）」『新しい教室』第9巻1・2号, 中教出版, 1954年1・2月, 22〜25頁・19〜23頁を参考に筆者作成。

せることを教材の価値として見出していたためであった。

　第三に, 社会科授業における教育方法として, 郷土のフィールド・ワークを活用して, 郷土の事物に対する具体的な認識の獲得をめざしていることである。それは, 第2時のフィールド・ワークを行った後に, 見たり聞いたりしたものを, 絵や拓本にして表現物として作成させたり, 実際に地図に書き入れさせる作業を行わせたりしていることからも分かる。福田は, 「社会認識に筋を通したい」[19]と考え, 教育方法として郷土のフィールド・ワークを活用し, 児童の郷土の事象に対する認識を具体的に深めることを, 「新しい郷土教育」実践のねらいとしていたのである。

（2）「私たちの町」の実践の中の生活綴方

　また, 福田は, 「私たちの町」の実践の中で, 郷土のフィールド・ワークを行うとともに, 「生活綴方的教育方法」[20]にも取り組んでいた。資料12には, 「私たちの町」実践の中の児童による生活綴方（作文）を示した。この「私たちの町」実践における児童の学習の特質について, 以下の点が指摘できる。

　実践の中の生活綴方（作文）からは, 児童の学習の特質として, 以下の二点を指摘できる。

　第一に, 児童が, 郷土の事物に対する具体的な認識を深めていることであ

資料12　「私たちの町」実践の中の児童の生活綴方

○　お地蔵様，庚申等調べを通して，どんなことを理解したかに関する作文。

　道祖神の両側には，道しるべがありました。昔の人々は，この道しるべをたよりにして，その道が，どこに出るかを知って，交通をしていたのだと，思います。(寺田)

　こうしんとうは，手が6本あって，6本の手には，ゆみや，やりを持っていて，足が2本で，いすにすわっているみたいです。(矢部)

　道祖神の前を，どんなに多くの人々が，うまか牛などで，荷物をはこびながら，通ったろうかと思いました。人々のすがたは，わらじさんどがさをかついだりしていたと，思います。(今井)

　年号を見ると，文化年間と，ほりつけてありました。文化年間というのは，今から，何年まえだろうと考えました。けれども，ただ，ずい分古いんだろうとだけしか，わかりません。(渡辺)

　お地蔵様は，かわいそうな人たちを，たすけるために，作ったのだと思いました。お地蔵様は，右手で，つえみたいなものを持っていて，くびには，よだれかけが，かかっていました。頭には，まるいぼうしをかぶって……。(佐藤)

　こうしんとうがたてられた時には，前の道ができていたのです。それは，こうしんとうが古いので，その前の道も一しょにできたので，その前の道は，とても古いのだと思いました。わたしは，こうしんとうを調べると，昔の人は，ずい分道を大切にしたことがわかります。(小柳)

○　お地蔵様，庚申等調べを通して，どんな態度を習得したかに関する作文

　たくほんをとる時に，戸がしまらなくなってしまった。安井君が，(いじるべからず)と書いた紙をはりつけておいた。(寺田)

　近所の様子を，みんなで考えて，檀君が，お地蔵様の絵を書いてくれました。(佐藤)

○　お地蔵様，庚申等調べを通して，どんな技術能力を身につけたかに関する作文

　一とうはじめは，川上君がやりました。が，あんまりうつりません。そして，ぼくがやったら，少しうつりました。その上を，赤や黒や黄色をまぜて，なぞったら，きれいな色になりました。(坪田)

　始めに，うすく書いたら，うつらなかったけれど，一組の人が，「こくすればよくうつる」と言ったのでこくすると，どうやらうつるようになりました。(川上)

　松川君のたく本は，うまくいきました。紙の上に，字がうき上がってくるみたいにうまくうつりました。(武居)

○　お地蔵様，庚申塔調べを，現場で，どのようにやったかに関する作文。

きょうは，たくほんを取りにいく日です。ぼくは，むねが，どきどきしました。みんなそろって，がっこうをでました。(坪田)

むこうにつくと，道しるべがありました。ぼくは，すぐたくほんをとりました。がしっぱいしたり，水にぬれたりして，なかなかうつせませんでした。(斎藤)

人の頭がじゃまで，よく見えないので前の方にいって書きましたが，なかなかうまく書けません。手がかけていたり，目が見えなくなっていたり，手には，何をもっているか，わかりませんので，古いものだろうと思って，年号を見ました。

道しるべのたくほんをとったが，石がざらざらで，深くほってないので，うまくいかなかった。昔のこのへんの様子がどうなっていたか，調べて見たくなった。(寺田)

たくほんをとって見たら，馬頭観音と書いてあって，あとの字は，むずかしくて，よめませんでした。(中島)

ぼくが，たくほんをとっていると，1組の人が，「よくうつるわねえ。」といったので，ぼくは，とてもうれしくなった。(矢部)

出所：塚本陽子・福田和「私たちの町（1）」『新しい教室』第9巻1号，1954年1月，24～25頁。

る。それは，道祖神を調べた児童が，「道祖神の両側は，道しるべがありました。昔の人々は，この道しるべをたよりにして，その道が，どこに出るかを知って，交通をしていたのだと，思います」[21]といった記述をしていることからも分かる。このような児童の生活綴方に対して，福田自身も，「子どもの経験がうまく学習内容に役立ってくれるように」[22]と評価していた。つまり，郷土のフィールド・ワークの経験は，児童の郷土の事物に対する具体的な認識を深めることに結びついていたのである。

第二に，児童が，郷土の発展に関心をもっている様子が分かる。それは，第7時における「奥沢町は農村だったのに，なぜ電車が通るようになったか」「呑川は，なぜ多摩川のように広くならないか」という記述をしていることからも分かる。その問題は導入になり，第8時には，「私たちの町は，昔はどんなだったか」「今までにどんな変わり方をしてきたか」という学習に発展していったという。これらの生活綴方からは，郷土のフィールド・ワークが，児童にとって郷土の発展に関心を寄せることに役立っていたという事実が示される。

第5節　社会科授業「近所の人びと」の実践

（1）「近所の人びと」の実践における教師のねらい

　次に，福田による代表的な「新しい郷土教育」実践の事例として，「近所
の人びと」の実践を取り上げる。本実践は，1956 年度の 3 学期に，持ち上
がり学級の 2 年生 48 名を対象にして取り組まれたものである。

　福田は，この実践について，「東京都北多摩郡小金井町で開かれた第 2 回
郷土教育研究全国大会の時に，北多摩郡の岩井先生の実践（筆者注：東京都
北多摩郡小金井第三小学校の岩井幹明による「学校へ来る道」の実践）を聞いて
いたので，まねたわけです」(23)と述べている。このことから本実践が，
1950 年代における郷土全協のテーマを受けて取り組まれたものであったこ
とが分かる。

　この「近所の人びと」の実践に際し，福田は，次のようなねらいをもって
いたことを述べる(24)。

　　○学校のまわり
　　　ここでは学校のまわりのかわっていくようす，学校を中心とした絵地図を描か
　　せることを中心に学習を進める。
　　○近所の人々
　　　近所の人たちは何をしているのだろうか。自分の家の人たちとどんなつきあい
　　をしているだろうか，といった問題を中心に考えさせてみよう。
　　○道とのりもの
　　　通勤する父親を中心に，のりもの調べをやり，道路のようすなどをフィルムで
　　学習させる。さらに，交通機関に働く人びとについても学ばせよう。

　このように，「近所の人びと」の実践では，「学校のまわりの変わっていく
ようす」や，「近所の人びと」のつきあい方の変化，交通機関の変遷などと
いった郷土の変化の様子について考えさせることが中心的なねらいとされて
いた。それは，福田が，郷土のフィールド・ワークを活用した教材研究を通

じて，郷土の変化の様子について考えていくことを教材の価値として捉えていたためである。

　表12には，社会科授業「近所の人びと」の実践の展開を示した。この実践の特質として，以下の三点を指摘することができる。

　第一に，社会科授業の構成の仕方として，郷土のフィールド・ワークの活動を繰り返し行っていることである。それは，第3・4時に，「学校のまわりの地図を描こう」（図3）という活動を設定していることや，第5時において，「きみたちの家のまわりを，この前の絵地図のようにかいてごらん。先生がたずねていけるように，何か目じるしになるものを入れてね」という発問を投げかけていることからも分かる。つまり，福田は，地理的技法を習得させることをめざして，郷土のフィールド・ワークに繰り返し取り組んでいたのである。

　第二に，社会科授業における教育内容として，「学校のまわり」と「家のまわり」の変化の様子を捉えさせようとしていることである。それは，第1時に，「きみたちはこの学校にあがってから，学校のまわりで，変わったことが起こっているのに気がついているかい」という発問を行っていることや，第2時に，「どんな家が，どこに増加しているか」についての話し合いを行っていることからも分かる。福田は，児童に，郷土のフィールド・ワークを行わせることによって，郷土の変化の様子に気づかせることを教材の価値として捉えていたのである。

　第三に，社会科授業における教育方法として，郷土のフィールド・ワークを通して，「学校のまわり」と「家のまわり」とを，具体的に「くらべてみる」ことをめざしていることである。福田は，「郷土（地域といってもいい）の事実をはっきりつかませて，他の地域と比較をすることが大切である。つまり『くらべてみる』のである。このことはフィールド・ワークの中心になる仕事である」[25]と述べていた。この「くらべてみる」といった教育方法上の観点は，郷土全協における共通の課題となっていた「郷土教育的方法」[26]に含まれるものであった。福田は，本実践において，「くらべてみる」という「郷土教育的方法」を意識して，「新しい郷土教育」実践に取り組んでい

表 12　社会科授業「学校のまわり」の展開

段階	教師の指示・発問・説明	学習活動・学習内容
第一時	・きみたちはこの学校にあがってから，学校のまわりで，変わったことが起こっているのに気がついているかい。 ・あのね，学校に来るときや帰るときに，学校の近くの家が変わったと思ったことはないかな。ほら，角のタバコ屋さん，薬屋さんはどうだろう。 ・ねえ，変わった家はどんな家だい。 ・どうしてかわったのか。	・太陽堂（文房具屋）や豆腐屋，それにまた，一軒なにか家が建ってるよ。 ・先生，薬屋さんの店は，せんはつくだにやさんだったね。 ・つくだにやさんになる前は，げたやさんだったのよ。（以下略） ・どれもみんな，お店なんだね。
第二時	・どんな家が，どこに増加しているかの話し合いを行う。 ・近ごろは，家がどこに建っているか思い出してごらん。 ・何ができるのだろう。見に行こう。 ・家がどんどんふえていくね。どんな家だね。 ・一軒の家の中に大勢が住んでいること，それは大きな会社や銀行が建てている。	・三菱銀行寮のアパート二棟，ブロック建築のアパート二棟，日鉱の独身寮建設場。 ・一年のとき，ここはねぎばたけだったね。 ・あそこは，菜の花がさいていたよ。 ・大きなアパートだよ。
第三・四時	・学校のまわりの地図を描こう ・どこにどんな家があるか，地図でまとめよう。	・八つ切りの画用紙の中央に学校を描き込む。 ・お店に買いに集まる場所はここだね。 ・学校のゆきかえりに通るのもここだね。 ・人が集まるところにはお店ができ，お店ができると，人はまた集まってくる。 ・一ところに店が集まっていると，買物はべんりだ。 ・学校ができたことは，この町に人がたくさん集まって住むようになったからだ。
第五時	・きみたちの家のまわりを，この前の絵地図のようにかいてごらん。先生がたずねていけるように，何か目じるしになるものを入れてね。 ・こんどは自分の家と，そのまわりだけでいいから，だれの家かということもかいてね。 ・地図の内容について，ことばで説明させた。	・おとなりの家のおじさん，会社だよ。とってもふとってるよ。そして，大きい犬，かってるんだよ。 ・おとなりのNさんはね，あたしたちにテレビを見せてくれる。そして，ざぶとんを出したり，おかしを出してくれるからしんせつです。 ・Eちゃんちのおばちゃんは，おふろにつれてってくれるの。だからしんせつ。 ・ぼくたちが，何もしないのに，そこのおじさんは，「こらっ」とどなるんだよ。

出所：福田和「近所の人びと（実践記録）」阿久津福栄編著『教師の実践記録―社会科教育―』三一書房，1956 年，29 ～ 44 頁より筆者作成。

図3 学校のまわりの地図

出所：福田和「近所の人びと（実践記録）」阿久津福栄編著
『教師の実践記録―社会科教育―』三一書房，1956 年，
42 頁。

たのである。

（2）「近所の人びと」の実践の中の生活綴方

　「近所の人びと」の実践における児童の学習面における特質として，実践
の中の生活綴方（作文）より，以下の二点を指摘できる。

　第一に，郷土の地理的事象について，自分の言葉で説明できる児童が育っ
ていることである。それは，第3・4時の「お店に買いに集まる場所はここ
だね」「学校のゆきかえりに通るのもここだね」「一ところに店が集まってい
ると，買物はべんりだ」という感想記述からも分かる。つまり，「近所の人
びと」の実践の中の生活綴方からは，郷土の地理的事象を主体的に認識して

いたことが示される。

　第二に，児童が，郷土の地理的事象を，比較して検討していることである。それは，第3・4時の「人が集まるところにはお店ができ，お店ができると，人はまた集まってくる」「学校ができたことは，この町に人がたくさん集まって住むようになったからだ」という記述からも分かる。これは，福田実践のテーマとなっていた「くらべてみる」学習が，生活綴方として表現されたものであった。

　このような福田実践における児童の生活綴方に対して，桑原も，郷土全協のテーマに関わって，「ものごとを具体的に見ることのできる能力をやしなう」ことを可能にしている点で「すぐれている」と評価していた[27]。福田は，本実践のような「郷土教育的方法」に関わる実践を通じて，「くらべて見る」「だれのものか」「景気はいいか悪いか」「むかしはどうだったか」といった児童による学習の観点[28]についても明らかにしていた。つまり「近所の人びと」の実践の中の生活綴方からは，「くらべてみる」学習の一つの達成された姿が示されていた。

第6節　本章のまとめ

　本章では，1950年代における「地理教育」を中心とした「新しい郷土教育」実践の創造過程に関わる小学校教師による取り組みの事例として，福田和による「新しい郷土教育」実践を取り上げ，検討してきた。本章での事例的検討を通じて，先行研究の視点に加え，社会科授業レベルでの考察を，以下の三点において，深めることができたと考える。

　第一に，福田が，小学校社会科の授業構成に際し，郷土のフィールド・ワークを活用して，社会科の授業づくりを行っていたことである。福田が，教師として取り組んだ郷土のフィールド・ワークの経験は，社会科の教材研究として，授業づくりに活用されていた。また，福田実践では，児童に，郷土のフィールド・ワークを行わせることによって，「科学的」[29]な見方・考え方を習得させることがめざされていた。このような社会科の授業づくりの仕

方は，1950 年代における相川実践にも共通する特質でもあった[30]。

　第二に，福田が，郷土のフィールド・ワークを活用して，社会科授業における教育内容を見出していたことである。福田は，1950 年代における東玉川町の急激な発展の様子を捉えることを，教材の価値として捉えていた。このような郷土における現代的課題としての教材の取り上げ方は，1950 年代における相川実践の中の教材研究の姿勢に共通する特質でもあった[31]。

　第三に，福田が，社会科授業における教育方法として，郷土のフィールド・ワークと「生活綴方的教育方法」を活用していたことである。福田実践の中の生活綴方には，児童が，郷土の事物を具体的に認識していたことや，郷土の地理的事象を，比較して考える学習を達成している姿が現れていた。福田は，1950 年代における郷土全協のテーマとなっていた「郷土教育的方法」といった教育方法上の課題を，郷土のフィールド・ワークと「生活綴方的教育方法」の結びつきによって解決しようとしていたのである。

　本章の意義は，福田実践の事例的検討を通じて，1950 年代における「新しい郷土教育」実践の中では，郷土や子どもの実態をふまえて小学校社会科の授業づくりが行われていたという歴史的事実を示したことである。福田は，後に，「今日の地域社会と学校教育の連携が言われているが，あの当時のフィールド・ワークの実践をもう一度社会科指導に生かしてみてはどうだろうか。指導要領―教科書―指導計画の流れの中に，郷土と結びついた子どもの眼がかがやく社会科の実践を期待したいのである」[32]と，振り返って述べている。福田のような郷土のフィールド・ワークの取り組みの背景には，1950 年代における教師の置かれた歴史的状況も，その要因としてあった[33]。

　なお，これまの先行研究では，谷口ら（1976）が，1950 年代における郷土全協の考える「フィールド・ワーク」が，「そのまま運動の方法でもあり目標でもあった」[34]ことを論じている。また，板橋（2013）は，1950 年代における郷土全協の活動の特質として，「初期の郷土全協における運動は，フィールド・ワークを行いながら『教育内容と教育方法の統一』に取り組もうとしていた」[35]と論じている。

　以上のような先行研究の知見に加え本章では，福田実践の事例についての

検討を通じて，1950年代の小学校における郷土のフィールド・ワークと「生活綴方的教育方法」を結びつけた「新しい郷土教育」実践の特質に関する知見を深めることができたと考える。

注

（1）桑原正雄「戦後の郷土教育（3）」『歴史地理教育』No.20，1956年7月，63頁。

（2）福田和の長女・岡原京子氏より頂いたメール（2013年2月25日付）より。

（3）むさしの児童文化研究会による「フィールド学習」に関しては，白井克尚「1950年代における『新しい郷土教育』実践の創造過程に関する一考察—郷土教育全国連絡協議会の『理論』と『実践』の関わりに焦点を当てて—」愛知東邦大学『東邦学誌』第43巻第2号，2014年12月を参照。

（4）桑原正雄「郷土研究の新しい展開のために」『歴史評論』第31号，1951年9月，62～64頁。

（5）「フィールド・ワーク」について，桑原は，「戦後の郷土教育の運動は，郷土の具体的な事物をとおして，そこに失われた祖国・真の民族のたくましい精神を発見しようとする国民的な教育運動の一環として出発したのだといえるだろう。わたしたちはその仕事（学習）の場を，フィールド・ワークとよんだ」と述べている（桑原正雄「戦後の郷土教育（1）」『歴史地理教育』第18号，1956年5月，22頁）。

（6）福田和「歴史教育の10年」『歴史地理教育』第38号，1958年11月，10頁。

（7）むさしの児童文化研究会「小学校社会科教科書の検討」『教育』第21号，1953年7月。

（8）福田和「実践記録　まつり」「あかるい社会」編集委員会編『小学校における社会科教科書の扱い方　実践例とその解説・批判』中教出版，1957年。なお，小学校社会科教科書『あかるい社会』に関しては，須永哲思「小学校社会科教科書『あかるい社会』と桑原正雄—資本制社会における『郷土』を問う教育の地平—」『日本の教育史学』第56集，2013年を参照。

（9）福田和「郷土教育運動を進めるにあたって」『歴史地理教育』No.23，1956年12月，67頁。

（10）福田和「私の実践報告」むさしの児童文化研究会編『第1回郷土教育研究大会資料　郷土教育』1953年3月，35頁。

（11）同前，同書，40頁。

（12）同前，同書，同頁。

（13）福田和「郷土教育の諸問題（1）」『歴史地理教育』第27号，1957年9月，85頁。

（14）塚田陽子・福田和「私たちの町（2）」『新しい教室』第9巻2号，1954年2月，23頁。

124

(15)塚田陽子・福田和「私たちの町（1）」『新しい教室』第9巻1号，1954年1月，23頁。

(16)同前，同書，同頁。

(17)同前，同書，23頁。

(18)前掲，塚田陽子・福田和「私たちの町（2）」，22頁。

(19)福田和「社会認識に筋を通すために」『カリキュラム』第100号，1957年4月，42頁。

(20)「生活綴方的教育方法」とは，「具体的な生活体験のなかで感覚し，素朴に思考している個別的・具体的・特殊的なもの」を書き綴らせる教育方法を指している（日本作文の会編『生活綴方事典』明治図書出版，1958年，501頁）。

(21)前掲，塚田陽子・福田和「私たちの町（1）」，24頁。

(22)同前，同書，25頁。

(23)福田和「近所の人びと（実践記録）」阿久津福栄編著『教師の実践記録―社会科教育―』三一書房，1956年，44頁。

(24)同前，同書，32頁。

(25)福田和「フィールド・ワークのさせ方」『カリキュラム』第101号，1957年5月，34頁。

(26)桑原正雄「戦後の郷土教育（2）」『歴史地理教育』第19号，1956年6月，32頁。

(27)桑原正雄「人間を見る目（解説）」，前掲『教師の実践記録―社会科教育―』，56頁。

(28)福田和「郷土教育の諸問題（2）」『歴史地理教育』第28号，1957年10月，25頁。

(29)この「科学的」な見方・考え方には，当時における歴史科学運動の影響もあった（歴史科学協議会編『戦後歴史学用語辞典』東京堂出版，2012年，325頁）。

(30)白井克尚「相川日出雄による郷土史中心の小学校社会科授業づくり―『新しい地歴教育』実践の創造過程における農村青年教師としての経験と意味―」『社会科研究』第95号，2013年，13～24頁。

(31)白井克尚「（研究ノート）相川日出雄の郷土教育実践を支えた考古学研究―『考古学と郷土教育』を手がかりに―」『社会科教育研究』第116号，2013年，90～102頁。

(32)福田和「青いリンゴの運動」『教育科学 社会科教育』第274号，1984年8月，8頁。

(33)福田実践のような，1950年代における教師個人による社会科教育実践の記録は，中野光編『日本の教師8―カリキュラムをつくるⅠ―学校での試み』ぎょうせい，1993年。佐藤学・小熊伸一編『日本の教師9―カリキュラムをつくるⅡ―教室での試み』ぎょうせい，1993年の中にも収められている。

(34)谷口雅子・森谷宏幸・藤田尚充「郷土教育全国協議会社会科教育研究史における〈フィールド・ワーク〉について」『福岡教育大学紀要』第26号，第2分冊社会科編，1976年，41頁。

(35)板橋孝幸「戦後の郷土教育運動と『地域と教育の会』」『戦後日本の教育実践―戦後教育史の再構築をめざして―』三恵社，2013年，93頁。

表 13　福田和による論文・著作リスト

年	年齢	論文名・著作名・出版社・発行年月
1950 （昭和 25）	33	「五六年生の自治会の組織と運営」『新しい自治会の指導計画』西荻書店，1950年 5 月。
1953 （昭和 28）	37	「私の実践報告」むさしの児童文化研究会編『第 1 回郷土教育研究大会資料　郷土教育』1953 年 3 月。
1954 （昭和 29）	38	「私たちの町（1）」『新しい教室』第 9 巻 1 号，中教出版，1954 年 1 月。 「私たちの町（2）」『新しい教室』第 9 巻 2 号，中教出版，1954 年 2 月。 「〈対談〉社会科改訂と教科書問題」『新しい歴史教育』No.4，1954 年 6 月。 「まつり」「あかるい社会」編集委員会編『小学校における社会科教科書の扱い方　実践例とその解説・批判』中教出版，1954 年。
1955 （昭和 30）	39	「獣を追って」「かめ棺の墓地」「任那日本府」和島誠一・金沢嘉市編『日本歴史物語 1　国のはじまり』河出書房，1955 年 5 月。 「読書室　最近の歴史・地理関係の出版から」『歴史地理教育』No.9，1955 年 6 月。
1956 （昭和 31）	40	「日本のすがた・海苔の養殖　大森の海苔場を見る」『歴史地理教育』No.16，1956 年 3 月。 「アンケート　私の本棚より」『歴史地理教育』No.17，1956 年 4 月。 「花まつり」『日本の子ども』第 1 巻 3 号，1956 年 4 月。 「埋もれた都」上原専禄等編『世界歴史物語 1　文明のはじまり』河出書房，1956 年 5 月。 「郷土教育運動を進めるにあたって」『歴史地理教育』No.23，1956 年 12 月。 『日本の子「近所の人びと」阿久津福栄編著『教師の実践記録―社会科教育―』三一書房，1956 年。 『日本の子ども―父母と先生と子どもの広場―』第 1 巻第 3 号（低・中学年），講学館，1956 年。
1957 （昭和 32）	41	「分科会の記録　低学年の社会科をどうするか（小学校低学年部会）」『歴史地理教育』No.24，1957 年 2 月。 「社会認識に筋をとおすために」『カリキュラム』NO.101，1957 年 5 月。 「フィールドワークについて」『カリキュラム』NO.102，1957 年 6 月。 「郷土教育の諸問題（1）」『歴史地理教育』No.27，1957 年 9 月。 「通史は何を学ばせるか」『カリキュラム』NO.106，1957 年 10 月。 「特集　小学校の社会科と歴史教育　シンポジウム　小学校低学年の社会科　尾崎先生への手紙」『歴史地理教育』No.28，1957 年 10 月。 「郷土教育の諸問題（2）」『歴史地理教育』No.30，1957 年 12 月。 『花 8』世田谷区教育委員会，1957 年。
1958 （昭和 33）	42	「実践記録　教科指導の中でどのように道徳教育の場をとらえたか　社会科」『小二教育技術』No.10（13），1958 年 1 月。 「歴史教育入門　まず何をしたらよいか」『歴史地理教育』No.33，1958 年 4 月。 「歴史教育入門 2　原始社会」『歴史地理教育』No.34，1958 年 5 月。 「特集　☆〈全国アンケート〉「道徳」指導要綱を読んで（3）☆コトバで教えないように」『小二教育技術』No.11（3），1958 年 5 月。 「歴史教育入門 3　古代国家（I）」『歴史地理教育』No.35，1958 年 7 月。 「スクーター日本めぐり」『たのしい三年生』No. 2（5），1958 年 8 月。

年	年齢	論文名・著作名・出版社・発行年月
		「歴史教育入門 古代国家から封建社会へ」『歴史地理教育』No.36, 1958 年 8 月。 「スクーター日本めぐり」『たのしい三年生』No. 2（6），1958 年 9 月。 「スクーター日本めぐり」『たのしい三年生』No. 2（7），1958 年 10 月。 「スクーター日本めぐり」『たのしい三年生』No. 2（8），1958 年 11 月。 「特集 歴史教育者協議会第一〇回大会 歴史教育の十年」『歴史地理教育』No.38，1958 年 11 月。 「スクーター日本めぐり」『たのしい三年生』No. 2（9），1958 年 12 月。 「民話・お話」『歴史教育における指導と認識：歴史教育年報』1958 年。 『改訂新版 あかるい社会 5年』中教出版，編集委員，1958-1960 年度。
1959 （昭和 34）	43	「特集 改訂学習指導要領批判 座談会 改訂学習指導要領を検討する」『歴史地理教育』No.39，1959 年 1 月。 「園と小学校のかけ橋 子どもなりの考えを―幼稚園にのぞむこと」『母の友』No.64，1959 年 1 月。 「スクーター日本めぐり」『たのしい三年生』No. 2（10），1959 年 1 月。 「スクーター日本めぐり」『たのしい三年生』No. 2（11），1959 年 2 月。 「歴史教育入門 封建後期（2）」『歴史地理教育』No.40，1959 年 2 月。 「先生のへや」『母の友』No.66，1959 年 3 月。 「（社会）スクーター日本めぐり」『たのしい三年生』No. 2（12），1959 年 3 月。 「移行措置について」『歴史地理教育』No.41，1959 年 3 月。 「参観日」『母の友』No.67，1959 年 4 月。 「まき場の午後」『たのしい三年生』No. 3（1），1959 年 4 月。 「歴史教育入門 封建後期（3）」『歴史地理教育』No.42，1959 年 4 月。 「〈小一・社会科〉」『母の友』No.68，1959 年 5 月。 「ペン画 瀬戸内海の子」『たのしい三年生』No. 3（2），1959 年 5 月。 「歴史教育入門 近代（1）」『歴史地理教育』No.43，1959 年 5 月。 「〈社会科〉」『母の友』No.69，1959 年 6 月。 「子どもお国じまん」『たのしい三年生』No. 3（3），1959 年 6 月。 「地理教育のカリキュラム―地理教育研究会第二回研究集会 小学校『世界の国々』指導案」『歴史地理教育』No.44，1959 年 6 月。 「〈社会科〉」『母の友』No.70，1959 年 7 月。 「子どもお国じまん」『たのしい三年生』No. 3（4），1959 年 7 月。 「〈社会科〉」『母の友』No.71，1959 年 8 月。 「ペン画 こだま」「子どもお国じまん」『たのしい三年生』No. 3（5），1959 年 8 月。 「子どものケンカ」「9 月の学習」『母の友』No.72，1959 年 9 月。 「ペン画 あらし」「子どもお国じまん」『たのしい三年生』No. 3（6），1959 年 9 月。 「学校経営と教師 4 父母の声はどう生かされているか」『教育』No.105，1959 年 9 月。 「特集・父母の会のすすめ方 園だよりのじようずな作り方」『保育の友』No. 7（9），1959 年 9 月。 「〈社会科〉」『母の友』No.73，1959 年 10 月。 「子どもお国じまん」『たのしい三年生』No. 3（7），1959 年 10 月。 「小一社会科」」『母の友』No.74，1959 年 11 月。 「子どもお国じまん」『たのしい三年生』No. 3（8），1959 年 11 月。

年	年齢	論文名・著作名・出版社・発行年月
		「子どもお国じまん」『たのしい三年生』No. 3（9），1959年12月。 『改訂新版 あかるい社会 6年』中教出版，編集委員，1959-1960年度。
1960 （昭和35）	44	「1月の学習―先生といっしょに子どもを育てるコツを学ぼう」『母の友』No.76，1960年1月。 「子どもお国じまん」『たのしい三年生』No. 3（10），1960年1月。 「家庭でのしつけと学習のために」『母の友』No.77，1960年2月。 「子どもお国じまん」『たのしい三年生』No. 3（11），1960年2月。 「家庭でのしつけと学習のために」『母の友』No.78，1960年3月。 「子どもお国じまん」『たのしい三年生』No. 3（11），1960年3月。 「隅田川から きえる じょうき船」『3年の学習』No.14（12），1960年3月。 「低学年の社会科―仕事をどう理解させるか」『歴史地理教育』No.50，1960年3月。 「はじめての集団生活―これからの園生活・学校生活を楽しく有益にするために」「こづかいの与え方」『母の友』No.79，1960年4月。 「低学年の社会科（2）―仕事をどう理解させるか」『歴史地理教育』No.51，1960年4月。 「友を持たない子，山口二矢―浅沼委員長の刺殺事件に想う」『母の友』No.87，1960年12月。 「授業の研究―うちの人のしごと―」教育技術連盟編『能力差に応じた各科の指導：移行措置をふまえた指導の革新 小1』小学館，1960年。
1961 （昭和36）	45	「時評」『母の友』No.90，1961年3月。 「特集 私はこう思う―輸入のピストルについて」『東京玩具商報』No.111，1961年3月。 『『太平洋戦争史』の実践記録』『歴史地理教育』No.59，1961年3月。 「教師の生活」『小一教育技術』No.15（2），1961年4月。 「四月の出版案内」『図書』No.139，1961年4月。 「〈座談会〉庶民生活史と歴史教育」『歴史地理教育』No.62，1961年6月。 「子ども診察室」『母の友』No.94，1961年7月。 平井信義，福田和監修・著『入学準備→一年生』ママの手帖社，1961年11月。 「子ども診察室」『母の友』No.98，1961年11月。 「研究と実践 一九六一年実践メモの検討 社会科歴史学習二編について（清水定光氏・半田さとし氏の実践）」『生活教育』No.13（14），1961年12月。 「社会科における学習帳の生かし方」「社会科授業の効果的なまとめ方」東井義雄等著『学習帳の生かし方』明治図書出版，1961年。 「社会」現代教育出版会編『なにをどう教えるか』現代教育出版会，1961年。
1962 （昭和37）	46	「授業論」『歴史地理教育』No.77，1962年9月。 「教育相談室」『暮らしの知恵』No.2（10），1962年10月。 「金銭観からみた現代っ子 現代っ子とおかね」『小二教育技術』No.15（11），1962年12月。 「社会科授業の効果的なまとめ方」小林喜三男等著『授業の効果的なまとめ方』明治図書出版，1962年。
1963 （昭和38）	47	「時評」『母の友』No.115，1963年2月。 「生活 暮しのひろば」『暮らしの知恵』No. 3（3），1963年3月。

年	年齢	論文名・著作名・出版社・発行年月
		「お子さまの暮し４・一貫しない考え方」『暮らしの知恵』No. 3（6），1963年6月。
1964 （昭和39）	48	「お子様の暮らし　不得意な学科　社会科（4）」『暮らしの知恵』No. 4（1），1964年1月。 「甘すぎる教育」『母の友』No.128，1964年2月。 「お子さまの暮し　不得意な学科・まとめ　通信簿―その見方と今後の対策」『暮らしの知恵』No. 4（3），1964年3月。 「道徳の指導資料をめぐって」『歴史地理教育』No.96，1964年5月。 「子どものおやつとお小遣い」『婦人生活』No.18（8），1964年8月。
1965 （昭和40）	49	「入学準備（1）新しい一年生」『母の友』No.140，1965年1月。 「〈新入園・入学〉先生からママへの注文帳」『婦人生活』No.19（4），1965年4月。 「母の友ライブラリー」『母の友』No.144，1965年5月。 「母の友そうだん室」『母の友』No.151，1965年12月。 『ポップ・トッポ・チッピ』童心社，1965年。
1966 （昭和41）	50	「もうすぐ二ねん生」『2年の学習』20（1），1966年4月。 「〈社会科特集〉ぼくはいちねんせい」『1年の学習』20（1），1966年5月。 「座談会　ぼくらの描く理想の先生」『教育ジャーナル』5（3），1966年6月。 「あたらしいひこうき」『1年の学習』20（2），1966年6月。 「対談・家庭教育　社会教育と学校教育の相互協力」『教育じほう』No.222，1966年6月。 「あたらしいふね」『1年の学習』20（3），1966年7月。 「2年の学習家庭通信」『2年の学習』20（4），1966年7月。 「アンケート　夏休みになにを期待するか」『教育ジャーナル』5（5），1966年8月。 「3年の学習　家庭通信」『3年の学習』21（7），1966年11月。 「アンケート　教育百年に思う」『教育ジャーナル』5（7），1966年11月。 『ポップ・トッポ・チッピ』童心社，1966年。
1967 （昭和42）	51	「そうだん室」『母の友』No.164，1967年1月。 「教育対談（21）まじめ文化の功罪」『教育ジャーナル』5（11），1967年3月。 「手ぶくろ　いろいろな働きの手ぶくろ」『1年の学習』20（11），1967年3月。 「〈国語・算数〉の基礎学力を楽しく勉強『べんきょう学げい会』」『2年の学習』20（12），1967年3月。 「現代の子どもたち」福田和・早川元二・金沢嘉市・大浜英子『家庭の教育全集』第1巻，主婦の友社，1967年4月。 「みんないちねんせい」『1年の学習』21（1），1967年5月。 「かえりみち―学校のいきかえり」『1年の学習』21（2），1967年6月。 「アンケート　根性教育　わたしはこう考える」『教育ジャーナル』6（4），1967年7月。 「やってきたなつやすみ―夏休みにしたい子どもの夢」『1年の学習』21（2），1967年9月。 「あぶない　あぶない　交通安全」『1年の学習』21（7），1967年11月。 「アンケート　国民性の育成に思う」『教育ジャーナル』6（9），1967年12月。

年	年齢	論文名・著作名・出版社・発行年月
		「ぼくはダンプゴン　交通安全」『1年の学習』21（8），1967年12月。 「子どもと情操」『教育じほう』No.240，1967年12月。 「競争と差別」砂沢喜代次　編『講座子どもの思考構造』第1巻，明治図書出版，1967年。
1968 （昭和43）	52	「〈生活〉まちの　しまうま―安全教育」『1年の学習』21（9），1968年1月。 「座談会　教職意識のあり方」『教育ジャーナル』6（11），1968年2月。 「〈生活〉あ，あぶない　交通安全」『1年の学習』22（2），1968年6月。 『ありんこがっこう』童心社，1968年。
1969 （昭和44）	53	『こうすれば学力がつく：やる気を起こさせる家庭学習のコツ』主婦の友社，1969年。
1971 （昭和46）	55	「効果のある叱り方」『婦人生活』No.25（10），1971年9月。 「〈座談会〉生きた学力　死んだ学力」『教育ジャーナル』No.10（8），1971年12月。
1972 （昭和47）	56	「《アンケート》すばらしい学校の条件」『教育ジャーナル』No.11（1），1972年4月。 「〈座談会〉学校教育における対話を生かす場」『教育ジャーナル』No.11（4），1972年7月。 「〈グラビア〉教育百年―その歩みと遺産／解説」『教育ジャーナル』No.11（5），1972年8月。 「教育内容の精選を考える　☆教育改革構想と教育内容の精選　II　内容精選への注文」『教育展望』No.18（8），1972年8月。 「基礎学力をつける効果的学習法」『婦人生活』No.26（9），1972年8月。
1973 （昭和48）	57	「教育の原点を求めて」『生活教育』No.290，1973年1月。 「〈座談会〉脱「記憶中心」教育」『教育ジャーナル』No.12（2），1973年5月。 「ヒステリックママの悩める夏休み」『婦人生活』No.27（9），1973年8月。
1974 （昭和49）	58	「教師からの提言　協力指導組織を求めて」『教育じほう』No.316，1974年5月。 世田谷区総務部総務課広報広聴係編『わたくしたちの町：世田谷』世田谷区企画部広報課，1974年。 『ありんこがっこう』童心社，1974年。
1975 （昭和50）	59	「ホッと一息ついて，また―学校づくりと私の体験」『教育展望』No.228，1975年11月。
1976 （昭和51）	60	「アンケート　魅力ある学校とは―その糸口を求めて」『教育ジャーナル』No.15（4），1976年6月。
1977 （昭和52）	61	「体験学習を考える　私の意見」『教育展望』No.251，1977年11月。
1978 （昭和53）	62	「教職と自信　教壇こそ正念場というが」『教育ジャーナル』No.16（14），1978年2月。 「見なおしてみよう家庭訪問」『教育ジャーナル』No.17（3），1978年5月。 「移行措置に一つの布石（全連小の報告）」『教育ジャーナル』No.17（4），1978年6月。

年	年齢	論文名・著作名・出版社・発行年月
		「こんなときどうする―学校経営のチェックポイント」『教育ジャーナル』No.17（5），1978年7月。 『ホップトッポチップ』童心社，1978年。
1985 （昭和60）	69	「青いリンゴの運動」『教育科学 社会科教育』No.274，1985年8月号。
1991 （平成3）	75	逝去。

出所：福田和の長女・岡原京子氏からの聴取をもとに筆者作成。※ 共著・短編・編集・紙芝居も含む。

第4章
考古学研究と結びついた「新しい郷土教育」実践の創造

第1節　本章の課題

　第4章では，1950年代において，愛知県知多郡横須賀中学校の社会科教師であった杉崎章によって取り組まれた「新しい郷土教育」実践に着目し，中学校における「新しい郷土教育」実践の特質について考察を深める。これまでの先行研究では，1950年代における郷土全協の活動について，「主な活動主体が研究者・学者主催ではなく小学校教師であり，小学校教師自身のための実践交流活動が行われていた」[1]として論じられている。しかし，中学校教師に目を転ずれば，当時において「新しい郷土教育」実践が取り組まれていたという事実が存在している。そこで，1950年代の中学校における「新しい郷土教育」実践は，どのような形で，何をめざして取り組まれていたかについて，杉崎の実践を事例として明らかにする。

　杉崎の実践は，1953年9月に，郷土全協が主催した第2回郷土教育研究大会において紙上発表が行われ，当時においても注目を集めた中学校における実践であった。また，そのことがきっかけとなり，当時の郷土全協の会長であった周郷博より，「考古学と郷土教育」の原稿指導を受け，相川の実践とともに和島誠一編『日本考古学講座　第1巻』（河出書房，1955年）において，「考古学と郷土教育　実践例Ⅱ　中学校の部」として所収されている[2]。杉崎は，自ら「新しい郷土教育」実践に取り組むだけではなく，愛知県豊橋市瓜郷遺跡の発掘調査に関わった現場教師たちを中心として，『野帳の会』という考古学研究サークルを結成し，愛知県知多半島における郷土全協を代表する実

践家として位置づけられる。この杉崎による取り組みは，1950年代の中学校
段階における「新しい郷土教育」実践の特質を示していると考えられる。

　そこで，本章では，1950年代の中学校における「新しい郷土教育」実践
として，愛知県知多郡横須賀中学校の杉崎章の取り組みの事例に即して分析
を行い，その創造過程の特質を明らかにする。

第2節　杉崎章による「新しい郷土教育」実践への着手

（1）「新しい郷土教育」論との出会い

　まず，1950年代に，杉崎章が中学校における「新しい郷土教育」実践を
行った背景について，必要な限り論じておきたい。

　敗戦後の1947年5月に，『中学校学習指導要領　社会科編II（試案）』が発
表された。試案という位置づけにより，教師は，「教科書を教える」のでは
なく，「教科書で教え」ればよいということになり，教材を自ら編成する必
要に迫られた[3]。教師たちは教材の自主編成の中で教授法についても工夫
を重ねており，中でも小・中学校でフィールド・ワークが取り組まれていた
ことが特徴的であった。1950年代において，その指導的役割を果たしたのが，
桑原正雄，和島誠一らを中心として結成された郷土全協であった。郷土全協
は，「地域の生活現実を重視し，科学・学問の系統性を尊重して，教育にと
り入れる」[4]ことを活動理念とし，民主主義科学者協会歴史部会や歴史教
育者協議会とともに，一定地域の地誌から原始・古代をへて現代にいたるフ
ィールド・ワークを展開していた民間教育研究団体であった。

　愛知県下においても，1950年代には，教師たちによる教育研究活動の活
動が盛んになっていた[5]。1951年10月に，愛知作文の会は，戦前の名古
屋綴方連盟の教師たちを中心として名古屋と尾張部において結成された[6]。
また，1947年より，豊橋市の瓜郷遺跡の発掘調査が行われ，その調査に基
づいて和島誠一が執筆した小学生用の図書『大昔の人々：瓜郷遺跡の発掘』（岩
波書店，1953年）により，多くの「考古ボーイ」[7]が出現していた。この
ように，1950年代の愛知県下では，民間研究団体が主体となった調査研究

活動が進められていたのである⁽⁸⁾。

　そのような中で、杉崎は、1952年10月に、瓜郷遺跡の第3次調査に参加し、「新しい郷土教育」論と出会うことになる。杉崎は、その出来事について、次のように振り返って述べている。

　　豊川下流のデルタで発見され、当時の考古学界にいろいろな意味でのエポックを画した瓜郷遺跡の調査に参加して、久永春男先生から和島誠一先生を紹介された。そして、新しい郷土教育にはフィールド・ワークを武器とし手段とした教育方法が必要であること、それは戦前からの長い試練と伝統を受け継いできた生活綴方の方法と、考え方を同じくするものであることを教えられた。(中略)

　　私たちの社会科教育を生活綴方の方法で鍛えあげたものが、子どもの目をのばす教育方法ではなかろうか。自分の目でものを見て、自分の頭で考える子どもをそだてる教育こそ新しい社会科教育ではないか。「いうはやすし行うはかたし」、実践はなかなかはかどらないのであるが、一かどの青年教師を自任していた私の胸はたかなるのであった。⁽⁹⁾

　このように、杉崎は、「新しい郷土教育」の考え方を、「フィールドワークを武器とし手段とした教育方法が必要」であること、それは「戦前からの長い試練と伝統を受け継いできた生活綴方の方法と、考え方を同じくするものである」というように捉え、「新しい郷土教育」実践に取り組もうとしたのである。

（2）知多半島における「新しい郷土教育」実践

　杉崎は、1949年のころから、横須賀中学校において「郷土クラブ」を組織し、フィールド・ワークに取り組んでいた。特別活動としての特色をふまえて、郷土クラブ活動の運営を行っていたのである。

　　中学校におけるクラブ活動は、三年間の課程であるが構成員は毎年交代していくのが現実であり、累積される成果の処理とともに顧問教師の役割は、OBもふくめたクラブ員の人間的な統一でもある。杉崎君はいう「発掘調査の事業は、計

画から実施・整理そして報告の執筆・刊行と一連の総合芸術である」と，学問的な問題は別としても参加する人間の融和はもちろん周囲の人々の支持にもこまかい配慮が必要である。(10)

　このように，杉崎は，郷土クラブの活動を通して，生徒たちが計画から実施・整理といった全体を見通した計画性を身につけることや，クラブ員同士の人間関係を構築することをめざしていた。つまり，杉崎は，郷土クラブの活動に対して，教育活動としての位置づけのもとに取り組んでいたのである。
　そして，そのような取り組みを進める中で，和島からの紹介を受け，1953年2月に，千葉県成田市で開催された第1回郷土教育研究大会（郷土全協の結成大会）に参加し，大会における当時の郷土全協の会長であった周郷博による次のような講演に深い感銘を受けたという。

　　会議のまん中ごろ，お茶の水大学の周郷博先生が壇上にたたれて，郷土の現実から真実をつかみださせるフィールドワークの考え方を強調され，「もの」を通して自分の認識を創造していく学習，青いリンゴを赤く塗らない真実の教育，リアルな郷土教育の運動を提唱された。「青いリンゴはあくまで青いんだ」と訴えられる先生の真実へのきびしいせまり方には深い感銘をうけた。(11)

　そして，「おしつけられた既製品ではなく，現実をリアルに歴史的に把握していこうとする教育，『青いリンゴは青い』といいきれる教育をめざし，高くかかげた希望の灯をかざし」(12)たという。そして，杉崎は，1950年代の中学校における「新しい郷土教育」実践に着手していくことになる(13)。

第3節　考古学研究を活用した教材研究

（1）古代海浜集落へのフィールド・ワーク
　当時，知多半島における一かどの青年教師を自覚していたという杉崎は，戦後間もない頃より，フィールド・ワークとしての「考古学研究」を活用し，主体的に教材研究に取り組んでいた。

表 14　杉崎章による「新しい郷土教育」実践・関連年譜

年	年齢	杉崎章の個人史年譜	関連する出来事
1945 (昭和 20)	23	8 月　横須賀町立横須賀国民学校訓導として敗戦を迎える。	
1947 (昭和 22)	25	4 月　知多郡横須賀町立横須賀中学校に教諭として赴任する。	3 月　『中学校学習指導要領社会科編Ⅱ（試案）』が発表される。
1948 (昭和 23)	26	3 月　柳ヶ坪貝塚において弥生土器片を収集する。 10 月　豊橋市瓜郷遺跡の第 1 次発掘が開始される。	
1951 (昭和 26)	29	秋　久永春男より柳ヶ坪貝塚採集の土器片の重要性について指摘を受ける。	7 月　『中学校学習指導要領社会科編（試案）』が発表される。
1952 (昭和 27)	30	3 月　久永春男より柳ヶ坪貝塚の観察方法の示唆を受ける 5 月　柳ヶ坪貝塚の予備調査を行う。 6 月　柳ヶ坪貝塚の発掘調査を行う。 10 月　豊橋市瓜郷遺跡の発掘調査に参加する。 12 月　郷土クラブ員の早川鉄也が社山古窯の報告を行う。	
1953 (昭和 28)	31	2 月　第 1 回郷土教育研究大会に参加する。 4 月　名古屋大学文学部へ内地留学する（愛知県教育委員会より一年間の派遣）。 4 月　『柳ヶ坪貝塚』（杉崎章編著，愛知県横須賀中学校発行）を発表する。 9 月　第 2 回郷土教育研究大会に参加する。	2 月　郷土教育全国連絡協議会が結成される。 9 月　第 2 回郷土教育研究大会において杉崎実践が報告される。
1954 (昭和 29)	32	3 月　社山古窯の第 1 次調査を行う。 7 月　社山古窯の第 2 次調査を行う。 11 月　「知多半島における郷土教育の実践」（『教育愛知』第 11 号）を発表。	
1955 (昭和 30)	33	1 月　「考古学と郷土教育　実践例　中学校の部」（和島誠一編『日本考古学講座』第一巻，河出書房）を発表。 6 月　社山古窯の第 3 次調査を行う。	
1956 (昭和 31)	34	11 月　「知多半島における古代漁村集落の土器」（『古代学研究』第 15，16 号）を発表する。	
1958 (昭和 33)	36	9 月　「歴史教育における考古学の役割」（『私たちの考古学』第 18 号）を発表する。 12 月　「考古学と郷土教育（懇談）」（『野帳』第二期第三冊）を発表する。	10 月　『中学校学習指導要領社会科編』において，考古学的記述に制限が加えられる。

年	年齢	杉崎章の個人史年譜	関連する出来事
1960 （昭和35）	38	4月　常滑市立西浦南小学校教頭として赴任する。 4月　日本考古学協会会員となる。	

出所：「杉崎章年譜」知多古文化研究会『知多古文化研究1―杉崎章先生退官記念論文集』ぎょうせい，1984年，
　　　184～187頁を参考に筆者作成。

　それは，表14のように，杉崎が，郷土クラブの生徒たちの活動成果を社
会科の教科指導に持ち込んでいたためである。杉崎は，「実践的な学習を尊
重する」方法として，郷土クラブの生徒たちによる「体験発表」や「幻灯の
スライド」を活用することにより，社会科の教科指導を行っていた[14]。当
時の教え子であった北川元志郎氏は，杉崎の社会科授業実践について，「歴
史の授業の中でも重点的に郷土の遺跡の話をされた」[15] という印象を振り
返って語っている。このように，杉崎にとって，郷土クラブの活動は，社会
科の教科指導に向けての「考古学研究」を活用した教材研究としても取り組
まれていたのである。

　そのような「考古学研究」に，杉崎が取り組むようになったきっかけにつ
いては，次のように述べている。

　　私たちの学校では昭和24（1949）年のころから，郷土クラブを作り郷土研究
　の活動をしてきた。もともと知多半島の私たちの地域には，知多郡史もあれば横
　須賀町誌もできている。それらが資料として真先きに取りあげられたことはいう
　までもないが，そのいずれもが数十年前の編纂であり，実証的・科学的な研究態
　度ですすむ歴史研究の立場からは，満足できないものであった。できあがってい
　る書物にたよるもののない私たちは，自分たちの手で資料の検討をしなければな
　らなかった。ここでおどろいたことは，郷土における文献資料である。古文書の
　ほとんどすべてが，江戸時代中期以降に限られ，中世までのぼりうるものは，室
　町期の鰐口一点にすぎず，鎌倉以前は先史時代のつづきといった有様であった。
　　こうした歴史の谷間をうめ，確かな資料にもとづいて郷土研究をすすめるには，
　原始時代や古代はもちろん中世にいたるまで，遺跡や遺物による考古学的方法に，
　よらねばならない分野が大きいことを知った。[16]

　この発言からは，杉崎が，郷土史資料の自主編纂活動に「考古学的方法」を活用して取り組んでいた姿を確認することができる。彼のような研究的態度は，1950年代における意識的な歴史教師に共通する態度であったと考えられる[17]。

　さらに，杉崎は，「フィールドワークを武器とし手段とした教育方法が必要である」と考える立場から，郷土クラブ活動の中でも，フィールド・ワークに取り組んでいた。

　当時のフィールド・ワークには，次の二つの型が見られたという。一つには，戦前の郷土教育を批判的に継承したもので，小学校における相川日出雄の実践に見られるように，社会科という教科指導の中に位置づけたものであった。もう一つは，中学・高校に多いもので，課外活動としてのクラブ活動として行われたものであった[18]。それは，1951年度に公示された『中学校学習指導要領』において，全ての生徒に対して毎週2～5時間ずつの特別教育活動の時間が配当され，時間配当に関する限り，特別教育活動の「黄金時代」[19]であったという。杉崎は，この特別教育活動の時間を利用して，横須賀中学校において郷土クラブを組織し，フィールド・ワークに取り組んでいたのである。つまり，杉崎は，郷土クラブ活動におけるフィールド・ワークの活動に，教育的意義を認めていたのである。

　そして，1953年度の郷土クラブ活動の運営においては，いくつかのテーマをもってフィールド・ワークを行い，生徒たちは，縮図の大きな地図に知多半島における古代漁村集落の位置や横須賀町の古代遺跡の分布状況を記入していったという。その分布地図を表したものが，図4である。

（2）海岸線移動の歴史的変遷についての調査

　この図4からは，当時の横須賀町が集中して古代漁村集落が発見された地域であったことが分かる。また，横須賀町の古代漁村集落が，外沖に向かって順次に形成されていった様子も分かる。つまり，郷土クラブの生徒たちは，フィールド・ワークを通じて，海岸線の移動や，海を隔てた文化の交流の様子についても，歴史的に認識していたのである。

図4　知多半島の古代漁村集落分布図

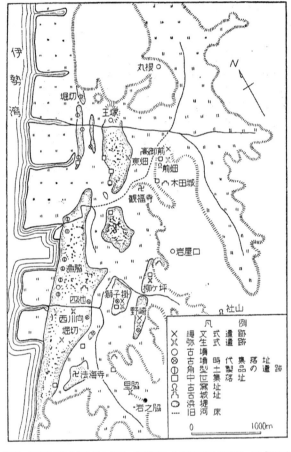

出所：杉崎章「考古学と郷土教育　実践例Ⅱ　中学校の部」和島誠一編『日本考
古学講座　第1巻』河出書房，1955年，269頁。

　では，なぜそのような横須賀町の古代集落の歴史的変遷が，杉崎や，郷土
クラブの関心事となったのか。それは，横須賀町における土地利用の歴史の
把握が，当時の現実的課題の探求と結びついていたためだと考えられる。

　当時の横須賀町は，1944年，45年と続いた震害により，海底の地盤沈下
が起こった問題や，1952年に元浜の埋め立て工事が着工されたことにより，

資料13　海岸線移動調査の中の生活綴方

第二の砂丘ができ
第三の砂丘ができ
木曽川は海の向こうから砂を送り
鈴鹿おろしは砂を吹きあげて
浜はだんだん沖へでた
やがて入江はうまって
やがて入江はうまってしまい
真直ぐな海岸となった

戦時中に防空壕を掘った時
家の下に貝層がみつけられた
サルボウにハマグリ・シオフキ
木曽川の砂の上に発展した町の歴史
今も地面の下から語られている

（秋田昇・中学3年）

この指紋，この指のあと
力強い手のあとが残っている。
真剣に生きぬいた先祖たちが
千何百年前，この海岸で
沖をにらんで生きた海の生活

（秋田昇・中学3年）

出所：杉崎章「知多半島における郷土教育の実践」愛知県教育委員会編『教育愛知』第11号，1954年11月，29頁。杉崎章「考古学と郷土教育　実践例Ⅱ　中学校の部」和島誠一編『日本考古学講座　第1巻』河出書房，1955年，272〜273頁。

臨海部一帯の井戸に塩分が混入し，住民から「塩辛い」という声が起こり始めた問題，また，1953年に知多半島を襲った台風13号による堤防の決壊の被害などといった社会的問題[20]が発生していた。それは，横須賀町における土地利用の歴史と結びついていたのである。そのために，杉崎は，地域住民と現代的な課題意識を共有し，横須賀町の土地利用の歴史的変遷を捉えようとしていたと考えられる。このことより，杉崎によるフィールド・ワーク

は，「郷土」における現実的問題の解決をめざすための研究としても展開されていたといえる。

　そのような郷土クラブを主体とした教材研究の様子について，クラブの生徒が資料 13 のような生活綴方（詩）を残している。

　この資料 13 の詩からも分かるように，杉崎は，郷土クラブの生徒たちと共に，フィールド・ワークを行い，海岸線移動の歴史的変遷の調査を行っていたのである。そして，杉崎にによる郷土クラブの運営は，「郷土」の現実的問題の解決をめざした学習にもなっていたことを確認することができる [21]。つまり，杉崎にとっての海岸線移動の歴史的変遷の調査の目的は，社会科の教科指導に向けての「考古学研究」を活用した教材研究として，あるいは，「郷土」における現実的問題の解決をめざした学習として取り組まれていたのである。

第4節　発掘調査と生活綴方

（1）柳が坪貝塚の発掘調査と生活綴方

　また，郷土クラブの活動として，実際に発掘調査の作業が行われることもあった。1952 年度の横須賀町の柳ケ坪貝塚の発掘調査は，教育活動としての位置づけのもとに，郷土クラブの生徒たちが中心となって行われたものであった。資料 14 に，発掘調査日誌より，その取り組みの様子を引用する。

　この柳が坪貝塚の調査日誌からは，発掘調査の目的が，東海地方における弥生時代後期の欠山式土器（東海地方西部の弥生時代後期後半の土器形式）より古い，長床式土器（三河地方における弥生中期後半の土器形式）や，貝田町式土器（尾張地方における弥生時代中期中頃の土器形式）という遺物を求めたものであったことが分かる。これまで明らかになっていなかった知多半島の弥生時代中期という歴史の谷間をうめる郷土資料を求めていたのである。

　この調査を通じて，「柳ヶ坪式土器」が発見され，尾張地方における弥生時代中期の指標土器として位置づけられたことは，特筆すべき出来事であった。また，報告書では，杉崎によって，知多半島の弥生時代に関して，「寄

資料14　柳ヶ坪貝塚の調査日誌

1952年5月15日

　数日前より，町助役で郷土史の一権威である，久野九兵衛氏の御ほんそうによって，地主・耕作者の承諾を得られ，町当局の副申もできて，文化財保護委員会に提出する書類は全く完備，地方事務所の桑山芳延氏に依頼して直ちに県教育委員会に発送。

5月30日

　知多西地区警察長小柳録衛氏，中部日本新聞記者森義男氏来校，学校長と同道して杉崎現地へ案内する。

6月1日

　県教育委員会主事高橋録太郎氏，現地視察のため来校。

6月7日（土）　晴

　調査第1日，学術指導者の池上年氏は早朝より来校され遺跡の分布調査を開始，続いて久永春男氏，田中稔氏も参加，地元の久野九兵衛氏に何かと目に見えざる援助をうける。

　中学校郷土クラブの生徒は午前中授業のため，午後発掘を開始した。

　発掘に当り，先ず以て発掘区に選んだのは先般の予備調査に現れた竪穴の拡張である。あるいは住居址であるかも知れないのでそこへトレンチを入れた。それを第一トレンチとする。けれども，私たちがこの遺跡に期待するものはこの地域の最古の弥生式土器である長床式または貝田町式の遺物層であって，欠山式の竪穴によって決して満足するものではない。即ち長床式のベースを求めて，それに属する長床式土器を採集していた所の西方道路上に第二トレンチ，更に第一トレンチより南方の畑に向って第三トレンチ，発掘可能の条件において最大のトレンチを設定した。而して西よりA区，B区，C区とし，A区は池上氏，B区は田中氏，C区はその項勤務先よりかけつけてくれた加藤岩蔵氏の担当により作業を進める。

　発掘作業と平行して中学校教官の早川宗雄氏・伊藤芳彦氏等の手により測量が進められた。

　A区の上層では復元可能と考えられる中世の鍋・釜を見る。B区では人骨が散乱状態として出土。

　早川氏・久永氏・伊藤氏は写真を撮影する。

　本日の横中郷土クラブ員の参加，六〇名。作業を終って学校に帰り，調査員一同その資料を中心として検討討議を続ける。

6月8日（日）　曇後雨

第一日の好天気にひきかえ今日は雨だ。しかし雨で作業を中止しては全ての予定が苦しくなるので小雨をついて続行する。

　本日の主眼点は第三トレンチの東端に近く発見された長床式のピットを北に拡張すると共に，昨夜の討議の中心となった三地区における層位の差の解明である。そのため，第二・第三両トレンチを結ぶと共に第一トレンチを南に延長して第三地区の接点を求めることである。

　芳賀陽氏豊橋から応援に来る。一同，新鋭の参加に勇躍する。

　池上氏は久野氏の案内により，周辺寺院の石塔調査にでかけ，加藤氏は勤務のため夕刻去る。

　夜は横須賀町役場の一室にて有志の人の参集を得て懇談会を催す，総て久野九兵衛氏の配慮による。

6月9日（月）　曇後雨

　期待していた昨日の日曜日がはっきりしない天候により作業の進捗は充分でない。今日は予定した最終日であるが一度崩れた空模様は晴れるかと見えたが又しても雨である。勿論，作業を強行して有終の美を求めんとする次第である。

　前日より明らかになって来た長床式を包含する二つの層の資料を確実にするために努力した。即ち混貝土層の下の黒色有機砂層と黄褐色有機砂層のそれである。このため，第二日において接続した第二・第三両トレンチを南へ拡張する。

　別の班は第三トレンチの東端を北に拡張していたのを更に第一トレンチの東に向けて延長するトレンチを作った。

　ますますひどくなる雨の中を杉崎は久野氏の援助のもとに平板測量をやりとげる。

　砂丘が水をふくんで軟弱となり，断面図の測図をする芳賀氏はずぶぬれになりながら，仕事を進めるがトレンチの壁は測図の進度に容赦なく，しきりに異様なひびきを立てて足元に崩れて，落砂に膝をとられるなど悲壮な状況を展開しながら一まず発掘作業の終止符を打った。

出所：杉崎章『柳ケ坪貝塚』愛知県知多郡横須賀中学校，1953年，6〜9頁。下線部は筆者。

道期をへて，それに次ぐ時期になると，阿久比谷のようなデルタ地帯や，各所に成長した海岸砂丘の後背湿地に水田農耕が普辺化されてきたものがあり，柳ヶ坪の土器をメルクマークとして，半島一帯に篠島・日間賀島など，南方の海岸よりの文化をうけいれた文化圏が成立していたことを認めるのであ

る」[22] というように，古代の知多半島における交流史について考察がなされている。このような知多半島における古代の交流史についての認識は，郷土クラブ員たちにも共有されていたと考えられる。

　また，発掘調査が，民間の考古学研究者との協力・共同のもとで行われていたことも特徴的である [23]。杉崎は，発掘調査を通じて，「私たちにとっては数片の弥生式土器をもととして，その時代の地形を復元し，祖先の生活を考察していくということは，始めての体験であり，学問とはこれなんだと科学の世界へすいこまれるような魅力を感じた」[24] と述べる。杉崎は，郷土クラブの生徒たちとともに，民間の考古学研究者との協力・共同のもとで，「考古学研究」を通じた「科学の世界」を体感し，その魅力を共有していったと考えられる。

　そして，杉崎実践において特徴的な点は，発掘調査の作業の後に，郷土クラブの生徒たちに対して，その日の調査を通して考えたことを書く生活綴方に取り組ませていたことがある。資料15は，その一部を示したものである。

　これらの生活綴方からは，生徒たちが発掘調査を通じて，郷土の歴史を学ぼうとする意欲をもっていることが感じられる。杉崎は，これらの生活綴方に対して，「石浜の記録では学問の研究における真剣な態度が印象づけられ，春田や白羽は科学的な研究法を素直にうけ入れ，山下もその体験から具体的に祖先の歴史を知って，苦しい仕事の中で文化財の重要性を確認し，二千年も前より開拓されて来た郷土に対する正しい愛情を抱くにいたった」[25] と述べている。そうした生徒たちの姿が現れた背景には，杉崎が，次のようなねらいをもって，発掘調査の中での生活綴方に取り組んでいたことがあったと考えられる。

　　教師や生徒が遺跡や遺物の調査をすすめていくその過程の中で，自然をつかみ社会を理解していく態度をうちたてたいと考えておるのであり，そこには遺跡を研究して歴史や考古学の専門家になるということは問題でなく，ただ郷土の共通経験の場にたって物をあつかう学問としての方法論にまなぶことから，主体的な生活の姿勢を確立していきたいと求めているのである。[26]

資料 15　柳ケ坪貝塚の発掘調査の中の生徒たちによる生活綴方

―貝塚の調査といっても，家でイモを掘る時のように掘っていけば，簡単にやれると思っていたが，掘っても掘っても砂である。その中にまじって土器がでる。名古屋の先生は「砂の色の変化や，粒の大きいさ（ママ）まで見抜いて下さい。」といわれた。

（石浜 正一・中学 3 年）

―トランシットや平板をかりに行ったら，「穴掘りをやるのに，こんな道具を使うのか」と笑いながら出してくれた。僕は説明するのに困ってしまった。

（春田・学年不明）

―貝塚は砂畑であるので，地面がしめってくると砂崩れがある。砂が崩れては土器を層により区別できないので作業の中止もできない。雨はますますひどくなって来た。僕たちは皆，上へあがってしまった。先生たちはずぶぬれになりながらやりつづけられ，下の方から弥生式の古い層・新しい層・奈良時代・鎌倉時代と重なっている。この砂の上に先祖は生活していたのだ。

（山下 登・中学 3 年）

―教室に一杯，土器をひろげて包み毎に数をかぞえるのです。僕の区域の上層は無紋の土器片が千八十七と有紋が五十六であった。

（白羽・学年不明）

―日本史の時間に原始社会の勉強をしても，今まではよその国のことのように考えていたが，柳ケ坪を調べてからは，僕らの祖先の生活だということがわかり，何度も土器の写真のでているページを見かえしている。本を開くたびにすぐ見る。

（久野 寛・中学 2 年）

出所：杉崎章「知多半島における郷土教育の実践」愛知県教育委員会編『教育愛知』第 11 号，1954 年 11 月，31 〜 32 頁。杉崎章「考古学と郷土教育　実践例 II　中学校の部」和島誠一編『日本考古学講座 第 1 巻』河出書房，1955 年，270 頁。

　このように杉崎は，生徒による遺跡や遺物の調査を進めていくその過程の中で，生徒の「主体的な生活の姿勢を確立したい」と述べる。それは，発掘調査の中での生活綴方といった教育方法を通じて，「郷土」の具体物に触れることにより可能となっていた。

資料16　社山古窯址の調査経緯

―終戦後の食糧難のころに，山の奥にひらかれた畑へいく道を作る時，幸か不幸か，一部が古窯にかかったらしく，道の下に瓦の破片が散っている。後になって僕は，ここを掘ってみたが窯らしきものはなかった。でもこんなにたくさんの瓦を見つけながら，問題にもしなかったころのことが残念でたまらない。そうした有様であった社山の古窯に，私がどうして関心をもってきたか，その動機は例の柳ヶ坪貝塚の調査である。地下に埋まっていて，今まで目もくれなかった土器の破片が，郷土の歴史をとくのに，そのカギとなることを知った。私の家でも，たまたまその話がもちあがり，瓦のかけらなら家の裏山にもあるという話がでた。もしやと思った私は，一応そのあたりを調べてみたが，雑草におおわれた山の中で，何もつかむことはできなかった。けれどもその後のクラブの話では，どうしてもだまっておれなかった。友だちの久野寛君や春田修生君に協力をもとめ，再調査の結果，数個の瓦を発見しクラブへ報告した―

（早川　鉄也・卒業生）

―瓦の破片は早川君の家の裏山一帯に散っていた。早川君に地名をきいて，社山古窯址と名づけることにきめた。土地の人は古窯からでてくる山坏や鉢などのことを，藤四郎焼きといっているので，先生もお百姓さんにあうと藤四郎はありませんか，といってきいてみた。この日の反省として一番強く話し合ったのは，遺跡の保存の問題である。早川君のお母さんも，以前はもっとたくさんあったといわれた。谷一つ東の丘陵にも多くの古窯が分布しているのを知り，日を改めてまたでかけたが，この丘陵は砂防・植林の工事中で，大部分がこわされていた。今なら分布の様子はわかるが，一日おくれればそれだけ，遺跡が失われていく。

（秋田　昇・中学三年）

出所：杉崎章「考古学と郷土教育　実践例II　中学校の部」和島誠一編『日本考古学講座』第1巻，河出書房，1955年，276〜277頁。

（2）社山古窯址の発掘調査と生活綴方

　次に，郷土クラブは，町史編纂事業の一環として，1954〜55年の間に計三回，横須賀町内の社山古窯址の発掘調査 [27] を行っている。この発掘調査自体，中世古窯址が発掘調査の対象として認識されることが少なかった頃における学術的にも貴重な取り組みであったといえる。

　この発掘調査に至るまでの経緯は，当時中学2年生の郷土クラブ員であった早川鉄也と秋田昇による資料16のような報告に基づいている。

　このように，社山古窯址の発掘調査は，生徒によって調査の計画が推進・実行されたことが特徴としてあげられる。生徒たちは，遺跡の破壊を食い止めるべく，発掘調査を計画，実行したのである。

　資料17には，社山古窯址の発掘調査における郷土クラブの活動の様子が分かる部分について，調査日誌より引用した。

資料17　社山古窯址の調査日誌

第1次調査（昭和29年）

1954年3月15日　晴

　中学校の方へきていただいた久永先生・役場の久田さんとともに社山へ到着したのはもう十時をすぎていた。現地にはすでに役場の岡戸さんをはじめ町史の委員の方々，常滑古窯調査会・報道機関・その他の研究者があつまってみえて，山は大にぎわいである。楢崎先生・田中先生も相ついで到着され，早速活動を開始した。

　まず全体の資料を数量的につかんでいきたいと考え，周辺の草刈りをする班と併行して，表面にちっている瓦や山坏などの遺物を種類別に採集する仕事にとりかかった。林道にかかっている地点と2地点の破壊坑よりの観察から，一応3基からできている古窯群と仮定し，西の方からA・B・Cの窯と名付けることにした。調査はそれらのうち，もっとも破壊のはげしいAの窯・Bの窯の2基を予定し，Cの窯は遺跡として保存することにした。

　午後になり，楢崎先生の指導により卒業生の早川鉄也，生徒では大森・森岡が手つだってトランシットでの地形測量をはじめるとともに，まずAの窯から発掘にとりかかった。——破壊されている所から斜面にそってトレンチを掘り，窯にあたったらそれをひろげていこうとする作戦である。少し掘っていくと層のかわっている所へ達した。それは昔の地肌で笹の葉のくさったのがたくさんみられた。これからが本物だと意気ごんでかかったが，何度，目をみはらしても思うような瓦はでてこない。（高橋　良祐）——でも破壊坑からみるともうすぐ遺層である。明日からは遺物層をおって横にひろげることにする。指導にきていただいた3人の先生の宿舎には，加木屋小学校の一室を借用する。

3月26日　晴

　測量係は今日も楢崎先生の指導で地形測量をつづける。発掘の方は第一日にひきつづいて，Aの窯の床面をあきらかにしていくこととして，A区で窯のあり方が大体

了解できたので，予定したＢの窯の調査をはじめることであった。

——Ａの窯では山坏がほとんどであり，瓦は丸瓦が少しでた程度であった。それでも一番上の方から巴文の軒丸瓦がでた時は，皆が歓声をあげてみにいった。でてくる状態を写真にとるので，移植ゴテをうごかす竹内君も真剣である。僕は鬼瓦の鼻を掘りだした。普通の瓦にしては変であるので，先生にみせたら鼻の穴だと大わらいされた。そういえば下に歯がある。(伊藤 高光)——今日からはじめたＢの窯では，下村時・下村啓・永島・永井・及川ら八人して分担したが，——私たちの班は八人で，窯の上の方に四人，中間に二人，下に二人である。上のものが掘りかえした土を下へながすと，下の方では遺物をみながら道の下段へほうりこむのだが，両の窯に一日おくれているので表土の土取りも大変である。Ａ区からはめずらしいものがでるらしく，歓声が聞こえるがこちらは意気があがらない。それでもやがて遺物層となり，窯のたき口近くでは炭がみつけられ，中央よりは軒平瓦のほとんど完全なのがでてきた。文様は唐草であるが菊の葉のようである。(下村 時康)

最初の遺物層がなくなると，赤く焼けた層があり，その下にまた新しい遺物層があらわれた。この日もおわり近くなってから，窯の中央で平瓦がかさなりあって姿をあらわしてきた。

どれもが文様のないものばかりであるが，すこしもかけていない完全な平瓦である。つづいて３枚また２枚とでてくる。平瓦と平瓦の間には小さい平瓦の破片がはさんである。先生方は天然色写真の準備をしてみえる。

(永島 朋泰)——

発掘は毎日できるだけ早くきりあげて，その日その日の検討をしているのだが，今日の討議は問題が多かった。養父で瓦の製造をしてみえる早川益一郎氏は前に遺跡の下の谷で，瓦をつくる粘土をとったことがあるといわれ，この土地の粘土は比較的に高熱に対して弱い質である点や，粘土にもそれぞれ個性があり，それが長所とも短所ともなっておって，現代の瓦を焼く時には，あらゆる気候の変化にもたえられるように，各種の粘土を配合していることなど，その職業の方でなければわからない苦心を説明して下さった。さらに榊原隆近氏は前に採集してみえる資料の中から杏葉唐草の軒平瓦を持参していただいた。

3月27日　晴

第3日である。昨日発掘をみにこられた久野九兵衛・加古新平両氏の案内により先生方は谷のむこうの古窯群の視察にでかけられる。むこうの論田古窯でも社山古窯と同じ文様の瓦を採集でき，窯の構造・遺物の相異などについても，これからの研究をすすめる上に参考になる資料をうることができた。中学の早川巌先生がみえてさかん

に天然色の写真をとってみえる。——むこうの山からかえってみえた先生は，まっ先きに僕にむかって「君が昨日こなかったから，仕事がはかどらなかったよ」といわれた。やはり力仕事は僕でないとできないらしい。

　　青空は雲一つなく，澄みきった春の空
　　郷土の知識，僕はまだ何もしらない。
　　澄みきった頭に，社山で
　　うんと，知識をつめこんでかえろう。

　午後は中央より少し下で，何かコツツというので，苦心して全体の姿をあらわすと蓮花文の軒丸瓦である。（下山　敬三）——A区ではほぼ中央の線で断面をつくり，西半分は端まで調整した。長さは約13メートル，中央はややふくらみをもち上下両端はしぼられていて窯の規模の全体がわかってきた。B区では前日の平瓦の出土状況を明らかにしていったが，林道とのさかい目から合わせれば完全になる巴文の軒丸瓦が四つにわれてでてきた。A区の巴文と巻き方が反対である。

　午後は先生方が床面の実測図をつくってみえるので，私たちは出土遺物の集計をおこなった。表面採集・A区・B区と地区別にわけて，さらにそれらを種類別にしていくのである。丸瓦は筒先・山坏と山皿は底部でかぞえたが，平瓦は外角四個で一個体にする必要があった。町役場での議会にでてみえた町長高津元治氏と町会議長阿知波安兵衛氏が町史編纂委員岡戸さんの案内で視察にこられた。

3月28日　曇り

　最初は3日で調査をおわる予定であったが，しらべていくと新しい問題がつぎつぎとうまれてきた。そこでもう一度計画をたてなおして，再調査をすることにして，遺跡はしばらく仮保存の手配をした。発掘の成果が大きく報道されているので，遺跡の安全が心配である。
心ない人によって遺跡が掘られねばよいが，残された窯・残した壁…私たちの研究にとってはかけがえのない資料である。

第2次調査（昭和29年）

1954年7月26日　晴

　今度の調査の目的は，Bの窯を上端まで掘りのぼり，その全体をとらえることとして，もう一つはA・B両方の窯の相互関係をしらべることである。

　朝から炎天をおして仕事をすすめる。待つ程もなく楢崎先生ついで久永先生も到着されて作業は本格的となってきた。B区の方では前の調査の床面の下に，さらに一層

の遺物層があり，そこから大きな鬼瓦があらわれ，一同歓声をあげてよろこび作業も小休止の状態である。前の調査の時にでている脚部片とうまく接合してほとんど完全となった。

　一方のＡ区では東に残した断面の測図をとるために，田中先生とともに壁面を清掃していたが，上端をさらに追求することにより煙出しを確認した。窯がちぢんできた上端に焼台を2個すえてくぎり，煙道はその間をのぼりつめて，いよいよ地上へでる部分は粘度で固めてあった。

　第一次調査の時に，宿舎として提供をうけた加木屋小学校は新築工事中のために，今度の調査にあたっては宿舎として町長高津元治氏宅の好意をうけることになった。

7月27日　晴

　第1日につづいてＡ区東壁の断面測量をとりながらＢ地区の調査をおしすすめたわけである。Ａの窯でもそうであったが，とくにＢ窯では下部に炭が多く，燃焼室と思われる所からはじまった傾斜のゆるい部分と，そこから急角度をなしてのぼっていき煙道におよぶ部分の二つにわけることができるが，遺物は両方のほとんど限界まででてきて，それら全体が焼成場としてつかわれていたようである。注意して観察してみたが，傾斜のかわる附近に施設としてみとめるようなものは何もなかった。

　Ａ区の測図がすんだので，一方でＢ区西壁の測図をとるとともに，主力は両方の地区の間に残してあった隔壁を，Ａ区の方から切断してトレンチをいれた。横断面からＡ・Ｂ両方の窯の相互関係をみようとしたのであり，遺物の包含層はだいたい三層にわかれており，最上部の遺物層よりは一本の角をもつ鬼瓦が出土した。

　正午すぎ，遠く東三河の北設楽郡より夏目一平・岡田松三郎の両氏が視察にこられる。

7月28日　晴

　中央の隔壁を切り通して，Ａ・Ｂ両区をつなぐトレンチの仕事を継続した。

　断面の最下部で，Ａ・Ｂ両方の窯が約五十糎の間隔をもって床面がくぼんでおり，二つの窯の区別が明らかとなった。そこでＢ・Ｃ両窯の境界，Ａ・Ｂ両窯の床幅をしるために，断面の下をさらに左右へ延長してＡ・Ｂ両区の地山にいたるまで掘りさげてみた。この観察により，東端のＣの窯が未調査であるが，発掘の当初に三基の窯が併列しているということを，仮りに考えたのが妥当であったことが裏付けられた。

　しかもなお，中央隔壁の断面を注意深く観察すると，二度目・三度目の焼成を示す遺物包含層に問題を残しているのをしった。Ａ・Ｂ両窯の床がそれらの層序ではたがいに切り合っている点であり，これでは同時の焼成は不可能と考えざるを得ない。こ

の問題についての解明は，この遺跡の調査の焦点の一つでもあり，さらに隔壁を横位に数個所切り通して断面を精密に観察する必要をみとめた。

予定した期日もきており，残っている中央残壁には松の木が数本あるので，仕事の能率も意のごとくすすまず，3度の計画を期して下山することにした。

第3次調査（昭和30年）

6月25日　晴

昨秋以来，第3次調査について何度か計画をもち，資源科学研究所の和島誠一氏には東京からわざわざ足を運んでいただいたりもしたが，そのたびに時期にめぐまれず，結局最終調査は春すぎて六月になっ（ママ）しまった。

今度の仕事は2回の調査に残してある隔壁の取りこわしである。この作業を通じて窯と窯との相互関係の確認と，層位別採集による遺物の変化の検討という二点を課題として期待したのである。

土曜日の午後，学校を出発し現地に到着，とりあえず松の木を切っている間に久永・楢崎・立松・新美・白井の各先生も集っていただいた。しっかりと根をはった株をとりはずすことは仲々の辛苦な仕事である。

窯と窯の相互関係によりよい考察をもつために，A・B両区をつないだ横断トレンチの上と下で，さらにそれぞれ一地点をえらび，断面を観察することにした。すなわち上部の断面では前回の横断面より三十糎程けずりおろし，下部では林道より約一メートルのぼったところで切り通した。

今日は何とか晴れてくれたが，梅雨の候であるので明日の天気を念じながら下山する。

6月26日　曇

現地にはすでに田中・加藤の両先生も到着していて下さって，仕事は急ピッチにすすみだした。

いずれの層位からも，瓦とともに山坏・山皿が併出しており，同一時間に両方ともが焼かれたことを示しているが，各層位の間に遺物の変化はみられず，これらがごく短期間のうちに大量生産されたものと考えられる理由である。

上部の断面を観察しながら，最上部の表土をはいでいくと，二次調査の時にA窯の煙出しを確認したときから，いわゆる煙出しのあり方に注目していたことでもあり，昨日も横断面のところどころに黒い炭化物の多い間層がはいっているのに留意していた点であったが，その間層を追っていくと細長い管状になっており煙出しの遺構が姿をあらわしてきた。わずか二メートルの幅にすぎない隔壁の間に八基の煙出しを確認

することができた。煙出しの構造はきわめて多岐であり、粘度で固めてあるもの、焼台の凹部を利用しているもの、山坏・山皿の丸みを応用したもの、一基毎に同じものはなく変化にとんだ趣向である。中央より下の部分からは、数多くの資料を得ることができたが、従来一片も採集していない種類の唐草文軒平瓦をとりだした時には一同が歓声をあげた。今まで軒平瓦で一種でるはずででてこなくて何かわりきれない気がしていたが、これで不満も吹きとんだ。

　夕やみせまるころ予定を完了し遺跡とわかれる。一年半の思いでの遺跡、社山をふりかえりながら山を下った。

出所：杉崎章「横須賀町の遺跡—社山古窯—」横須賀町史編集委員会編『横須賀町史　別冊』横須賀町, 1956年, 10 〜 13頁。下線部は、中学生の作文。

　この発掘調査日誌からは、郷土クラブの生徒たちが掘削や測量、遺物の観察、記録、接合などの作業を行っていたことも分かる。発掘調査の作業を通じて郷土クラブの生徒たちは、考古学的な研究手法を体得していったと考えられる。また、調査日誌からは、郷土クラブの生徒たちが、社山窯址より出土した鬼瓦や唐草文の軒平瓦に関心を抱いている様子も分かる。後の調査からは、社山古窯の生産主体や瓦の供給先が判明している [28]。このように、調査日誌からは、知多半島における郷土文化の交流史についても、生徒たちが関心を深めた様子も分かる。

　また、社山古窯址発掘調査の作業の後にも、杉崎は、郷土クラブの生徒たちに、その日の調査を通して考えたことを書く生活綴方（作文）に取り組ませていた。以下、社山古窯発掘調査の中の生活綴方を資料18に示す。

　この生活綴方からは、郷土クラブの生徒たちが、共通の課題をもちながら作業に取り組み、一日の終わりに討議を行っていた様子も知ることができる。これは、杉崎が「歴史・地理・道徳についての既成の概念くだきと、創造的な人間の再生」[29] を意図し、発掘調査の中で作文や詩の指導を組み入れた成果であった。さらに杉崎は、発掘調査を通して生徒による文集の刊行の必要性を主張していた。それは、文集の刊行を通して、「生徒たちの協力を具現化する意味」[30] があるからだという。このことにより、郷土クラブの生徒たちは、発掘調査の中の生活綴方により、書くことを通した人間的成長を

資料 18　社山古窯発掘調査の中の生活綴方

社山へ行って

—今日は先生が向うの谷を視察に行かれたので，自主的に仕事にかかった。中学の早川先生がみえて，盛んに天然色の写真をとってみえる。久永先生は真先きに，僕に向って君が昨日こなかったから，仕事が仲々はかどらなかったよ，といわれた。矢張り力仕事は僕でないとできないらしい。

　　青空は雲一つなく澄みきった春の空

　　郷土の知識，僕はまだ何一つ知らない。

　　澄みきった頭に，社山で

　　うんと，知識をつめこんでかえろう。

午後は中央より少し下で，何かコツというので，ていねいに全体の姿をあらわすと，蓮花文の軒丸瓦である。先生は，OK・OK の連発である。

（下山　敬三・中学3年）

社山のかまあと

山の中腹にある，社山のかまあと

先生もぼく等も目をサラにして

鍬やスコップを動かす

　発掘がすむと，討議がはじまる。

　一日の汗をふきながらみんなが考える

　一体，瓦の布目はどうしてだろう

　山茶わんは何枚くらいつまれているか

　茶わんの間に何がこめてあるのか

　もっと考えて掘ろう

　布目の上にクスリが流れているから

　焼く前の

　粘土のやわらかいうちだと考えるが

　明日はもっと観察しよう

（永島　朋泰・中学2年）

出所：杉崎章「知多半島における郷土教育の実践」愛知県教育委員会編『教育愛知』第11号，1954年11月，32～33頁。

可能にしたのだろう。

　なお，この実践については，調査に加わった考古学者・和島誠一が次のように評価している。

　　中学校の郷土クラブが中心となって，一つの地域の遺跡を系統的に取扱い，発掘も行った杉崎氏の実践例では，単に弥生式土器の一形式の内容や古墳や窯址の構造が明らかにされたというだけでなく，例えば浜堤列と集落の問題に切り込んで，「貝塚でない遺跡からは，海岸線の異動を簡単に考えることはできない」と安易な常識論を越える結果に達している。古墳群と集落との関係も系統的に分布調査されたので，壊された横穴式石室を清掃してその石材の問題を取り上げても，組合せ式石棺が角型土製品を出す海浜の集落址に伴う事実を指摘しても，それが地域性の問題として正しく提起されるのである。社山古窯址で近くの寺址の銀杏唐草の瓦が発見されたことも，東大寺瓦を渥美半島で焼くような古代的な形態に対して，中世的な生産形態を示すものとして正しくとらえられている。これらの仕事は専門学者と正しく結びついてすすめられたのであるが，新しい発見と事実の生き生きとした把握が生徒によってなされていることと，郷土の歴史を明らかにする遺跡を大切にする気持が強く出ていることは特徴的である。日本の文化財を守るものは一片の法令ではなく，正に彼らであろう。[31]

　この和島の評価のように，郷土クラブの生徒たちは，遺跡や文化財の保存を考えようとする問題意識をもち，社山古窯址の発掘調査に取り組んでいたのである。それは，杉崎による，これまでの郷土クラブでのフィールド・ワークの活動や，発掘調査の中での生活綴方といった取り組みを通して育まれてたものであったといえるだろう。

第5節　本章のまとめ

　本章では，1950年代における「新しい郷土教育」実践の創造過程に関わる中学校教師による取り組みの事例として，愛知県知多郡横須賀中学校の杉崎章による「新しい郷土教育」実践を取り上げ，検討してきた。本章での検

討を通じて，研究の視点を深めた点は，以下の三点である。

第一に，杉崎における「新しい郷土教育」実践の背景として，郷土クラブを主体として，郷土のフィールド・ワークを行っていたことである。杉崎は，特別教育活動の時間を利用して，郷土クラブを組織し，そして，郷土全協の考え方にもとづいて実践的な学習を重視し，郷土クラブの活動としてフィールド・ワークに取り組んでいた。それは，1950年代における横須賀町の現実的問題の解決をめざした取り組みとしても結びついていた。

また，第二には，杉崎における教材研究の取り組みとして，「考古学研究を活用した教材研究」が行われていたことである。杉崎は，発掘調査の作業を中学校における教育活動として位置づけていた。そして，杉崎は，考古学の方法論に学ぶことの重要性を認め，郷土クラブの生徒たちは，実際の発掘調査の作業に取り組んでいた。そのような発掘調査の作業を通じて郷土クラブの生徒たちは，考古学の研究手法を体得していたのである。

第三に，杉崎が発掘調査の中で，「発掘調査と生活綴方の結合」をさせた取り組みを行っていたことである。杉崎は，発掘調査の中において教育方法として生活綴方的教育方法を活用して，詩や作文の指導を行っていた。杉崎実践では，生徒における「主体的な生活の姿勢の確立」をねらいとして，発掘調査の中の生活綴方に取り組んでいたのである。そのような教育方法の特色は，郷土全協の立場から取り組まれた「新しい郷土教育」実践に共通する特質でもあった。

以上，本章で述べてきたように，杉崎実践の事例からは1950年代における郷土全協の中学校教師の取り組みの特質として，郷土クラブを主体とした「郷土」のフィールド・ワークによって，「考古学研究を活用した教材研究」が行われていたことや，「発掘調査と生活綴方の結合」をさせた取り組みが行われていたことをあげることができる。

なお，これまでの先行研究においては，廣田（2001）が，1950年代の郷土全協の活動について，「主な活動主体が研究者・学者主催ではなく小学校教師であり，小学校教師自身のための実践交流活動が行われていたこと」[32]について論じていた。しかし，杉崎の実践のように，1950年代において「新

しい郷土教育」実践を創造した中学校教師が存在していたことも確認することができた。

　以上のように，本章における杉崎実践の事例についての検討を通じて，1950年代の中学校における「新しい郷土教育」実践の特質に関する知見を深めることができたことが本章の成果である。

注

（1）廣田真紀子「郷土教育全国協議会の歴史─生成期1950年代の活動の特徴とその要因─」東京都立大学『教育科学研究』第18号，2001年，33頁。

（2）杉崎章による「新しい郷土教育」実践は，「知多半島における郷土教育の実践」愛知県教育委員会編『教育愛知』第11号，1954年11月や，「考古学と郷土教育　実践例Ⅱ　中学校の部」和島誠一編『日本考古学講座　第1巻』河出書房，1955年において報告されている。なお，杉崎による「考古学と郷土教育」について論及している先行研究は，以下のものがある。西川宏「学校教育と考古学」『岩波講座　日本考古学7─現代と考古学』岩波書店，1986年。山下勝年「敷波の寄せる半島1」知多古文化研究会編『知多古文化研究9』知多古文化研究会，1995年。斎藤嘉彦「歴史教育郷土教育のあり方を求めて─杉崎章さんの教育実践から学んだこと─」知多古文化研究会編『知多古文化研究10』知多古文化研究会，1996年。大橋勤「郷土史学習」『愛知県における考古学の発達』親和プリント，2005年。白井克尚「中学校における歴史研究と歴史学習の協働に関する史的考察─愛知県横須賀中学校『郷土クラブ』の実践の分析を通して─」愛知教育大学歴史学会『歴史研究』第57号，2011年。しかし，中学校における「新しい郷土教育」実践としての位置づけのもとに，論じているわけではない。

（3）前掲，西川宏「学校教育と考古学」，186頁。

（4）郷土全協事務局『戦後郷土教育の歩み』自費出版，1966年，1頁。

（5）村田徹也『戦後愛知の民間教育研究運動の歩み』風媒社，2006年，32～51頁。

（6）香村克己『戦後愛知の教育運動史─地域から綴る運動と教師群像─』風媒社，2006年，81～84頁。

（7）前掲，西川宏「学校教育と考古学」，187頁。

（8）大橋勤『愛知県における考古学の発達』親和プリント，2005年，26～31頁。

（9）杉崎章『常滑の窯』学生社，1970年，10頁。

（10）「序」文中の杉崎の発言より（愛知県知多郡横須賀町立横須賀中学校長・阪野弥生著，

白菊文化研究所『権現山古窯址』白菊文化研究所 第二集，1965年。）

(11)杉崎章『常滑の窯』学生社，1970年，10頁。

(12)同前，11頁。なお杉崎は，この大会への参加が機縁となり，当時の郷土全協の会長であった周郷博より，「考古学と郷土教育　実践例Ⅱ　中学校の部」の原稿指導を受けることになったという。

(13)杉崎章「知多半島における郷土教育の実践」愛知県教育委員会編『教育愛知』第11号，1954年11月，29～33頁。

(14)杉崎章「考古学と郷土教育（懇談）」瓜郷遺跡発掘調査会編『野帳』第二期第三冊，1958年7月，24頁。

(15)元横須賀中学校郷土クラブ員・北川元志郎氏からのインタビュー記録より（2013年2月23日に，知多市歴史民俗博物館において聴取した）。

(16)杉崎章「考古学と郷土教育　実践例Ⅱ　中学校の部」和島誠一編『日本考古学講座　第1巻』河出書房，1955年，268頁。

(17)佐藤伸雄『戦後歴史教育論』青木書店，1976年，75頁。

(18)前掲，西川宏「学校教育と考古学」，188頁。

(19)磯田一雄「学習指導要領の内容的検討（2）」肥田野直・稲垣忠彦編『教育課程（総論）〈戦後日本の教育改革　第6巻〉』東京大学出版会，1971年，459頁。

(20)横須賀町史編集委員会編『横須賀町史』横須賀町，1969年，767頁。

(21)1950年代における「新しい郷土教育」実践が，「郷土」の現実的問題の解決をめざすための学習をめざしていたということは，相川日出雄実践にも通じる点であった。相川実践の小学校における歴史授業構成の特質については，小原友行が詳細な分析を通して明らかにしている（小原友行「小学校における歴史授業構成について―相川日出雄『新しい地歴教育』の場合―」広島史学研究会『史学研究』第137号，1977年）。

(22)杉崎章『柳ケ坪貝塚』横須賀中学校，1953年，30頁。

(23)久永春男は，愛知県蒲郡市在住の在野の考古学研究者であり，月の輪古墳発掘運動にも関わった人物であった。池上年は，愛知県在住の考古学協会会員であり，田中稔は，職場において考古学サークルを結成し，継続的に考古学研究を行っていた人物であった。

(24)前掲，杉崎章「考古学と郷土教育　実践例Ⅱ　中学校の部」，269～270頁。

(25)前掲，杉崎章「知多半島における郷土教育の実践」，32頁。

(26)杉崎章「考古学と郷土教育（懇談）」瓜郷遺跡発掘調査会編『野帳』第二期第三冊，1958年7月，22頁。

(27)杉崎章「横須賀町の遺跡―社山古窯―」横須賀町史編集委員会編『横須賀町史　別冊』横須賀町，1956年，9～13頁。

(28)杉崎章「知多半島における先史時代の地形変遷と土地利用」愛知学芸大学歴史学会『歴

史研究』第7号，1974年，339頁。

(29)杉崎章「歴史教育における考古学の役割」『私たちの考古学』第18号，1958年，14頁。

(30)前掲，杉崎章「考古学と郷土教育（懇談)」，24頁。

(31)和島誠一「考古学と郷土教育　あとがき」和島誠一編『日本考古学講座　第1巻』河出
　　書房，1955年，283～284頁。

(32)前掲，廣田真紀子「郷土教育全国協議会の歴史―生成期1950年代の活動の特徴とそ
　　の要因―」，34頁。

表 15　杉崎章による論文・著作リスト

年	年齢	論文名・著作名・出版社・発行年月
1953 (昭和28)	31	『柳が坪貝塚』愛知県知多郡横須賀中学校，1953年4月。
1954 (昭和29)	32	「愛知県知多郡上野町三ツ屋一号墳の子持勾玉について」日本考古学会『考古学雑誌』第42巻第3号，1954年2月。 「知多半島における郷土教育の実践」愛知県教育委員会編『教育愛知』第11号，1954年11月。 『社山古窯発掘調査のあらまし』愛知県知多郡横須賀中学校，1954年。
1955 (昭和30)	33	「実践例 中学校の部 考古学と郷土教育」和島誠一編『日本考古学講座』第1巻，河出書房，1955年。
1956 (昭和31)	34	「愛知県知多郡知多町獅子懸遺跡第4地点調査概要」『瓜郷遺跡発掘調査会編『野帳』第1期第1冊，1956年2月 「知多半島における古代漁村集落の土器」『古代学研究』第15・16号，1956年11月。 「横須賀町の遺跡—社山古窯—」横須賀町史編集委員会編『横須賀町史 別冊』横須賀町，1956年。 『町史資料 八幡のむらのおいたち』八幡町史編纂会，1956年。
1957 (昭和32)	35	杉崎章・伊藤芳彦「黒鍬・玉葱・愛知用水—知多半島における一農村のあゆみ」『歴史地理教育』第30号，1957年10月。 『佐治氏の記録—尾張横須賀町大田—』佐治氏同族会，1957年。
1958 (昭和33)	36	「歴史教育における考古学の役割」『私たちの考古学』第18号，1958年 「考古学と郷土教育（懇談）」瓜郷遺跡発掘調査会編『野帳』第2期第3冊，1958年7月。
1960 (昭和35)	38	清田治・芳賀陽・杉崎章「知多・渥美半島における古代海浜集落」『考古学研究』第27号， 磯部幸男・井関弘太郎・杉崎章『咲畑貝塚』師崎中学校，1960年1月。 『町史資料 巽が丘古窯址』八幡公民館郷土史編纂部，1960年。
1961 (昭和36)	39	「東海地方における古代海浜集落とその墳墓」『日本考古学協会発表要旨』1961年。 「日本考古学協会第27回総会ニュース」瓜郷遺跡発掘調査会編『野帳』通巻第8冊，1961年2月。 「愛知県知多郡東浦町石浜貝塚調査報告」瓜郷遺跡発掘調査会編『野帳』通巻第9冊，1961年12月。 『町史資料 西屋敷貝塚』八幡町史編纂会，1961年。
1962 (昭和37)	40	「尾張国日間賀島下海古窯址の調査」『日本考古学協会発表要旨』1962年。 杉崎章・広瀬栄一・久永春男『愛知県知多郡知多町佐布里加世端第4号窯』白菊古文化研究所，1963年7月。 常滑市教育委員会編『石瀬貝塚』常滑市教育委員会，1962年。
1963 (昭和38)	41	『加世端第四号窯』白菊古文化研究所，1963年。 瀬戸市教育委員会編『瀬戸市第六遺跡』瀬戸市教育委員会，1963年。

年	年齢	論文名・著作名・出版社・発行年月
1964 (昭和39)	42	「尾張国知多郡横須賀町権現山古窯址の調査」『日本考古学協会発表要旨』1964年。 八幡公民館編『梶廻間古窯』知多町教育委員会，1964年。
1965 (昭和40)	43	「尾張知多万才」愛知県教育委員会編『教育愛知』第12巻第10号，1965年1月。 「三河国篤見皿山古窯址調査概要」『陶説』第143号，1965年2月。 磯部幸男・杉崎章・久永春男「愛知県知多半島南端における縄文文化早期末〜前期初頭の遺跡群」『古代学研究』41合併号，1965年9月。 『愛知県知多郡横須賀町　権現山古窯址』白菊古文化研究所，1965年12月。 愛知県教育委員会編『東禅寺第一・第二号墳（東名高速道路埋蔵文化財調査）』愛知県教育委員会，1965年。 渥美町教育委員会編『皿山古窯址（豊川用水関係遺跡調査報告）』愛知県教育委員会，1965年。 春日井市教育委員会編『高蔵寺ニュータウン遺跡調査（春日井市文化文化財第一集）』春日井教育委員会，1965年。
1966 (昭和41)	44	宮川芳照・磯部幸男・杉崎章「尾張国日間賀島北地古墳群の調査概要」『古代学研究』42・43合併号，1966年3月。 「愛知県知多郡知多町大知山旭大池古窯址群」『日本考古学協会発表要旨』1966年。 瀬戸市教育委員会編『瀬戸市の古窯第1集―平安期―』瀬戸市教育委員会，1966年。
1967 (昭和42)	45	『愛知県半田市椎之木古窯址群』『日本考古学協会発表要旨』1967年。 春日井市教育委員会編『潮見坂古窯址群調査（春日井市文化財第2集）』春日井市教育委員会，1967年。 愛知県教育委員会編『東大寺瓦場古窯址群（渥美半島埋蔵文化財調査）』愛知県教育委員会，1966年。
1968 (昭和43)	46	「西の宮貝塚」『半田市誌　資料編1』愛知県半田市，1968年。 『三河湾・伊勢湾漁撈習俗緊急調査1（漁撈具）』愛知県教育委員会，1968年。 杉崎章編集『原をかたる』土井佐一，1968年。 高木志朗・宮川芳照・杉崎章『上野古墳郡』犬山市教育委員会，1968年。 愛知県教育委員会編『知多半島道路県道半田・南知多公園線遺跡報告』愛知県教育委員会，1968年。
1969 (昭和44)	47	「半田市内の知多窯」『半田市誌　資料編2』愛知県半田市，1969年。 「原始・古代・中世―素稿―」横須賀町史編集委員会編『横須賀町史　本文編』横須賀町，1969年。 『三河湾・伊勢湾漁撈習俗緊急調査2（漁撈具）』愛知県教育委員会，1969年。 『知多町民俗誌―沿岸漁撈・知多木綿―』知多町教育委員会，1969年。 愛知県教育委員会編『知多半島道路埋蔵文化財調査報告』愛知県教育委員会，1969年。 瀬戸市教育委員会編『瀬戸市の古窯第二集―八幡古窯―』瀬戸市教育委員会，1969年。
1970 (昭和45)	48	『常滑の窯』学生社，1970年。 杉崎章編集・主著『近世出かせぎの郷』知多町教育委員会，1970年。 杉崎章編『愛知県知多郡知多町大知山・旭大池古窯址』東海古文化研究会，

年	年齢	論文名・著作名・出版社・発行年月
		1970年。 瀬戸市教育委員会編『菱野団地古窯址群』瀬戸市教育委員会，1970年。 春日井市教育委員会編『潮見坂第4号窯（春日井市文化財第3集）』春日井市教育委員会，1970年。
1971 （昭和46）	49	「伊勢湾・三河湾の漁労具」日本常民文化研究所編『常民文化叢書・民具論集3』，慶友社，1971年。 「原始・古代・中世」『半田市誌 本文編』愛知県半田市，1971年。 「考古資料」『尾張旭市誌』尾張旭市，1971年。 『毘沙クゼ古窯址群』常滑市教育委員会，1971年。 東海市教育委員会編『柳が坪遺跡』東海市教育委員会，1971年。
1972 （昭和47）	50	「知多・渥美半島の土器製塩」『日本考古学協会発表要旨』1972年。 「東海地方における古代海浜集落の文化」愛知学芸大学歴史学会『歴史研究』第10号，1972年。 「妙意寺大般若経」『半田市誌 資料編3』愛知県半田市，1972年。 『奥田製塩遺跡』美浜町教育委員会，1972年。
1973 （昭和48）	51	「考古」『春日井市誌』春日井市，1973年。 『上野5号墳』愛知県犬山市教育委員会，1973年。 『知多古窯址群（日本古代遺跡便覧）』社会思想社，1973年。 『三郎谷西古窯址群』常滑市教育委員会，1973年。 常滑市教育委員会編『柴山古窯址群』常滑市教育委員会，1973年。 武豊町教育委員会編『自然公園第1号窯』武豊町教育委員会，1973年。 東海市教育委員会編『かぶと山遺跡—第一次調査—』東海市教育委員会，1973年。
1974 （昭和49）	52	「知多古窯製品の流通販路と用途」財団法人徳川黎明会『徳川林生史研究所研究紀要—昭48—』1974年3月。 「知多半島における先史時代の地形変遷と土地利用」愛知学芸大学歴史学会『歴史研究』第7号，1974年。 「常滑窯業誌」『常滑市誌 別巻』常滑市，1974年。 『美浜町民俗誌1（藻細工—製品と道具—）』美浜町教育委員会，1974年。 「愛知県犬山市白山平東之宮古墳の調査」『日本考古学協会発表要旨』1974年。 東海市教育委員会編『カブト山遺跡—第2次調査—』東海市教育委員会，1974年。 愛知県教育委員会編『内海鈴が谷古窯址群』愛知県教育委員会，1974年。
1975 （昭和50）	53	『大廻間遺跡』知多市教育委員会，1975年。 『美浜町民俗誌2（野間の千石船）』美浜町教育委員会，1975年。 『窯業民俗資料調査報告2・常滑市（生産関係）』愛知県教育委員会，1975年。 『民具マンスリー（常滑焼の大カメ生産）』7巻12号，常民文化研究所，1975年。 大府市教育委員会編『野々宮古窯発掘調査報告』大府市教育委員会，1975年。
1976 （昭和51）	54	「原始・古代・中世」『常滑市誌 本文編』常滑市，1976年。 『知多市のおいたち』知多青年会議所JCデー特別委員会，1976年9月。 杉崎章編集『森岡のあゆみ』久野幸作，1976年。 小牧市教育委員会編『桃花台ニュータウン遺跡調査報告』小牧市教育委員会，1976年。

年	年齢	論文名・著作名・出版社・発行年月
		南知多町教育委員会編『清水ノ上貝塚』南知多町教育委員会，1976年。
		武豊町教育委員会編『二ツ峯古窯址群』武豊町教育委員会，1976年。
1977 （昭和52）	55	「食酢醸造」『半田市誌　文化財編』愛知県半田市，1977年。
		「常滑窯業誌」『常滑市誌　別巻』常滑市，1977年。
		杉崎章編集『脚下照顧』岩田先生退官記念館公開，1977年。
		東海市教育委員会編『松崎貝塚』東海市教育委員会，1977年。
		美浜町教育委員会編『下高田遺跡』美浜町教育委員会，1977年。
		南知多町教育委員会編『日間賀島の古墳』南知多町教育委員会，1977年。
1978 （昭和53）	56	「近世村絵図総説」『知多市誌　資料編1』知多市，1978年。
		新巽が丘団地遺跡調査団編『福住古窯址群』新巽が丘団地遺跡調査団，1978年。
		常滑市教育委員会編『二ノ田古窯址群』常滑市教育委員会，1978年。
1979 （昭和54）	57	「近世村絵図総説」『武豊町誌　資料編1』武豊町，1979年。
		『法海寺遺跡』知多市教育委員会，1979年。
		南知多町教育委員会編『日間賀島の古墳』南知多町教育委員会，1979年。
		小原池古窯群調査団編『小原池古窯群』小原池古窯群調査団，1979年。
		常滑市教育委員会編『金色東古窯群』常滑市教育委員会，1979年。
1980 （昭和55）	58	「知多の浦の海浜集落」『古代学研究』第94号，1980年10月。
		「尾張・三河の古代海浜集落」愛知県教育委員会編『教育愛知』第28巻第9号，1980年12月。
		「近世村絵図総説」『美浜町誌　資料編1』美浜町，1980年。
		常滑市教育委員会編『清水山古窯址群』常滑市教育委員会，1980年。
		南知多町教育委員会編『先苅貝塚』南知多町教育委員会，1980年。
1981 （昭和56）	59	「中世・民俗」『知多市誌　本文編』知多市，1981年。
		『日間賀島古墳群（探訪日本の古墳）』有斐閣，1981年。
		杉崎章総括・編集『知多半島の民具』知多社会科研究会，1981年。
		常滑市教育委員会編『松渕古窯址群』常滑市教育委員会，1981年。
		常滑市教育委員会編『高坂古窯址群』常滑市教育委員会，1981年。
1982 （昭和57）	60	『細見遺跡』知多市教育委員会，1982年。
		『常滑市・知多市・東海市の歴史（愛知―上巻―）』講談社，1982年。
		『民具マンスリー（大野鍛冶）』15巻2号，常民文化研究所，1982年。
		『中部地方の民具（常滑焼の大がめ）』明玄書房，1982年。
		知多古文化研究会編『三郎谷第1号窯調査報告』常滑市，1982年。
		東海市教育委員会編『中ノ池遺跡群』東海市教育委員会，1982年。
1983 （昭和58）	61	「民俗行事」『半田市誌　祭礼民俗編』愛知県半田市，1983年。
		「考古・民族・祭礼棟札」『常滑市誌　文化財編』常滑市，1983年。
		「有形文化財」『知多市誌　資料編2』知多市，1983年。
		「古地名」『知多市誌　資料編3』知多市，1983年。
		「中世・民俗」『武豊町誌　本文編』武豊町，1983年。
		「中世・民俗」『美浜町誌　本文編』美浜町，1983年。
		杉崎章編集『原山教育への道』杉崎先生退官記念会，1983年。
		杉崎章総括・編集『知多市地名考』知多市教育委員会，1983年。
		常滑市教育委員会編『濁池古窯址群調査報告』常滑市教育委員会，1973年。

年	年齢	論文名・著作名・出版社・発行年月
		常滑市教育委員会編『出発田古窯址群調査報告』常滑市教育委員会，1973 年。 東海市教育委員会編『法秀古窯』東海市教育委員会，1973 年。
1984 （昭和 59）	62	「知多古窯の終末と常滑窯の出現」『常滑市民俗資料館研究紀要』1984 年。 「民俗」『武豊町誌 資料編 2』武豊町，1979 年。 『知多の浦の海浜集落（万葉集の考古学）』筑摩書房，1984 年。 杉崎章総括・編集『常滑市域の神社棟札調査』常滑市教育委員会，1984 年。 知多市教育委員会編『細見遺跡―第二次調査報告―』知多市教育委員会，1984 年。 東海市教育委員会編『松崎貝塚―第二次発掘調査―』東海市教育委員会，1984 年。 武豊町教育委員会編『山崎古墳』武豊町教育委員会，1984 年。
1985 （昭和 60）	63	「民俗」『美浜町誌 資料編 2』美浜町，1985 年。
1988 （昭和 63）	66	杉崎章・村田正雄『常滑窯』名著出版，1988 年。
1989 （平成元）	67	杉崎章・石川玉紀監修『西知多いまむかし』名古屋郷土出版会，1989 年。
1995 （平成 7）	73	6 月 19 日逝去。

出所：「杉崎章年譜」『知多古文化研究 1―杉崎章先生退官記念論文集』ぎょうせい，1984 年，184 ～ 187 頁を
　　　参考にして筆者作成。※共著・短報・編集についても掲載した。

第5章
地域運動と結びついた「新しい郷土教育」実践の創造

第1節　本章の課題

　第5章では，岡山県・月の輪古墳発掘運動の中で取り組まれていた岡山県英田郡（現美作市）福本中学校の中村一哉による「新しい郷土教育」実践の事例を取り上げ，その特質について考察する。

　周知のように，月の輪古墳発掘運動は，1950年代の国民的歴史学運動の一環として，考古学分野において取り組まれたものである。これまで，月の輪古墳発掘運動の教育的側面については，主に歴史教育論についての研究[1]を中心に進められてきた。ところで，この岡山県・月の輪古墳の近隣に位置していた福本中学校の教師であった中村が，戦後の郷土教育運動の一環として，「新しい郷土教育」実践に取り組んでいたことはあまり知られていない。

　月の輪古墳発掘運動の中の教育実践について論及している先行研究として，小国（2003）による研究をあげることができる。小国は，月の輪古墳発掘運動の中の教育活動に着目し，文集『月の輪教室』の中の教師たちの手記や生徒による生活綴方の分析を通して，「民族の歴史」という歴史認識の枠組みを明らかにしている[2]。しかし，小国の研究では，月の輪古墳発掘運動の中の教育実践の実態について，必ずしも焦点を当てて論じているわけではない。そのため，教師たちによっていかなる教育活動が取り組まれていたのか，また生徒たちはどういった学習活動を展開していたのか，そのような教育実践レベルでの実態については，検討されていない[3]。

　そこで，本章では，1950年代における戦後の郷土教育運動の地域的展開

について，岡山県・月の輪古墳発掘運動の中で，中村一哉によって取り組まれた郷土教育実践を事例として取り上げ，その特質について検討する。

第2節　中村一哉による「新しい郷土教育」実践への着手

（1）月の輪古墳発掘運動の中の福本中学校

　月の輪古墳発掘運動の中の教育活動の概要については，小国による先行研究に学ぶところが多い。そこで，本稿では，その中の教育実践の展開に関わる事項に絞って述べておきたい。

　岡山県・月の輪古墳発掘運動とは，1953年の8月から11月にわたり，勝田郡飯岡村（現・久米郡美咲町）にあった月の輪古墳が，地元の多くの住民たちにより発掘された運動のことである。この運動は，国民的歴史学運動の一環として，考古学分野で取り組まれた活動として位置づけられている[4]。一つの地域をたんねんに研究するという活動が生じた背景には，当時の「国民的歴史学運動」という思想的動向があったと考えられる[5]。

　また，1951年7月に告示された『中学校学習指導要領・社会科編日本史C（案）』の第一単元においては，「遺物や遺跡を見学・調査し，歴史を科学的に取り扱おうとする習慣・技能」を身につけることによって，「神話や伝説を正しく批判する態度」を養うとする視点が示されていた。このような戦後社会科教育の考え方に賛同したのが岡山県英田郡福本中学校の校長の岩本貞一と教頭の重歳政雄であった。岩本は，岡山大学の近藤義郎に月の輪古墳を紹介した人物であり，重歳は，日本歴史学習の単元構成や学習に，教科書『日本の成長』[6]を利用しながら教育実践に取り組んでいた人物であった。福本中学校では，戦後早くから研究指定を受けて積極的に社会科教育に取り組み，度々自主的な研究会を開くなど，地域の学校の中心的存在として知られていたという[7]。

　表16は，1950年代における福本中学校の教師たちによる教育実践に関連する年譜を示したものである。この表からは，福本中学校の教師たちによる郷土史研究や教育実践が，発掘運動の進展とともに展開されていたことがわ

表16　福本中学校における「新しい郷土教育」実践の展開・関連年譜

年	福本中学校の教師たちの取り組み	関連する出来事
1951 (昭和26)	1月　重歳政雄「日本の成長を利用して」『社会科歴史』No.1（1） 4月　郷土研究クラブの活動を始める。	7月1日　『中学校学習指導要領社会科編（試案）』が発表される。
1952 (昭和27)	11月　中村一哉手記「みんなで，みんなのために」	3月1日　近藤義郎編『佐良山古墳群の研究』（津山市）が刊行される。 11月14日　福本中学校・岩本貞一，重歳政雄，岡山大学・近藤義郎，飯岡村教育委員会・角南文雄らが訪れ，月の輪古墳の第一回踏査が行われる。
1953 (昭和28)	2月　中村一哉手記「準備のための共同研究」 5月　重歳政雄「社会科日本史 研究会記録」『社会科歴史』No.3（5） 6月　中村一哉「郷土史研究グループ実践の素描」『社会科歴史』No.3（6） 7月　中村一哉手記「いっしょに学んでいくのには」 9月　学校の新学期が始まり，生徒の自主的参加は，放課後と日曜日に行われる。福本中学校では，教師たちの討議によって，発掘現場への参加計画が社会科の授業の一環として再編される。 10月　中村一哉手記「子供の成長を軸として」 10月　中村一哉手記「見学案内書をつくる」 10月　中村一哉手記「古墳は動いている」 10月　「野井戸」の朗読指導を行う。 11月　中村一哉手記「月の輪のひろがり」 11月　郷土研究クラブが和島誠一指導により，約10日間，福本中学校裏のタタラ遺跡の発掘調査を行う。 12月　中村一哉「封建社会の農村の実態」『社会科歴史』No.3（12） 12月　中村一哉手記「教師としての反省」 12月　中村一哉手記「月の輪の子ら」	1月28日　飯岡村文化財保護同好会が結成される。 5月5日　月の輪古墳の発掘を決定する。 8月15日　発掘調査が開始される。 9月上旬　和島誠一，久永春男が加わる。 9月26日　古墳斜面の調査の一段落とともに墳頂部の調査が開始される。 10月16日　内部主体の発掘に取りかかる。 10月27日　三笠宮崇仁が訪れる。 11月14日　発掘の総括的な報告と発掘運動の経過報告をかねた総会が開かれ，700人近い参加者がある。 12月31日　最終的点検，発掘終了。
1954 (昭和29)	1月　中村一哉手記「郷土研究をすすめるために」 2月　中村一哉手記「噴煙となって」 2月　重歳政雄「月の輪古墳と村の歴史をつくる運動」『地方史研究』No.11 3月　重歳政雄・中村一哉「月の輪への道―新しい郷土観をはぐくむ―」『歴史評論』No.53	1月中旬　記録映画『月の輪古墳』（北星映画）が完成する。 3月1日「月の輪古墳と国民的課題」が『歴史評論』No.53，において特集される。

年	福本中学校の教師たちの取り組み	関連する出来事
	6月　中村一哉「月の輪古墳と福本扇状地の研究」『郷土教育月報』No.6 8月　中村一哉「夏休みの郷土史研究実践の報告」『社会科歴史』No.4（6） 8月　中村一哉「夏休みの郷土史研究　実践の報告」『社会科歴史』No.4（6） 8月　中村一哉が郷土教育第三回研究大会（お茶の水女子大学）において実践報告を行う。 9月　中村一哉「事実から真実を」『私たちの考古学』No.2 11月　中村一哉「月の輪古墳　発掘の仕事のなかから」『教師の友』No.4	4月1日　「古ふんをつくった人々」が、小学校社会科教科書『あかるい社会』4年上（中教出版）に掲載される。 6月9日　文部省による記録映画『月の輪古墳』の推薦撤回問題が起こる。 7月26日　月の輪古墳刊行会編『月の輪教室』（理論社）が刊行される。 9月1日　「月の輪古墳」が『吉備地方史』No.8において特集される。
1955 （昭和30）	3月　中村一哉「社会科と考古学的方法について」『私たちの考古学』No.4	
1960 （昭和35）		11月1日　近藤義郎編『月の輪古墳』月の輪古墳刊行会，が刊行される。

出所：近藤義郎「発掘の経過」近藤義郎編『月の輪古墳』月の輪古墳刊行会，1960年，401～417頁。中村一哉「月の輪教室」美備郷土文化の会・理論社編集部編『月の輪教室』理論社，1954年，8～71頁より教育実践の事実を中心に筆者作成。

かる[8]。

　そして，同校の社会科教師であった中村一哉は，月の輪古墳の発掘調査以前の1951年度より，校内に郷土室をつくり，郷土誌や資料を集めて郷土の調査活動を行っていたという[9]。つまり，福本中学校の教師たちは，郷土史研究を活用した社会科歴史教育に関心をもっており，郷土史研究にすすんで取り組んでいたのである。

（2）月の輪古墳発掘運動の中の「新しい郷土教育」実践

　福本中学校の教師たちの中でも，郷土研究クラブの中心的指導者であった中村一哉は，1950年代において，「郷土」をふまえる社会科歴史教育のありかたを模索していた教師であった。中村は，郷土研究クラブの活動成果を，社会科歴史教育において活用しようとしてクラブ活動の運営を行っていた。その中村にとっての教育観の転換の契機となった出来事が，月の輪古墳発掘

運動への参加の経験であったという。中村は，その経験について，次のように振り返っている。

　　郷土史研究グループの活動が社会科学習の中に生きてこなければならないのにちぐはぐになってしまいます。私の反省はいつもそこに帰着する。この誤った行き方をはっきりと自覚させ，真に新しい道のあることを示唆してくれたのは，数千人の大衆が，大衆自身のために積極的に参加してつづけた古墳月の輪の発掘という大渦巻であった。すすんで古墳の発掘に参加し，古墳を学び，古墳で学んだ子供達は具体的な事物の中に，何が真実であるかという問題意識を育くみ，活々と瞳を光らせた。[10]

　このように中村は，月の輪古墳発掘運動の参加の経験を通して，共に参加していた郷土研究クラブの生徒たちが問題意識をもちながら歴史を学んでいく姿に教育的な意義を認めていく。また，そうした中村の考えを補強したのが，当時の郷土全協の指導者であった桑原正雄による「新しい郷土教育」論であった。当時の桑原は，「生活の中から真実をつかみ，郷土を変えていく子供を作る」[11]といった「新しい郷土教育」の考え方を主張しており，それは社会科歴史教育において郷土史研究を位置づけようとするものであった。中村は，桑原との印象的な出会いについて，次のように振り返って述べている。

　　そういう中に初めて，教師だけの集いをもったのは，「郷土教育の会」の桑原氏を迎えた夜のことだった。月の輪で働く教師のみが集まった淋しい会であった。もっと早く，発掘以前からもつべき会であった。（中略）教師自身が，互いの立場を理解し合い，広場をつくって立ち上がろう，そういう話合いで私達は『月の輪教師の会』をつくった。[12]

　このように，中村は，桑原と出会ったことを契機として「月の輪教師の会」をつくり，「新しい郷土教育」実践にすすんで取り組んでいったことを印象的に振り返っている。そして，中村は，郷土研究クラブの生徒たちと取り組んだ「郷土研究」の実践を通じて，「新しい郷土教育」実践への手応えを，次のように感じていくのである。

　私共は，知識の科学性という事と同時に，指導の科学的方法がとられてこそ，新しい郷土教育が前進するものである事を，はっきりと知ったわけである。それまでは，博識の郷土史家に全く頭の上らぬ思いをしてきた私も，こうして子供達といっしょに，考えながら土器を拾い，子供達の自由活発な動きの中で調査をしていくと，決して博識だけでは正しい歴史はつくられず，歴史教育とはなり得ないという事を，感じとるようになった。[13]

　こうして中村は，1950年代における戦後の郷土教育運動を，岡山県英田郡福本村という地域において新しい郷土教育実践を通じて推進していたのである。中村は，1954年8月に東京都・お茶の水女子大学において開催された第3回郷土教育研究大会に報告者として登壇し，月の輪古墳発掘運動の中の「新しい郷土教育」実践について発表を行っている。このような事実からも中村は，1950年代における郷土全協における実践家を代表する教師であったといってよい。

　では，そのような形で取り組まれることとなった月の輪古墳発掘運動の中の「新しい郷土教育」実践は，岡山県英田郡という地域において，当時の社会的歴史的課題とどのように結びつき，生徒たちにとってどのような学習活動として組織されていたのであろうか。

　以下，月の輪古墳発掘運動の中の中村一哉による「新しい郷土教育」実践の実態を解明し，1950年代における戦後の郷土教育運動の地域的展開の特質について考察していくこととしたい。

第3節　郷土研究を活用した教材研究

（1）地域教材の自主編纂活動と結びついたフィールド・ワーク

　当時の中村は，月の輪古墳発掘運動以前より，社会科歴史学習における研究問題解決的な単元学習のあり方を模索していた。そして，郷土研究クラブの運営を通して，地域教材の自主編纂活動に取り組んでいたのである。中村による郷土研究クラブを主体とした最初の代表的な取り組みが，「福本扇状地の研究」実践[14]であった。表17に示したのは，その実践の展開である。

表17　郷土研究クラブによる「福本扇状地の研究」の展開

段階	教師の指示・発問・説明	学習活動・学習内容
第1次	・古墳とは何か―。外にはないのか。なぜあんな大きいものをつくったのか。古墳の近くから土器のかけらが出るがあれは何か。いつ頃造られたものなのか―。興味から出発する疑問。その疑問に答えるための活動を行わせる。	・それじゃ，地図と年表をもち，ノートと巻尺と小さな土かきのこてをもっていこうじゃないか，いってみよう。
第2次	・何か土器の破片はころがっていないか。 ・集まったものを分けてみる。 ・それでは古墳のしくみをしらべよう。 ・石のつみ方，石の大きさ，石の種類，粘土の使用をくわしく調べてみよう。 ・20年程昔，ここをほりかえしていろんな物を掘り出したんだ。直刀が出た。鏡が出た。陶棺が出，埴輪が出土したという話だ。残念ながら，学問的な良心で掘られていないため，みんなちりぢりになってしまったんだ，おしいことだ。 ・いや，盗掘してなかったら，その頃の事がくわしく判るだろう。おしいことだ。 ・今度は外を削ってみよう。盛土はどこからか。 ・さあ，天井石の上に立とう。そうして辺りを見わたそう。 ・昔はあの平野の中を流れている川もずっと向こうの山すそを流れていたんだ。地図でどの位あるか，面積を測ってごらん。古墳はあの山のふもとにある。この丘あの畑と点々とあって，この平野だけでも40近くあるんだ。けれどもこんなに大きくはないんだ。 ・どうしてここだけこんなに大きいのだろう。 ・まてまて。年表で見ると古墳時代は何年位つづいているかな。原始時代縄文時代―から弥生時代―それから古墳時代だね。いまから何年位昔なのか―この時代は4百年もつづいているね。4百年。短い年じゃないぞ。ところで奈良県―大和地方についで，この岡山県吉備地方は多いのだ。岡山県だけで1万はあるという。その中の9割以上は，4百年の終りの方なのだ。後期のものだね。ここでも後期のものがだんぜ	・ある日の午後，希望者の何人かが，学校の近くの一番大きい古墳（筆者注：丸山古墳）に集まっている。 ・ある，ある。もっとさがしてみろ。 ・青いうすいかけら須恵器，赤くてもろいかけら土師器，その中でもぶ厚いかけら。陶棺の破片。型の小さいものは―埴輪。 ・横穴の口に立つ。 ・高さ，奥行き巾をはかって記入。 ・たいして役に立たんだろ。 ・歩いてみる。盛土の高さ，長さ直径方角は，つぎつぎに記入していく。 ・えらい人がいたんだ。その人の墓がここなんだ。

段階	教師の指示・発問・説明	学習活動・学習内容
	ん多い。しかしこの古墳は中期のものなんだ。このずっと奥には，堅穴の中期でも早い頃のものがある。中期と後期とどんなに違うか。なぜ古い時代のものが少ないのか。これは一つ帰ってから考えてみよう。 ・ところでこれだけの古墳をつくるのにどれだけの人夫がかかっただろうか。それを計算してみるのもおもしろいぞ。なぜかってそれだけの労働力—奴れい—をつかう豪族がここに住んでいたから。そうしてどのくらいの人がここにすんでいたか。考えつけるじゃないか。	
第3次	・室内での調査を行わせる。	・土をつくり，発見した順に地図に記入していく。年表に記入していく。 ・出土品の原型を考え，用途をしらべる。 ・その頃の人々はどんな生活をしていたか調べたり考えたりする。 ・川のうつりかわり，地形の変化，集落の変動等を調べる。 ・次に実地踏査すべき古墳について，かつての発掘のもようをたずねる。
第4次	・土地の成り立ちの調査を行わせる。	・簡易測図をつくりながら岩をしらべ，地形を観察する。 ・荒れかけた畑の中に，山麓の野井戸の中に，土地の成立条件を求めつつも，祖先が歩いてきた歴史の足跡をたずねて今の自分達の生活と対比する。 ・地下水を測り，沖積地をしらべ，水害と水の利用を話し合いつつ，土地の動きと人の生活とを結び付けて調査をすすめていく。

出所：中村一哉「郷土史研究グループ　実践の素描」『社会科歴史』No. 3（6），1953 年 6 月，24 ～ 25 頁。
　　　中村一哉「月の輪古墳の発掘と福本扇状地の研究」『郷土教育月報』No. 6，郷土全協事務局発行，1954
　　　年 6 月，5 ～ 6 頁より教育実践の事実を中心に筆者作成。

　本実践の特質として，以下の二点を指摘することができる。

　一点目は，「古墳とは何か」「何か土器の破片はころがってないか」というように生徒たちの興味にもとづいて，郷土研究クラブを主体としたフィールド・ワークが計画的に行われていることである。1951 年度に公示された『中

学校学習指導要領』では，全ての生徒に対して毎週2〜5時間ずつの特別教育活動の時間が課され，時間配当に関する限りでは特別教育活動の「黄金時代」[15]であったという。この特別教育活動の時間を利用して，中村は，生徒と共にフィールド・ワークを行っていたのである。すなわち，郷土研究クラブのフィールド・ワークの活動は，福本中学校の教師たちによる地域教材の自主編纂活動[16]と結びついていたと考えられる。

　二点目は，フィールド・ワークや室内での調査を通して，「川のうつりかわり」，「地形の変化」，「集落の変動」などの福本扇状地の地理的・歴史的特質を生徒たちがすすんで捉えようとしている点である。それは，生徒たちの問題意識にもとづいた主体的な調査活動が組織されたためであったと考えられる。中村は，この「福本扇状地の研究」について次のように振り返って述べている。

　　「いたずらに多くのものに目を奪われず，物事の本質をみぬき，現実の社会を前進させようとするもとの力をもった子たちを」という私のねがいは福本扇状地の研究でありましたが，それは又以上述べてきたところの郷土教育的方法であると思っています。[17]

　このように中村は，「福本扇状地の研究」の実践について，当時，郷土全協が主張していた「郷土教育的方法」[18]を活用した典型的な教育実践であったと位置づけているのである。そして，その実践の展開過程では，生徒たちによって主体的な郷土の認識がめざされ，フィールド・ワークを活用していたところに教育方法面での特質があったといえよう。

　以上のことより，この「福本扇状地の研究」の実践は，福本中学校の教師たちによる地域教材の自主編纂活動と，郷土研究クラブの生徒たちによる調査研究活動とが，フィールド・ワークを通じて結びついていたといえる。そして，「福本扇状地の研究」の実践の中では，「郷土教育的方法」が活用され，主体的な郷土の認識を可能にした実践であったとして捉えてよいだろう。

（2）地域的課題の解決をめざした調査研究活動

　次に中村は，「具体的な身辺の事物を通して問題を見，その中にひそむ真実をたずねあてようとする新しい郷土研究の歩みは古墳の発掘がかなりすんでから始められた」といい，「封建社会の農村の実態の研究」実践[19]に取り組んでいったという。

　生徒たちは，学校近くの旧庄屋の納屋から発見された「文政七（筆者注：1824）年二月当申宗門人別御改帳」「美作国英田郡福本村」という一冊の古文書を丹念に読み取り，性別年齢階層別に整理して，人口構成を明らかにしていった。なお，古文書とは別に村役場世帯別人員簿を借りてきて，昭和27（1952）年の男女別の人口構成も明らかにして比較検討を行っている。そして，この封建社会の農村の実態の研究実践には，「発掘には余り積極的でなかった生徒たちもすすんで参加した」[20]という。

　図5は，生徒たちが作成した福本村の人口構成図である。文政7年の表が棒状型で，昭和27年の表がひょうたん型を示していることが分かる。この表の比較を通して，生徒たちは文政7年の表の各年齢別の変化のない数字を

図5　生徒たちの調べた福本村の人口構成図

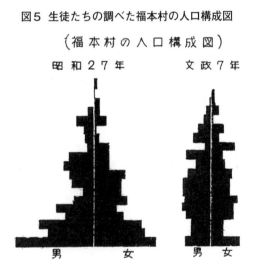

出所：中村一哉「封建社会の農村の実態」『社会科歴史』No. 3 (12)，1953年12月，30頁。

読み取り，過去に福本村において「まびくという人道上の重大な問題」[21]が行われていた歴史的事実を明らかにしていった。そして，「自由なき封建社会の村人の生活の苦しみ」という福本村に残る地域的課題が，現代の生活者である生徒たちに理解されていったのである。

さらに表18に示したものは，「封建社会の農村の実態の研究」の展開である。この表からは，実践の特質として，以下の二点を指摘することができる。

一点目は，「古文書」や「宗門改帳」などの郷土の具体的事物を学習材として，生徒たちが現代につながる労働人口の問題といった地域的課題に眼を向けている点である。中村は，福本村の地域的課題について，「共同作業場で輸出品製作の不安定な作業に従う未亡人やかつての失業者たちは，鉱山労務者に比すれば驚く程の低賃金でかなり苦しい仕事にとりくんでいる。次第に荒らされていく扇状地の畑の中に自分自身の不安がひそんでいないか，村の問題は直接日本の問題とつながって」[22]いるとして捉えていた。当時の福本村の住民の多くは，近くの柵原鉱山に従事していたが[23]，一方で失業者や反失業者，戦争未亡人や困窮者の仕事の確保[24]などといった地域的な問題が顕在化していた時でもあった。そのために，当時の労働人口の問題は，地域的な問題の解決を志向する意識は，生徒たちに共有されていたと思われる。

二点目は，生徒たちが，「村人の生活はまことに不自由極まるものであった」「農民たちの中にも，自ら身分の上下は生じていた」というような「科学的認識」[25]を形成している点である。それは，福本村に残る前近代的な封建的社会関係の克服をめざした認識の仕方であり，現代に生きる生徒たちの生きる姿勢の変革につながる考え方であった。また，そうした「科学的認識」は，月の輪古墳発掘運動に参加した人たちの「民衆による民衆のための歴史」[26]を探究したいという願いと結びついていたように思われる。

以上のことより，「封建社会の農村の研究」の実践は，地域的課題の解決をめざした調査研究活動を通して，生徒たちに農村の労働人口の問題や，封建的社会関係の克服に関心を向けさせ，「科学的認識」の形成を可能にした教育実践であったとして捉えることができる。

表18　郷土研究クラブによる「封建社会の農村の研究」の展開

段階	教師の指示・発問・説明	学習活動・学習内容
第1次	・かつて大庄屋であった田中さんの家に行き，古文書を借りて来て読ませる。 ・古文書『文政7年2月当申宗門人別御改帳・美作国英田郡福本村』の調査を行わせる。 ・性別年齢別に人口を整理していき，人口構成を知らせる。グラフに記入させる。 ・現在の村役場世帯別人員簿を借りてきて同様の作業を並行して行う。	・古文書と現在の戸籍を活用して，農村の人口構成についての比較研究を行う。 ・昭和27年の表は，ひょうたん型。 ・壮年層男子の僅少な点が，現代の農村労働の大問題として関心をよんだ。 ・文政7年の表は，棒状型。 ・各年齢層の変化のない数字から，人口増加の見られぬ原因がどこにあるかが，議論の的となった。封建社会の農村における人口増加の問題は，生まれないのか育たないのか。 ・人口の間引きをしているという事実がわかった。
第2次	・古文書の調査を行わせる。 ・明記された事実から，当時の社会制度や社会生活の状態を生徒自身に発見させる。	・古文書から，封建社会の生活の様子を調べる。 ・宗門寺別戸数の計98，他に無高無門1戸，人口合計412人，別に年齢不明の奉公人15人，姓を名乗りうる者は庄屋の田中1戸のみ，家来3戸，3人組6人組などの制度の存在，庄人と年寄2人とその職務，医師4人は何れも親子組，神宮2人も同じく親子，他はすべて持高をもつ百姓という事実を次々に列挙していく。 ・全村民が旦那寺に従属せしめられ，切支丹信徒ではないという証を明らかにすることを強要された信教の自由は認められなかった村人の生活はまことに不自由極まるものであった。 ・宗門改めを口実に，村にくぎづけにされた人々は，五人組制度による連帯責任を負わされ，年貢米絶対量の負担に日夜営々として土に向かって汗を流さなければならなかった。 ・自分の土地から逃れることも出来ず，職業の世襲下では新しい職を求めて生活の道を切り開くことも許されなかった。農民たちの中にも，自ら身分の上下は生じていた。
第3次	・調べたことをまとめさせる。 ・説明の文は教師が書く。 ・自分達の力で行うよう助言を行う。	・「自由なき村人の生活」と題して紙芝居を創作する。 ・絵は自分たちで書くことについての話し合いを行う。 ・効果音を入れながらテープレコードに吹き込む。

出所：中村一哉「封建社会の農村の実態」『社会科歴史』No. 3 (12)，1953年12月，30～32頁より教育実践の事実を中心に筆者作成。

第4節 社会科歴史教育と生活綴方

（1）月の輪古墳の発掘調査と社会科歴史教育

　以下資料19に，月の輪古墳発掘調査の調査日誌の中から，福本中学校・郷土研究クラブの取り組みの様子が分かる部分について引用する。

資料19　月の輪古墳発調査の調査日誌

１．1952年月11月14日英田郡福本中学校岩本貞一・同重歳政雄・岡山大学近藤義郎・飯岡村教育委員会角南文雄などの一行は，飯岡村の山頂にその所在を伝えられていた大型古墳の確認調査を行った。山頂に到着後ただちに確認された釜の上古墳の大きさに一驚した一行は，まもなく，身の丈を没する草むらの中から月の輪古墳の巨姿に接し，おのずとわが眼をうたがったほどであった。草をかきわけて山頂に立った一行は，その足下に家形埴輪の一片を発見し，顔を見合わせて一しほの興奮をおぼえた。この小さな山間の村にこれほど大きな古墳が！しかもこんな高い山頂にあるとは！確認できた喜びとともに，一行は，村の座談会のためにまっている村役場へと急いだ。(中略)

　人々は「自分達の村の歴史の本当の姿を知ろう」という点で一致した意見をもつようになり，まずできる範囲で，村内の遺跡遺物の現状と分布を調べてみようということがきまった。<u>重歳政雄・中村一哉等の指導する福本中学校の郷土研究クラブでは，従来からの活発な活動を，村人達と共におこなう喜びの中でさらにつめていった。</u>(中略)

　5月5日同好会は事業計画の主要な一環として月の輪古墳の発掘を行うことを決定した。同時に古代から現代までの村の歴史を明らかにする調査研究もあわせておこなうことにした。

２．同好会はまず次のような発掘事業の基本方針をきめた。

　（イ）　今までのような専門研究者本位の発掘でなく，専門研究者の学問的指導の下に，村民が自主的に自分たちの手で発掘をおこなうこと。この発掘を通じて，神がかりの歴史でない日本人の正しい歴史を，広く理解する。

　（ロ）　古墳の発掘が，単に古い過去の事実を調べたり，お国自慢であったりするのでなく，事実の確認の態度と方法の中に，また事実のもつ意味の中に，現在の生活にはねかえる生きた指針をつかむこと。つまり，<u>教師や生徒にとって，社会科教育の一</u>

環としてなされなければならないし，一般の村民にとっても生きた社会教育としてう
けとめられなければならない。

　（ハ）　村人・学者・教師・生徒が一体になって，古墳発掘に結集すること。

3．8月15日午後2時から，総会をかねて発掘式を飯岡小学校講堂においておこな
った。村内外から500名をこえる人々が出席。（中略）発掘は翌16日から開始された
が，7月9日にきまった当初の計画は参加者の熱意と結びついた学問上の要求によっ
て大きく変更され，外部の全面をあらわす計画としてすすめられた。（中略）一方発
掘に直接参加を希望する人々は，同好会を中心に，福本中学・備作高校・林野高校・
和気高校などの生徒や村内外の人々など，数百人に達し，上の計画を実現にうつす条
件にも生じていた。（中略）
　福本中学校の生徒達は，山頂に氷菓や飲み物を運び上げ，作業員や見学者に販売し
て，発掘資金を提供するという創意的な努力をつづけた。城南中学・勝間田高校・勝
央中学・吉岡中学・操山高校・津山高校・津山商業・津山工業・林野中学・湯郷高校
など，近隣の先生生徒の参加が，いれかわり立ちかわり，おこなわれた。生徒達は，
自主的な全体会議をひらき，発掘への協力と歴史の勉強討議を進め，機関紙「歴史」
さえも発行していった。（後略）

4．9月に入り，学校の新学期がはじまり，生徒たちの自主的参加は放課後と日曜日
を除いてはできなくなったが，近隣の学校—福本中学・備作高校・吉岡中学・城南中
学・など—では，先生方の討議によって，現場への参加計画が社会科の授業の一環と
して再編された。勝田郡教組は，郡下の小中学校の先生に毎日2，3名から10数名
ずつ交代で参加するよう呼び掛けた。こうした高まりの中に，組織の主体が飯岡村文
化財保護同好会では不充分であることが指摘され，9月5日の総会において美作南部
備前北部の一帯の同好者を一丸とした「美備郷土文化の会」と名称を改めることにな
った。
　同好会が最初計画した記録映画の製作は，16ミリ1巻か2巻で無声，教材的なも
のを中心にしたものであったが，運動の高まりにつれ，学術的及び教材的な面と発掘
運動の展開を統一した文化映画に変更し，これを広く活用するために35ミリトーキ
ー2巻の本格的な撮影にふみきった。しかしそのために要する資金は，莫大なもので
あった。まず勝田郡教組，英田郡教組などの努力によって県教組中央委員会が参加，
つづいて部落解放岡山県連合会も参加し，飯岡村議会の補助金と共に，一応の見通し
はできあがった。そのためにあらたに映画製作委員会が，美備郷土文化の会として発
展した同好会・県教組・部落解放岡山県連合会・発掘本部・同青年団・同婦人会・勝

田郡教組，英田郡教組・勝田郡婦人会，勝田郡青年協議会などが加わって結成された。映画製作委員会は，専門のシナリオ作家吉見泰や演出家杉山正美，荒井英郎，キャメラマン竜神隆正，川村浩士を中心にシナリオを討議検討し，撮影計画，資金の拡大をつづけ，自主的な映画製作活動という新しいケースを打ち立てる努力をおこなった。映画の製作は，こんどは，発掘運動の前進に驚異的な力をあたえた。すなわち映画製作運動は，こんどは逆に一層広範な人々を組織しはげましていった。

5．9月26日古墳斜面の調査の一段落と共に墳頂部の調査が開始された。（中略）10月4日，中島寿雄によって内部主体の物理探査がおこなわれた。（中略）
　頂部の調査に併行して，10月4日，造り出しに巾50cmの浅いトレンチを設け，造り出し発掘の予察をおこなった。丁度中央の現地表下約20cmの個所に舟形土製品を発見したほか，若干の埴輪片を見出し，また少なくともその土方は盛土によったものであることが認められた。（中略）久永春男が指導担当者として造り出し調査の完了まで継続してあたった。

6．頂部施設の取り上げと点検の終了をまって，10月16日，内部主体の発掘にかかった。開始以来2ヶ月目のことであった。

7．発掘の終了目標を11月14日とし，それまでに主要な調査目標を終了させ，それ以降は，会の調査班として発掘本部の機構を少し継続する。いわば，全体の非常体制から常時体制へと移行するという方法がきまった。10月25日夜，各部落は懇談会をもち，発掘本部，委員会の主だった人々は手わけして出席，現状と今後の計画を報告し，一層の支持を訴えた。次いで翌26日は，発掘を一旦中止し，説明係数名をのぞいて，委員会・発掘本部・映画班の全員は，2，3名ずつにわかれて，周辺の町村にでかけ，あるいは小中学校へ洋裁学校へあるいは地教委・役場・婦人会へ，またあるものは柵原鉱業所・労組へ，発掘の現状報告と，危機の克服を訴えた。特に学校では，それぞれの郷土教育活動の援助を行うという方向をとった。それはその後，講演会，懇談会など様々な形で継続され，福本中学校裏のタタラ発掘，湯郷池の奥の古窯址の発掘，周匝山方のフィールドワーク，勝間田植月のフィールドなどを導いていった。
（後略）

8．発掘の重要部分についてのおよその調査が終了した11月14日，予定通り，発掘の総括的な報告と経過報告をかねた総会が，700人近い人々の参加をえてひらかれ，運動としての非常体制の終結が決定された。本日をもって，参加者は1万，見学者は

約3万人に達した。総会ではさらに，この日からはじめられた福本中学校裏のタタラ
発掘など周辺一帯の調査をふくめて，月の輪のだめ押し調査の計画が検討され，発掘
本部を縮小した上で継続させることになった。（後略）

9．タタラ跡の発掘は，周辺調査の一環として，企画され庄司久孝及び和島があたり，
福本中学校の先生・生徒と共に，約10日間にわたっておこなわれた。（中略）
　発掘の全面的な終了と映画の撮影の事業は，ようやく完成に近づいた。12月31日，
雪のふりつもる月の輪古墳で，最終的な点検がなされ，長期で困難だった発掘に終止
符をうった。

出所：近藤義郎「発掘の経過」近藤義郎編『月の輪古墳』月の輪古墳刊行会，1960年，401～417頁より，発
　　　掘調査の事実を中心に筆者作成。下線部は，「新しい郷土教育」実践に関連する部分。

　この月の輪古墳の発掘調査の活動について，中村は，「何よりもの収穫は，
郷土の正しい歴史事実をみんなで知った事だった。がもっと大切なことは，
科学とは何かを，多くの人が身をもって学びとった事であった」(27)と捉え
ていた。そのような認識から，中村は，生徒たちと共に月の輪古墳の発掘調
査の仕事に取り組んでいたのである。さらに，中村における教育観の変容に
焦点を当てて，その意義を論ずれば，以下のような事実が中村によって語ら
れている。

　古墳の発掘は確かにその人間を変えた。今まで働くことに何の感興も持たなか
った人間が，なぜ働くのかと考え出し，何でも人のいう事には反対するという男
が，人の意見に耳を傾けだした。文など到底かけないと諦めていた私が，ともか
くも誰にでも判ってもらいたいという気持ちをもちつづけて書くことに熱心にな
ったのも，今迄の教師という職の上にあぐらをかいて安住していた気持ちから，
子供と共に村の人々と共に，物を考えていこうとするようになった人間的変革が，
あるいはそうさせたのかも知れない。(28)

　このように，中村における月の輪古墳発掘の活動の意義には，教育観の変
容も含めた，「人間的変革」があったと捉えることができる。
　また，岡山県・月の輪古墳の発掘調査の活動自体は，社会科教材映画(29)

として教材化され，全国的にも注目を集めることとなった。そして，小学校社会科教科書『新版 あかるい社会四年上』(中教出版, 1955 年度版) には，「(二) こふんをつくった人びと岡山県の『月の輪こふん』」の項目が割かれ，「郷土」の歴史を明らかにしようとする人びとの姿が記述された。そのことには，教育史的な意義もあろう[30]。

　しかし，報告書『月の輪古墳』(近藤義郎編，月の輪古墳刊行会，1960 年) のあとがきには，次のような課題も記されている。

　　本報告書の中心課題は，考古学的事実と理論化の報告であり，この点，編集言にも述べられているように，成果だけでなく，今後に残された課題を多く含んでいるが，この報告書をもって現段階における総括的な報告とした。反面，教育学的な問題点と教訓が，数多く含まれている月の輪古墳発掘の研究報告書としての本書に，この面からの論文や報告がまったく含まれていない点は，本書の刊行を前にした今となって，大へん惜しまれることである。この面に関しては，『月の輪教室』(理論社刊) が，"新しい歴史教育"の記録として，当時の生々しい情景を躍動的に，じかに伝えている点で重要な報告だといえるが，その後の社会科教育の実践を含めて，早急に整理され体系化されることが重要であると考える。この点，月の輪に参加した多数の教師の念願ではなかろうか。[31]

　このような課題に応えるためには，月の輪古墳の発掘調査の意義について，社会科歴史教育の一環として取り組まれていた事実も含めて，より総合的な検討が必要になるだろう。

　さらに，発掘運動の進展と並行して福本中学校の教師たちは，「新しい教育のあり方」としての社会科教育の指導に熱心に取り組んでいた。そして，「社会科指導の尊い経験と資料の集積は教師と生徒のたゆまぬ努力によってなされて行った」[32]という。

　そのような過程の中で行われたのが，1953 年 2 月 4 日に実施された社会科日本史授業「鎌倉時代の新仏教」の実践である。表 19 には，実践の展開を示した。

　本社会科歴史授業の特質については，以下の二点を指摘することができる。

表 19　社会科日本史授業「鎌倉時代の新仏教」の展開

段階	教師の指示・発問・説明	学習内容・学習活動
導入	・今日は時間が足りないので，1 班から順に発表，後でまとめて私が議長でディスカッションします。各班は能率をあげて発表して下さい。	・生徒の班別発表 （1 班）生徒は日曜日登校し，1 万分の 1 の学区内の地図へ，教室の後方からでも分かる地蔵様の分布図を作成しこれで発表。 （a）この地蔵様は子どものヨーダレが出なくなるよう信仰されています。（b）これも同じ。（c）これは昭和の初め建てられたもので，この川で自殺した人が極楽へ行けるよう家の人が建てました。（以下略） （2 班）郷土の偉人法然について，小黒板に要点を記入してこれで発表。法然上人源空は 1132 年美作国久米郡に生れ，15 歳で比叡山に登り，源光というお坊さん更に叡空について勉強し，源光の源，叡空の空の字をもらい，源空といっていました。 （3 班）栄西及び道元，禅宗について 3 人で発表。これも小黒板で説明，特にこの地域の茶の栽培の歴史について。 （4 班）日蓮宗について生徒 3 人が発表。（a）吉が原法経寺を訪ねて（b）日蓮の生い立ちと日蓮宗（c）全国・岡山県・この附近の日蓮宗の寺について。 （5 班）郷土に鎌倉時代の新仏教の寺がどのように分布しているか。（a）2 郡の分布図を作成して発表。英田郡（勝田郡）曹洞宗 0（1）日蓮宗 5（3）浄土宗（1）真宗 8（3）（b）旧仏教の真言宗は，25（17）天台宗（7）合計 49 寺もあり，新しい仏教の寺がわりあいに少ないので，研究して見ました。これは前々から仏教を信仰していたらたやすく改められない，ということと，天台，真言も新仏教に刺激され，だんだんと改められたからだと思いました。（中略）それにしても禅宗ですが，曹洞宗が唯一つということ，郷土の栄西の広めた臨済宗がなぜないか不思議でした。これも私なりの研究ですが，禅宗は鎌倉武士にあつく信仰され郷土の私達の方には多分こられなかったのでしょう。こうしたことが今日禅宗の寺が貧弱で少ないわけであろうと思いました。 （6 班）鎌倉時代と平安時代の仏教の特色（a）平安時代の仏教は，1．祈祷仏教 2．貴族仏教 3．深山で研究し修道した。4．一般の人々と関係が少ない。5．伝道や社会事業にあまり熱心でない。6．仏教芸術とは関係が深い。7．儀式的な仏教であった。（b）鎌倉時代の仏教は，1．大変民衆的。2．布教に熱心であった。3．関東や奥羽，九州へと地方にひろまった。浄土宗→鎌倉，奥羽へ，真宗→関東，北陸，九州へ，禅宗→鎌倉武士（いずれも小黒板で発表）。

段階	教師の指示・発問・説明	学習内容・学習活動
展開	・教師が司会したディスカッションを行う。（残り15分間） ・確かに鎚ですが…よく見てごらん蓮の花だと思いますがね…今一度見学にして解決はあとまわし。 ・私もよい答えは出来ないかもしれない。これは6班の鎌倉時代の仏教の特色とも関係あり。物心のつかない子供の死。親の切ない心持。どうか地蔵様に助けられるよう、子供の冥福を祈る親心として、子供と地蔵さまが関係深いのだと先生は思います。	・生徒は、はいはいと指名してくれと挙手、実に活発である。質問→応答、誰も一生懸命、討議される問題は、1班の調べた村々に建てられている地蔵様に集中される。 ・(c) の地蔵様は手に鎚をもっているが、どういう意味ですか。 ・1班もこれには答えられない。 ・地蔵様は今いろいろと信仰されています。 ・子供と関係深い理由は。 ・1班もいろいろ応答。
終末	・いそいで小黒板に書かれた仏教の宗派、開祖、年代を提示、反復させる。 ・今日はいつものようによくやったが先生ももっと話したいことがある。次は真木山、三重塔を見学してそこで勉強しようと予定していたが今一時間、今日の問題をやってもよい。週当番でみんなの意見をまとめなさい。	・まとめを行う。次の時間又本時の続きとし、新仏教の大要、宗教改革鎌倉時代の仏教の特色について、ディスカッションを実施した。

出所：重歳政雄「社会科日本史　研究会記録」『社会科歴史』No. 3（5）, 1953.5, 28～32頁より教育実践の事実を中心に筆者作成。

　一点目は、地蔵様の分布図の作成や、実際に寺を訪問するなどの調査研究活動が、生徒たちによって取り組まれていることである。授業者の重歳政雄は、「地方史研究こそ本質的な社会科教育の唯一の道です」[33]と考え、地方史研究を活用した社会科授業実践に取り組んでいたのである。重歳は、この授業の指導観として以下の項目をあげている。

　A．指導観
　※　社会の姿というものを正しく見極め、これを正しく発展させる人を教育する、

　その場合，歴史的な観点に立ってものを見ていかねばならない。

※　といって生徒の能力や心理を無視した教育はありえない，しかも生徒の興味に捉われることなく，より高次な学習が指導されなければならない。

※　地方に立脚した歴史教育をもっと真剣に考えさせられる。地方史の究明なくして中央日本史の歴史の認識は生徒には無味乾燥なものであろう。郷土に出発し中央史の学習をなし，また郷土にかえる学習こそ最も大切な学習形態ではなかろうか。而もこれは単なる中央理解のためのものでなく，反対により正しい中央史建設のための地方史と思っている。

※　どの地域でもどの学校でも進められるような教材で授業をすることに決めた。(34)

　この項目からも分かるように，重歳は，生徒によって行われる地方史研究を，生徒の能力や心理の向上に結びつくものとして捉え，授業を行っていたのである。そして，生徒による地方史研究が，どの地域でもどの学校でも展開できることを望んで社会科日本史教育実践に取り組んでいたのである。

　また，中村も，生徒たちによる考古学研究について，次のように考え，社会科歴史授業実践に取り組んでいたことについても述べている。

　破壊の考古学から建設の考古学へ，若い世代の限りない努力は，考古学そのものをひとり前進させたのみでなく，みんなの考えを，とくにまじめな教師や生徒達の考えをしっかりしたものと思うのです。最近の動きが，単なる興味や気まぐれの労力奉仕で終わるのではなく，そしてそれが日常の教育と切り離された存在としてではなしに，あくまでも計画的な教育のつみ重ねの上に立つ教育としての，本当に新しいいのちのめをつちかい，のばすそこぢからのある教育実践でありたいと心からそう願う次第です。(35)

　このように中村は，生徒たちによって考古学研究が行われることが，「そこぢからのある教育実践」を可能にするとして考えていたのである。

　二点目は，地蔵様が建てられた理由についてのディスカッションを通じて，生徒たちが「質問→応答」というように，根拠づけながら論理的に思考している点である。すなわち，重歳は，生徒たちの思考力の育成をめざして社会

科日本史授業実践に取り組んでいたといえる。同じように，中村は，社会科歴史学習を通じた生徒の批判力，思考力の問題について次のように考えていた。

　　事物の直観から批判力，思考力を養う教育に高めていく考古学的な方法が，真にその効果をあげようとするならば，多くの人たちの変革されていない意識の変革に役立つものでなければならぬであろうし，又そのためには，変革されていない意識の立場への理解なくしては，考古学的な研究は単なる遊び事の，うしろ向きのままごと遊びと同じ結果になってしまうのではないかとおもう。[36]

　このように，中村は，考古学的な研究が生徒の批判力，思考力を養うものとして考え，教育実践に取り組んでいたのである。そのように考えていた中村は，後に「系統的な歴史教育が，子供達の生活を通して，感情に訴え，ちえを働かせて教えられてこそ，歴史は現代に生きる人たちになくてはならないものになる」[37] として，小学校からの系統的な歴史教育を主張していくこととなる。

　以上のことから，中村や福本中学校の教師たちは，郷土研究の成果を活用して，社会科歴史授業実践に取り組んでいたことが分かる。なお，社会科授業において，生徒による郷土史研究の成果を活用しようとする教師による教材研究の態度は，1950 年代における「新しい郷土教育」実践の創造過程に関する取り組みに共通する特質であったといえる[38]。

（2）月の輪古墳の発掘調査の中の生活綴方

　また，中村は，生徒による主体的な生活の姿勢を確立していくために，発掘調査を通して，生徒たちに詩や作文を書かせていた。中村は，そのような「歴史教育と生活綴方の結合」という課題との出会いについて，次のように述べている。

　　戦後の社会科歴史教育に情熱的にとり組んでいる重蔵政雄教頭を中核として，歴史教育のあり方を模索していたわたしが，迷った末に到達したのは，生活綴方

教育への道であった。

　きびしい現実を正しく見つめ，未来への確かな夢を育てていく。生活綴方の教育から歴史教育を考えるとき，いままで見過ごしてきた課題が重要な意味をもって迫ってくる。歴史的見方や考え方を学ぶ教科としての歴史はもとより，それを全教育活動のなかで育てていくことが必要であると考えるようになった。具体的事象の奥にひそむ，根源的な本質をみずから求め，それを生きる力とする，そういう人間育成の歴史教育こそ，これからの教育の柱としなければならない。

　歴史クラブから学級活動，そして全校教育へ。やがてそれは全村的な月の輪の発掘運動へ向かって前進していくこととなった。(39)

　つまり，中村は「人間育成の歴史教育」との関連において，「歴史教育と生活綴方の結合」という課題を捉えていたのであった。そして，「きびしい現実を正しく見つめ，未来への確かな夢を育てていく」ために，発掘調査の中での教育方法としての「生活綴方的教育方法」を取り入れていく。生徒たちは，月の輪古墳の発掘調査の作業の中で，ポケットに手帳を忍ばせ，自分の見つけた小さな歴史を書き留めていったという (40)。発掘調査に参加した生徒たちが学習の記録を残すことができた背景には，中村による指導が存在していた。

　資料20，21は，発掘調査の中の生活綴方（詩）の一部を抜粋したものである。引用したものは，発掘調査の中の福本中学校の生徒たちによる生活綴方の取り組みの様子が具体的に現れているものを示した。

　とりわけ，資料20の「道の歌」の詩は，スライド『月の輪古墳』の冒頭に登場するものであるが，この作者・遠藤太郎氏に対して，当時の教え子であった角南勝弘氏は，「中村先生が熱心に作文指導していた」ことを振り返って語ってくれた (41)。また，「書けてしまった詩」という詩のタイトルや「詩が書けていた」「詩はこうして生まれるのですね」という内容からは，生徒たちによる生活綴方に対して，中村が熱心に作文指導を行っていたことを物語っている。

　このように体験したことを克明に綴るという「生活綴方」のあり方は，当時の「生活綴方的教育方法」における「概念くだき」(42) の手法にもとづく

資料20　福本中学校の生徒たちによる月の輪古墳発掘調査の中の生活綴方①

```
　道の歌
誰かが歩いていく　　　　　　　　／　何人かが　ぞろぞろ歩いていく
道　　　　　　　　　　　　　　　／　たった一本の道ではあるけれど
民衆が歩いてきた道は　　　　　　／　もっと細かったかな
いや　　　　　　　　　　　　　　／　何十年何百年たつうちに
道は　　　　　　　　　　　　　　／　今のように太ってきたのだろう
人の　　　　　　　　　　　　　　／　人のちからが
こんなに道をひろくしてきたんだろうな
　　　　　　　　　　　　　　　　　　　　（福本中3年・遠藤太郎）


　書けてしまった詩
先生　　　　　　　　　　　　　　／　詩を作りに古墳へ登った
でも　　　　　　　　　　　　　　／　良い詩が生まれなかった
何故でしょう　　　　　　　　　　／　作業をしなかったからでしょう
いや　　　　　　　　　　　　　　／　毎日働いている先生のすがた
熱心な人々のすがたに　　　　　　／　恐怖して
追　　　　　　　　　　　　　　　／　思った通りに綴ったら
詩が書けていた　　　　　　　　　／　先生
詩はこうして生まれるのですね
　　　　　　　　　　　　　　　　　　　　（福本中3年・是末幸恵）
```

出所：美備郷土文化の会『スライド　月の輪古墳』1954年。「月の輪にのぼって　詩と作文集」『歴史評論』
　　　No.53，1954年3月，55～58頁。

資料21　福本中学校の生徒たちによる月の輪古墳発掘調査の中の生活綴方②

```
　古　墳
円い古墳，なぜ円い　　　　　　　　／月の輪，なぜこの名前を持ったか
この中には何があるか　　　　　　　／　鏡があるか　　刀があるかな
なぞを持って，ねている古墳　　　　　　　（福本中2年・角南智史）


　みんなの手で
飯岡村にある　月の輪古墳　　　　　／　私達は　今日も
息をきらしながら　あの高い山　月の輪古墳で／竹ベラを持って　茶色の土　黄色の土を
おとしていく　　　　　　　　　　　／はにわをみがく　葺石をみがく
```

毎日毎日　みんなの手によって 　　　　／はにわがほりだされる
こんな高い山へ　これだけの 　　　　／はにわがいけられたものだ
これも昔の人の　手によって 　　　／村のおじいさん達も　若い人といっしょに
よわい足を　一歩一歩 　　　　／はにわを持ち　登ってきたのだろうか？
もし私達が　昔の人によように 　　　　／たくさんのはにわを　この高い山へ
持ってあがることが　できるだろうか 　　　／この月の輪古墳も　先生，村の人達の
手によって 　　　　／映画にもなり
自分達の作業した所を 　　　　／自分の目で見
耳で聞くことができる

　　　　　　　　　　　　　　　　（福本中１年・田中康恵）

　こふん
王子の山のこふん 　　　　／　一つ一つ土をはがす
汗が眼に入り　いたい 　　　　／太陽が運動シャツをつきさして
背中がいたい 　　　　／なんべん掘っても
はにわが　ころび出る 　　　　／こんなに埋めたのはだれだろう
ハサミで木の根をほって 　　　　／しゃがんで　竹べらを動かして
私は身体ごと　歴史を勉強する 　　　／それにしてもこんな高いところへ
えらかったろうな

　　　　　　　　　　　　　　　　（福本中１年・豊福恵美子）

　小さな竹ベラ
初めて古墳へ登った時だった。 　　　　／古墳の説明を聞いて
いざこれから掘ろうとした時 　　　　／僕は
小さな　一本の竹ベラを握った。 　　　　／こんな　小さな竹ベラで
こんな大きな月の輪が， 　　　／果して　何日かかったら掘れるだろうか。
古墳と　竹ベラを見くらべて， 　　　　／僕はうんざりした。
この小さな竹ベラには 　　　　／何か大きな責任がある。
　　　＊ 　　　　　　　　　＊
真夏の暑い　太陽の光を 　　　　／麦わら帽子でさけながら
ただ，ただ一心に　竹ベラを動かした， 　　　　／隣の友達と　顔を見合わせて
何も言わずに 　　　　／ただ　ニッコリ笑っただけで
又一心に竹ベラを動かした。

　　　　　　　　　　　　　　　　（福本中３年・中村立己）

　とうぐわをふるつて
一生懸命でくわを動かしている人 　　　　／竹ベラを動かしている人

僕等は重いとうぐわをふる　　　／木の根木の株を取りながら
一くわ一くわと力をこめて　　　／背すじを汗が流れる
所々ではにわが出る　　　　　　／こしの手ぬぐいは汗くさくなる
この太陽の下でとうぐわをふるとは　／普段ならなげだすところだ
僕は必死にがんばった歯をくいしばって。　／一人一人とへっていく
負けてたまるか　皆んなの気持はおなじだ／太陽に力をうばわれたようにふるくわには
力が少しずつ増して来るのを感じた。　　　　　　　　（福本中3年・柳沢俊秀）

　作備盆地
さくび盆地・・・・　　　　　　／　いい名だろ
ぼくたちがつけたんだよ　　　　／　いい名だろ
だから　先生もうれしいんだろ　／　さくび盆地は　ぼくたちの村だ
大きな古墳があるんだ　　　　　／　古生層の山もあるんだ
古い古い歴史もあるんだ　　　　／　苦しい生活がながくつづいてきたんだと
先生がいってきかせてくれたんだ　／　縄文式土器を　昨日
子どもが見つけたんだ　　　　　／　三角台の平板で
測量しているんだ　　　　　　　／　村があるいているんだな
ぼくたちはそれを追いかけているんだよ　　　　　　（福本中1年・赤畠　潤）

　古墳よお前は
草木の茂った山　これが古墳と言う物か　／木を切り　草をかり取る
大勢の人々の力で　土をはぎ　　　　／葺石　ハニワを掘り出した，
我々は　古墳をサンパツしている，　／すると　古墳らしいすがたを現わした，
その時　私は何か言った，　　　　　／古墳よ　一人前にしてやったよ，
立派になったぞ　目を開いてみたまえ　／何千年間　お前は眠っていたね，
さあ　早く起きなさいよ，　　　　　／大昔　お前が生れた時
そして　お前はいつ眠ったのだ　　　／古墳よ　目をさますのだ
お前のみじめなすがた　　　　　　　／眠っていた間
お前は　何物かに流されたのだ　　　／古墳よ　目がさめたかね，
では　我々と話そうよ，　　　　／お前の生れた時の歴史を　私に語ってくれ
大昔の歴史をほこりにして，　　　　／そして　お前は語ってくれるのだ，
古墳よ　平和な日本が生れるぞ。　　　　　　　　　（福本中3年・是末幸恵）

　近藤先生
思い出したように　古墳に登った　　　　／　山路はなつかしい
古墳は　私をまねいてくれる　　　　　　／　近藤先生に久しぶりに会った
先生は　かみの毛を長くのばし　　　　　／　どらんとつかれきった目で
いつものように笑っていた　　　　　　　／　きのどくだ
夜も昼も休まず　　　　　　　　　　　　／　一心になる先生
先生の休まれる日はいつか　　　　　　　／　長いかみの毛はいつつむの
先生は一心に掘っている　　　　　　　　／　風に吹かれて
さばかれるかみの毛を　　　　　　　　　／　土まぶれの手で
かき上げているすがた　　　　　　　　　／　たまらなく心にしみこんだ
今日は村祭りだよ　　　　　　　　　　　／　村人は楽しく舞っている
先生　　　　　　　　　　　　　　　　　／　村人は歌っているよ
一生懸命になっている先生　　　　　　　／　何事に気にせず
何の楽しさもなく　　　　　　　　　　　／　毎日墳頂に立って
自然としたしみ　　　　　　　　　　　　／　古墳としたしまれる
先生のすがたは　　　　　　　　　　　　／　おそろしく感じられた。

　重歳先生
私達の授業を終えて　　　　　　　　／飛ぶ様にして
校門を出て行かれる　　　　　　　　／古墳にかけ登り
それきり　物を言わなくなった　　　／真白い紙の上に　スラスラとスベラス鉛筆
先生の目は　　　　　　　　　　　　／紙上からはなれなかった
無言のまま　　　　　　　　　　　　／するどく目を光らせ
何か　一心になったすがたは　　　　／おそろしい　人間の心眼であった
夕日が西の空にしづみ　　　　　　　／あたりが暗くなった
先生は　何かの目的と共に　　　　　／山をかけおりて　ゆかれた

　　　　　　　　　　　　　　　　　（福本中３年・是末幸恵）

　暑い
初めて古墳に登った時　　　　　　　／誰れか知らない一教師
私にやさしく話してくれた　　　　　／細い竹ベラで　かたくにぎりしめて
一生懸命に掘った　　　　　　　　　／あせの玉が土にしみこんだ
昔　古墳をきずいた人の　　　　　　／流れ出たあせは　みんな
この土にしみ込んでいるのだ　　　　／真夏の太陽は　かんかん頭から照りつける

```
私は　真黒く焼けた            ／暑い　暑い
こう叫びながら              ／一生懸命　掘り続けてきたのだ
                                    （福本中3年・是末幸恵）
```

出所：美備郷土文化の会・理論社編集部編『月の輪教室』理論社，1954年，113～142頁。

ものであったことが分かる。当時，月の輪古墳発掘運動に参加した永瀬清子氏は，このような生活綴方の意義について，「それならば本当はどうなのだろう。その疑問が郷土愛ともつながり，科学的な知識を求める心ともつながったと思う」[43]と振り返って述べている。

　また，秋山信延弘は，1960年の段階において，報告書『月の輪古墳』（近藤義郎編，月の輪古墳刊行会，1960年）のあとがきで，生徒たちによる生活綴方を通した成長の様子を以下のように捉えている。

　　教師たちは，教室やフィールド・ワークで，社会科や生活綴方を通じ，子供たちと一緒になって新しい教育の創造に意欲を燃やしている。また，『月の輪教室』にもある詩や作文をかいた生徒たちは，その後進学し，あるいは職場にあって，教師への信頼をこめた便りを欠かさない。たとえば地元の福本中学校の卒業生の多くの便りの中にも，めまぐるしい内外の動きの中で自分で方向を見定め，からだごと生活をたたかいながら，新しい歴史のにない手として育っていることが明らかによみとれるのである。[44]

　ここで述べられているように，1960年の段階において，『月の輪教室』にもある詩や作文を書いた生徒たちは，その後も，自らの生活を綴る「生活記録」の意義を認めていたのであった。これらのことから，月の輪古墳の発掘調査の中の生活綴方の取り組みは，福本村に生きる生徒たちにとって，「郷土」の歴史を書くことを通した「生活態度」の形成の役割を担っていたことが分かる。

第5節　本章のまとめ

　本章では，1950年代における「新しい郷土教育」実践の創造過程に関わる中学校教師による取り組みの事例として，岡山県英田郡福本中学校の中村一哉による「新しい郷土教育」実践を取り上げ，検討してきた。本章で明らかになった1950年代における郷土全協の中学校教師としての取り組みの特質には，以下の三点がある。

　第一に，中村における「新しい郷土教育」実践の背景として，郷土研究クラブ主体による調査研究活動が，「新しい郷土研究」の実践という位置づけのもとに行われていたことである。中村は，研究問題解決的な単元学習を重視する立場から，「郷土」における社会科歴史教育のあり方を模索していた。中村は，フィールド・ワークを通して，地域教材の自主編成活動と，郷土研究クラブを主体とした調査研究活動とを結びつけながら取り組んでいたのである。そのような出来事を背景として，中村は，1950年代における戦後の郷土教育運動に関わっていったのである。

　また，第二には，中村における教材研究の取り組みとして，「郷土研究を活用した教材研究」にもとづいて，岡山県福本村における地域的課題の解決をめざす調査研究活動を展開していたことである。郷土研究クラブの生徒たちは，郷土の具体的事物に関する調査研究活動を行い，労働人口の歴史的把握や，封建的社会関係の克服というような現代につながる地域的課題に眼を向けていった。そのような地域的課題の克服をめざした学習を通して，生徒たちが，科学的認識を形成することが可能となっていたのである。

　そして，第三には，中村が月の輪古墳発掘運動の中で，「社会科歴史教育と生活綴方の結合」をさせた取り組みを行っていたことである。中村は，社会科歴史授業実践においても，郷土史研究法を活用していた。中村は，生徒の批判力，思考力を養うことをねらい，郷土研究を活用しながら社会科歴史授業実践に取り組んでいた。また，中村は，月の輪古墳の発掘調査の中で生活綴方的教育方法を活用して作文や詩の指導に取り組んでいた。このような

「郷土」の歴史を書くことの取り組みは，生徒たちにおける生活態度の形成を可能としていた。そして，それらのことはまた，1950年代における郷土全協の立場から取り組まれた「新しい郷土教育」実践に共通する特質でもあった。

　以上述べてきたように，1950年代における戦後の郷土教育運動の地域的展開として，岡山県・月の輪古墳発掘運動の中の「新しい郷土教育」実践の事例からは，岡山県福本村の地域的課題と結びついたフィールド・ワークが行われていたことや，発掘調査の中の生活綴方といった特質をあげることができる。

　なお，これまでの研究では，小国（2003）が，月の輪古墳発掘運動の中の子どもたちの感想の分析を通して，「独自の歴史意識の萌芽」[45]を読み取っているが，本章における事例分析を通じて，郷土研究クラブを主体とした調査研究活動や，発掘調査の中での生活綴方的教育方法の活用などといった実践的根拠を示すことができたと考える。

　本章での中村実践の事例分析を通じて，戦後郷土教育運動の地域的展開としての教育実践レベルでの実態を明らかにすることができたと考える。具体的な特質としては，労働人口の問題や封建的社会関係の克服といった地域における問題解決型の教育実践が行われていたことなどをあげることができる。そのような点で先行研究の知見を深めることができたと考える。

注

（1）月の輪古墳発掘運動の教育的意義について論じた先行研究として，以下のものをあげることができる。吉田晶「月の輪古墳と現代歴史学」『考古学研究』第120号，1984年。西川宏「学校教育と考古学」『岩波講座　日本考古学　第7巻—現代と考古学』（岩波書店，1986年）。小国喜弘「国民的歴史学運動における日本史像の再構築—岡山県・月の輪古墳を手がかりに—」『東京都立大学人文学報』第337号，2003年：再収「国民史の起源と連続—月の輪古墳発掘運動—」『戦後教育のなかの〈国民〉　乱反射するナショナリズム』吉川弘文館，2007年。中村常定「月の輪運動と歴史教育」角南勝弘，澤田秀実編『月の輪古墳発掘に学ぶ—増補　改訂版—』美前構シリーズ普及会，2008年。

（２）前掲，小国喜弘「国民史の起源と連続―月の輪古墳発掘運動―」，98～128頁。

（３）月の輪古墳発掘運動の中の教育活動について小国喜弘は，「月の輪古墳の発掘運動の特徴は，その発掘を一種の教育的営為として組織しようとする点にあった」としている（前掲，小国喜弘「国民史の起源と連続―月の輪古墳発掘運動―」，103頁）。本章では，その中でも，「新しい郷土教育」実践に着目して，論述を行った。

（４）大串潤児「国民的歴史学運動の思想・序説」『歴史評論』No.613，2001年，2～15頁。

（５）勅使河原彰『日本考古学の歩み』名著出版，1995年，211～212頁。

（６）教科書『日本の成長』については，梅野正信『社会科歴史教科書成立史―占領期を中心に―』（日本図書センター，2004年）に詳しい。

（７）前掲，中村常定「月の輪運動と歴史教育」，97頁。

（８）月の輪古墳発掘の発端は，小国（2007）によって，「福本中学校教諭の中村一哉が中学生と共に古墳（筆者注：丸山古墳）を発掘したことから始まっている」（前掲，小国喜弘「国民史の起源と連続―月の輪古墳発掘運動―」，100頁）と指摘されている。しかし，発掘運動の発端には，福本中学校の教師たちによる「郷土研究」や，「新しい郷土教育」実践の取り組みも，間接的にではあるが影響を与えていたように思われる。

（９）中村一哉「月の輪古墳の発掘と福本扇状地の研究」『郷土教育月報』No. 6，郷土全協事務局発行，1954年，5～6頁。

(10)重歳政雄・中村一哉「古墳『月の輪』への道―新しい郷土観をはぐくむ―」『歴史評論』No.53，1954年3月，49頁。

(11)桑原正雄「郷土教育全国連絡協議会の任務と性格について」『歴史地理教育』No.30，1957年12月，17頁。

(12)中村一哉「教師としての反省」（1953年12月記）美備郷土文化の会・理論社編集部編『月の輪教室』理論社，1954年，42～43頁。

(13)中村一哉「郷土研究をすすめるために」（1954年1月手記），前掲，美備郷土文化の会・理論社編集部編『月の輪教室』，46頁。

(14)この「福本扇状地の研究」の実践について論及している先行研究として，前掲，小国喜弘「国民史の起源と連続―月の輪古墳発掘運動―」。前掲，中村常定「月の輪運動と歴史教育」がある。しかし，「新しい郷土教育」実践としての位置づけのもとに，論じているわけではない。

(15)磯田一雄「学習指導要領の内容的検討（2）」肥田野直・稲垣忠彦編『教育課程（総論）〈戦後日本の教育改革 第6巻〉』東京大学出版会，1971年，459頁。

(16)フィールド・ワークに参加することによって，具体的にものを見るという地域教材の自主編成の態度は，1950年代において郷土全協に参加した教師に共通する姿勢であったと考えられる（佐藤伸雄『戦後歴史教育論』青木書店，1976年，75頁。）

(17)中村一哉「事実から真実を」『私たちの考古学』No. 2，1954 年 9 月，13 頁。

(18)桑原正雄『郷土教育的教育方法』明治図書出版，1958 年，1 頁。

(19)この「封建社会の農村の実態の研究」の実践について論及している先行研究として，前掲，小国喜弘「国民史の起源と連続―月の輪古墳発掘運動―」。前掲，中村常定「月の輪運動と歴史教育」の研究をあげることができる。しかし，「新しい郷土教育」実践としての位置づけのもとに，論じているわけではない。

(20)前掲，中村一哉「月の輪古墳の発掘と福本扇状地の研究」，6 頁。

(21)中村一哉「封建社会の農村の実態」『社会科歴史』No. 3（12），1953 年 12 月，31 頁。

(22)前掲，中村一哉「月の輪古墳の発掘と福本扇状地の研究」，6 頁。

(23)柵原町史編纂委員会編『柵原町史』柵原町，1987 年，732 頁。

(24)1950 年代頃の福本村の社会状況について，角南勝弘は，「美作 1 市 5 郡，五千人の農民が参加した『納得のいく所得税』をめざす税金民主化運動」が展開され，労働者の生活を守るための活動が盛んであったことについても述べている（角南勝弘「月の輪古墳発掘 50 周年」『歴史地理教育』No.656，2003 年 7 月，83 頁。）

(25)1950 年代における「科学運動」とは，「研究＝創造活動とその職能に根ざした社会的実践を統一的に包括する概念として，研究者の対社会的存在の全体性を表す」ものであり，当時の福本村の地域的課題の解決をめざしたものであったと考えられる（戸邊秀明「歴史科学運動」歴史科学協議会編『戦後歴史学用語辞典』東京堂出版，2012 年，325 頁）。

(26)美備郷土文化の会「月の輪古墳発掘運動のあらまし―私たちは何を学んだか―」『歴史評論』No.53，1954 年 3 月，30 〜 31 頁。

(27)中村一哉「〈実践報告〉月の輪古墳　発掘の仕事のなかから」『教師の友』No. 4，1954 年 11 月，19 頁。

(28)中村一哉「見学案内書をつくる」（1953 年 10 月記），前掲『月の輪教室』，32 頁。

(29)初期社会科期における教育映画の教材としての特色と意義については，以下の研究に詳しい。國分麻里「初期社会科における教材映画の特色―『社会科教材映画体系』をてがかりとして―」（全国社会科教育学会『社会科研究』第 79 号，2013 年）。

(30)教科書『あかるい教科書』の記述に関しての検討は，以下の研究に詳しい。須永哲思「小学校社会科教科書『あかるい社会』と桑原正雄―資本制社会における『郷土』を問う教育の地平―」（教育史学会『日本の教育史学』第 56 集，2013 年）。

(31)近藤義郎編『月の輪古墳』月の輪古墳刊行会，1960 年，418 〜 419 頁。

(32)重歳政雄「尊い経験」，前掲『月の輪教室』，74 頁。

(33)重歳政雄「月の輪古墳発掘と村の歴史をつくる運動」『地方史研究』No.11，1954 年 2 月，27 頁。

(34)重歳政雄「社会科日本史　研究会記録」『社会科歴史』No. 3（5），1953 年 5 月，28

頁。

(35)前掲，中村一哉「事実から真実を」，13 頁。

(36)中村一哉「社会科と考古学的方法について」『私たちの考古学』No. 4，1955 年 3 月，25 頁。

(37)前掲，中村一哉「〈実践報告〉月の輪古墳　発掘の仕事のなかから」，23 頁。

(38)社会科授業において郷土史研究の成果を活用しようとする教師の研究的態度は，1950年代における相川日出雄による小学校の「新しい郷土教育」実践にも共通するものであった（白井克尚「相川日出雄による郷土史中心の小学校社会科授業づくり―『新しい地歴教育』実践の創造過程における農村青年教師としての経験と意味―」全国社会科教育学会『社会科研究』第 79 号，2013 年を参照）。

(39)中村常定「歴史の真実を学ぶために」近藤義郎・中村常定『地域考古学の原点・月の輪古墳』新泉社，2008 年，47 頁。

(40)同前，同書，67 頁。

(41)元・福本中学校生徒の角南勝弘氏からの聞き取り調査の記録より（2012 年 6 月 1 日実施，岡山県美咲町・月の輪郷土館資料館において聴取した。なお，聞き取り調査においては，「中村一哉」が，中村常定氏のペンネームであったことも教えてくださった。本章では，原文資料の表記のまま，全て「中村一哉」として統一した）。

(42)国分一太郎『新しい綴方教室』新評論，1957 年，30 〜 40 頁。

(43)永瀬清子「みんなが学んだ―『月の輪』発掘 30 周年に際して―」『考古学研究』No.118，1983 年 10 月，16 頁。

(44)秋山延弘「あとがき」，前掲，近藤義郎編『月の輪古墳』，420 頁。

(45)前掲，小国喜弘「国民史の起源と連続―月の輪古墳発掘運動―」，109 頁。

表20　中村一哉による論文・著作リスト

年	年齢	論文名・著作名・出版社・発行年月
1952 （昭和27）	26	「みんなで，みんなのために」（手記，11月）
1953 （昭和28）	27	「準備のための共同研究」（手記，2月） 「百姓の子」『教育評論』No.2（4），1953年4月。 重歳政雄「社会科日本史　研究会記録」『社会科歴史』No.3（5），1953年5月。 「郷土史研究グループ実践の素描」『社会科歴史』No.3（6），1953年6月。 「いっしょに学んでいくのには」（手記，7月） 「生きてこそ―いし子よ」『教育評論』No.2（8），1953年8月。 「子供の成長を軸として」（手記，10月） 「見学案内書をつくる」（手記，10月） 「古墳は動いている」（手記，10月） 「月の輪のひろがり」（手記，11月） 「山羊を飼う―生徒協同組合の記録」『職業指導』No.26（11）1953年11月。 「封建社会の農村の実態」『社会科歴史』No.3（12），1953年12月。 「教師としての反省」（手記，12月） 「月の輪の子ら」（手記，12月）
1954 （昭和29）	28	「郷土研究をすすめるために」（手記，1月） 「噴煙となって」（手記，2月） 「読者文芸」『教育評論』No.3（2）1954年2月。 重歳政雄「月の輪古墳と村の歴史をつくる運動」『地方史研究』No.11，1954年2月。 重歳政雄・中村一哉「古墳『月の輪』への道―新しい郷土観をはぐくむ―」『歴史評論』No.53，1954年3月。 美備郷土文化の会「月の輪古墳発掘運動のあらまし―私たちは何を学んだか―」『歴史評論』No.53，1954年3月。 美備郷土文化の会「月の輪にのぼって　詩と作文集」『歴史評論』No.53，1954年3月。 「月の輪古墳と福本扇状地の研究」『郷土教育月報』No.6，1954年6月。 「夏休みの郷土史研究　実践の報告」『社会科歴史』No.4（6），1954年8月。 「事実から真実を」『私たちの考古学』No.2，1954年9月。 「〈実践報告〉月の輪古墳　発掘の仕事のなかから」『教師の友』No.4，1954年11月。 中村一哉「月の輪教室」美備郷土文化の会・理論社編集部編『月の輪教室』理論社，1954年。 重歳政雄「尊い経験」美備郷土文化の会・理論社編集部編『月の輪教室』理論社，1954年。 美備郷土文化の会・理論社編集部編『月の輪教室』理論社，1954年。 美備郷土文化の会『スライド　月の輪古墳』1954年。
1955 （昭和30）	29	「社会科と考古学的方法について」『私たちの考古学』No.4，1955年3月。 「"アジアの国々" を終えて〈地理教育実践記録〉」『教育評論』No.4（3）1955年4月。 「現場からもの申す　良心的な教科書がほしい」『教育評論』No.4（5）1955年6月。

年	年齢	論文名・著作名・出版社・発行年月
1956 （昭和31）	30	「アジア人としての感情」『教育手帖』No.65，1956 年 10 月。
1967 （昭和42）	41	中村常定「中学校二年の事例」現代学級経営研究会編著『学級集団の事例研究　第 2　班編成替えをどう行なうか』明治図書出版，1967 年。
2008 （平成20）	82	中村常定「月の輪運動と歴史教育」角南勝弘，澤田秀実編『月の輪古墳発掘に学ぶ―増補 改訂版―』美前構シリーズ普及会，2008 年。 中村常定「歴史の真実を学ぶために」近藤義郎・中村常定『地域考古学の原点・月の輪古墳』新泉社，2008 年。
2010 （平成22）	84	櫛原中学校美術部絵，中村常定文，角南勝弘編『月の輪古墳の発掘：月の輪古墳発掘 50 周年』月の輪古墳発掘 50 周年記念祭実行委員会，2010 年。
2013 （平成25）	87	逝去

出所：角南勝弘氏からの聴取を参考にして筆者作成。※中村一哉は，中村常定氏のペンネームである。共著及び，元同僚教師であった重歳政雄の論文・著作も含めた。

第6章

地理学習としての「新しい郷土教育」実践の創造

第1節　本章の課題

　第6章では，京都府奥丹後地方の渋谷忠男による実践「新しい郷土教育」を対象として，その実態を明らかにし，1950年代後半における戦後の郷土教育運動において「地理教育」は，どのように受け止められ，実践されていたのかについて，分析を通じてその特質について考察する。

　これまでの先行研究において，「50年代の郷土全協における代表的実践者」[1] として，渋谷実践があげられている。渋谷実践に関しては，これまでに主に次の二つの観点から研究が進められてきた。

　一つ目は，渋谷による代表的著作『郷土に学ぶ社会科』（国土社，1958）における「新しい郷土教育」実践の先駆性に着目した研究である。宮原（1982）は，渋谷実践が，「科学と生活との結合を地域学習の中で実現しようとしていること」を評価している[2]。森脇（1983）は，渋谷実践が，「子どもの生活の場である郷土を学習の場として基盤にしつつ，生活・地域を科学的な目によってとらえさせようとしている。そして，その結果，子どもたちは優れた問題意識を形成していくことに成功している」[3] ことを評価している。臼井（1982）は，渋谷の歴史教育実践とその考え方に着目し，歴史地理教育内容を「郷土」で受けとめ，そして考えるといった「子どもの問題意識」を育てる「郷土教育的教育方法」について評価している[4]。これらの研究は，渋谷が，1950年代後半において「郷土」に着目し，フィールド・ワークを通じて，子どもたちに「郷土」の問題について具体的に考えさせる「新しい郷

土教育」実践に取り組んでいたことを明らかにした点で意義があるといえる。

　二つ目は，渋谷と戦後の郷土教育運動との関わりに着目した研究である。板橋（2013）は，渋谷ら奥丹後の教師たちが，「勤評闘争の中から日本の教育の構造的課題を認識し，授業を通して将来の社会を担う子どもたちがそうした問題を克服していけるための基礎となる学習をつくりあげていった」とし，こうした実践研究を発表していくことにより，渋谷が，「郷土全協における代表的な実践者」[5]となっていったことを論じている。臼井（2013）は，渋谷の戦後教師としてのあゆみに着目しながら，戦後の郷土教育運動の「新たな旅立ち」の「象徴的な書籍刊行ともなったのが，渋谷さんの『郷土に学ぶ社会科』でありました」[6]と論じている。小林（2014）は，渋谷が，戦前の「郷土に出発して郷土に帰る」学習，すなわち官側の進めていた郷土教育とは違う独自の教育実践を行っていたことにより，「郷土全協にとってなくてはならない実践家」[7]となっていったことを論じている。これらの研究は，戦後の郷土教育運動における郷土全協を代表する実践者として渋谷を位置づけた点で意義があるといえる。

　つまり，これらの渋谷実践に関する先行研究は，渋谷による「新しい郷土教育」実践の先駆性や戦後の郷土教育運動における位置づけに着目した研究であるといえる。では，なぜ渋谷は，そのような実践に取り組みえたのか。

　従来の研究では，郷土全協が，1957年12月に東京都北区飛鳥山で開催した飛鳥山集会（全国拡大幹事会）をきっかけとして，「郷土教育論争」が起こり，郷土全協内でも，「郷土教育は，『地理教育』か，『郷土をふまえる教育運動』かが問われていた」[8]とされている。そして，多数派であった「地理教育」重視派は，「その当時の経験主義的な新教育を克服して『教科研究』を重視しなければならないという，教育運動における客観的課題の自覚」[9]にもとづき，地理教育研究会を設立していったと論じられている。

　そのような1950年代後半における論争時，「桑原の主張する立場に基づく実践」[10]として注目されていたのが，渋谷実践であった。しかし，その実践の内実は，これまでに十分検討されていない。そこで，本研究では，1950年代後半における戦後の郷土教育運動の中の渋谷実践に焦点を絞り，その実

態を明らかにし，分析を通じてその特質について考察を行う。

第2節　渋谷忠男による「新しい郷土教育」実践への着手

（1）郷土をふまえて考える社会科授業実践

　1954年8月6・7・8日に，郷土全協がお茶の水女子大学で開催した第三回郷土教育研究大会では，「地理教育と郷土教育」についての研究討議がなされたという。この大会の成果は，大会関係者で地理学者の関根鎮彦によって，「私たちが郷土を問題とするのは，郷土自体の究明だけが必要だからではなく，いわばより広い視野をもった研究や教育のてがかりにするにすぎません。私たちはこれまで『くらべてみる』という，私たちの使いなれた独特のひびきをもった言葉で，それを表現してきました」[11]とまとめられている。つまり，1950年代前半の戦後郷土教育運動においては，「くらべてみる」というキーワードにもとづいて「地理教育」実践が意識的に取り組まれていたことが示される[12]。

　しかし，1956年3月27，28日に，東京都池上の本門寺で開催された郷土教育の合宿研究会では，郷土全協内において，「郷土教育」とは何かをテーマに議論がなされたという。この合宿研究会では，「『郷土教育』など古めかしい看板はとりさげて，『地理教育』の研究団体としてはっきりしたらどうだ」[13]という意見が出された。この頃，「地理教育への関心は，歴史教育にくらべるとお話にならないほどの立ちおくれをしめしていた」とされ，郷土全協内の課題としても，「他地域との本質的な関連において郷土を捉えようとする姿勢の弱さ」[14]が提出されていたためであった。このような意見を背景として，「郷土教育」を「地理教育」として強く打ち出したらどうかという意見が，郷土全協内で強くなっていったのである。

　こうした「郷土教育」を「地理教育」として強く打ち出そうとする意見に対して，桑原は，「復古的な逆コースの波にのって，古い系統学習の地理教育がおくれた内容と方法をもって，たちあらわれてきている今日の情勢下に，『地理教育』の旗を高くかかげることは『社会科無用』の印象をあたえ，人

間の意識の成長と変革を無視する詰め込み教育の復活に乗ぜられるスキをあたえることにならないだろうか」⁽¹⁵⁾という姿勢を示した。そして、「わたしたちはいま、社会科の問題にとりくみ、そのなかでもとくに、いわゆる『地理的分野』の究明に全力を打ち込もうとしている」⁽¹⁶⁾と主張し、あくまでも「社会科の問題」としての「地理教育」にこだわっていくのである。

ところが、前述したように、1957年12月の飛鳥山集会では、郷土全協の会員の中でも、議論が二つに分かれ、多数派であった「地理教育」重視派は、郷土全協を離れて歴史地理教育者協議会や地理教育研究会に結集していき、桑原らの「郷土をふまえる教育運動」を取る少数派は、郷土全協の再建に向かうことになったとされている⁽¹⁷⁾。その「郷土をふまえる教育運動」の立場から、当時、桑原が特に注目していたのが、渋谷による「世界地理の学習」実践であった。桑原は、飛鳥山集会の際、「私には、私の理論を裏づけてくれるような実践が欲しかったのです。私は、京都奥丹で地道な実践をつづけている渋谷忠男氏に、『万難を排して上京してほしい』と、走り書きの要請を送りました」⁽¹⁸⁾と述べている。すなわち、論争時、1950年代後半における戦後の郷土教育運動の中で、渋谷による「世界地理の学習」実践は、重要な意味をもつ実践であったと位置づけることができる。

（2）「世界地理の学習」実践への着手

次に、渋谷がそのような「世界地理の学習」実践に着手した経緯⁽¹⁹⁾について、本人からの聞き取りをもとに、本論に必要な部分に絞って論述していきたい。まず、渋谷が筆者に語ったところによると、彼が戦後の郷土教育運動に関わるきっかけとなったのは、桑原との交流があったためだという⁽²⁰⁾。

渋谷は、1950年24歳のときに、京都府熊野郡久美浜町立田村小学校に勤務し、1955年頃から、子どもたちと浜で土器を拾うなどの郷土調査を始めている。また、1955年6月から1962年2月にかけては、『町報 くみはま』に地域住民向けの『郷土史 私達の先祖の生活』⁽²¹⁾を連載し、村の青年たちにも好評であったという。

そのような郷土調査の経験を通じて、渋谷にとって興味深く映った社会科

表21　渋谷忠男による「新しい郷土教育」実践・関連年譜

年	年齢	渋谷忠男の個人史年譜	関連する出来事
1955 (昭和30)	29	・京都府熊野郡久美浜町立田村小学校に勤務。4年生担任。 ・「郷土史　私達の先祖の生活」『町報くみはま』1955年3月号より連載。	8月　郷土教育全国連絡協議会　第4回大会が東京都上野科学博物館講堂で開催される。三鷹フィールドを開催する。
1956 (昭和31)	30	・5年生担任 ・「郷土教育　合宿研究会の感想など」『歴史地理教育』No.18，1956年5－6月号 ・3学期に，「郷土学習と教科書中心の学習」に取り組む。	3月　東京都池上本門寺で合宿研修会を行う。「郷土教育とは何か」について討論が行われる。 8月　郷土教育全国連絡協議会　第5回大会が東京都立上野高校で開催される。高橋・小松提案として，「郷土教育解消論」が提唱される。 10月　桑原正雄『教師のための郷土教育』(河出書房)が出版される。
1957 (昭和32)	31	・6年生担任 ・地理学習の導入で，「ヒマラヤの山」の実践に取り組む。 ・飛鳥山集会において，「ヒマラヤの山」の実践を報告し，注目される。	12月　郷土教育全国連絡協議会　全国幹事会（飛鳥山集会）で，歴史・地理教育論争が起こる。
1958 (昭和33)	32	・渋谷忠男「郷土に足をふまえて考える学習―教科書学習の限界をつき破るために―」郷土教育全国連絡協議会編『郷土と教育』第1巻7号，1958年7月 ・渋谷忠男『郷土に学ぶ社会科』国土社，1958年12月	2月　桑原正雄『郷土教育的教育方法』(明治図書)が出版される。 3月　桑原正雄「なぜ私たちは社会科をまもろうとするのか―再び郷土教育全国連絡協議会の任務と性格について―」『歴史地理教育』(1958年3月号)が発表される。 8月　郷土教育全国連絡協議会　第6回大会が東京都立上野高校で開催される。歴史地理教育者協議会と『歴史地理教育』の共同編集を止め，独自の機関誌『郷土と教育』を創刊することが決定される。 12月　桑原正雄『社会認識をそだてる教育』(大村書店)が出版される。
1959 (昭和34)	33	・1年生担任 ・「『歴史の証人達の生活綴方』を―郷土教育全協の一つの仕事―」『郷土と教育』郷土教育全国連絡協議会，第5号，1959年1月。 ・「一年生の社会科学習（その1）」『郷土と教育』郷土教育全国連絡協議会，第6号，1959年1月。 ・「一年生の社会科学習（その2）と	8月　郷土教育全国連絡協議会　第7回大会が箱根で開催される。「労働の認識をそだてる」が討論される。機関誌『郷土と教育』を『生活と教育』と改題する。 11月　桑原正雄『生活をまなぶ社会科教室』(大村書店)が出版される。

年	年齢	渋谷忠男の個人史年譜	関連する出来事
		りいれ』『郷土と教育』郷土教育全国連絡協議会，第7号，1959年1月。 ・「一年生の社会科学習（その3）とりいれ』『郷土と教育』郷土教育全国連絡協議会，第9号，1959年1月。	

出所：臼井嘉一研究代表『渋谷忠男教育実践資料集（第1集）』（2007-2009年度科学研究費補助金［基盤研究(B)］「戦後日本における教育実践の展開過程に関する総合的調査研究」研究成果報告書（第1集））2008年を参考にして筆者作成。

教科書が『あかるい社会』（中教出版，1954年版）[22]であったという。とりわけ，小学校3・4年生（上）教科書中に，「おじぞうさんがのっているのが面白くて採用した」[23]と語っている。早速，1955年に，執筆陣であった桑原正雄，高橋礦一らを奥丹後に招聘し，熊野郡ほか三郡にも呼びかけて講演会を開いている。渋谷自身，桑原との出会いについて，「宮津においでになったときに，先生の教科書を使わしてもらっていたから，その時初めて話をした」[24]と振り返っている。そして，1955年8月には，『新しい地歴教育』の著者であった相川日出雄[25]を招聘し，交流研究会をもっている。このようにして渋谷は，郷土調査の経験を通じて，教科書『あかるい社会』に着目し，その採択をきっかけに，郷土全協の活動と関わりをもつこととなる。1956年には，郷土全協の会員となり，フィールド・ワークの学習方法を学んでいったという[26]。

また，渋谷が，戦後の郷土教育運動に積極的に関わることとなった一つのきっかけとして，1956年3月27，28日に，東京都池上の本門寺で開催された郷土教育の合宿研究会への参加があった。その前日，渋谷は，桑原宅に宿泊して合宿研究会に参加している。そして，「私の地域でも，数年前から郷土の問題に取り組む粗末な教育実践を続けていますが，これが郷土教育とよばれているものに類していると知ったのはごく最近のことです」[27]と述べ，自らの実践を1950年代後半における戦後の郷土教育運動との関連において位置づけていく。

当時の渋谷は，「生活の現実は，どうしても取り組まなければならない問

題だから，とにかく本気でぶつかってみるのだ。（中略）こういう教育でよいのか，何で役に立つのかという反省が基本になって，私は郷土の現実に対決することを知った」[28]と語っていたという。すなわち，渋谷は，子どもたちが「郷土の現実」と対決することをめざして「新しい郷土教育」実践に取り組んでいたことが分かる。

　そうした際に，郷土で学習する場合に大切だと思うこととして，「自分とくらべて物事を考えるのが，思考の自然な形である」[29]と述べている。さらに，「郷土とくらべて日本を考え，日本とくらべて世界の問題を考えるというのでは駄目です。自分と親達がその中の一員として生活している郷土，即ち自分と親達としっかり結びつけて考えることのできる郷土，その郷土とくらべて日本を考え，世界を考えるのです」[30]と考えて実践に取り組んでいたのである。この「くらべて考える」とは，1950年代後半における戦後の郷土教育運動の中で，「地理教育」実践のキーワードとして示されていた視点であった。これらのことから，渋谷が，子どもたちが，「郷土の現実」と対決するために，「郷土」とくらべて「日本を考え」「世界を考え」ることをめざして，独自に「新しい郷土教育」実践に着手していたことが示される。

　では，「郷土」とくらべて「日本」や「世界」を考えるために，渋谷は，どのような内容と方法で「新しい郷土教育」実践に臨んでいたのか。以下，渋谷によって取り組まれた単元「中国のダム」と単元「ヒマラヤの山」を事例として示し，「新しい郷土教育」実践の特質について分析を通じて明らかにしたい。

第3節　郷土と世界の「労働問題」についてくらべて考える

（1）単元「中国のダム」の場合

　はじめに，渋谷が，1956年度に，受け持ちの小学5年生の3学期に実践された単元「中国のダム」の実態を明らかにし，「新しい郷土教育」実践の特質について検討していきたい。この単元について，渋谷は，「外国のことは体験できない。自分の地域で経験したことをもとに経験するしかない。そ

れに従って，教育計画を作っただけ」⁽³¹⁾と振り返って語っている。また，実践を通じて，「中国のダム」について学習した子どもたちの感想文を読み，「これだ，これで世界地理の学習もやれるぞ」⁽³²⁾と思ったと述べている。表22には，単元「中国のダム」の展開を示した。この単元「中国のダム」の展開からは，次の二点を指摘することができる。

第一に，社会科教科書の読み取りを中心として，郷土と世界の問題について考えさせるというように単元構成が行われていることである。具体的には，「農民のくらし」の問題や，「中国のダム作り」の問題が取り上げられている。

こうした単元構成がなされた背景には，当時の郷土全協内に，「社会科教科書は，他地域をまなぶためになくてはならないものである」⁽³³⁾という運動上の課題が存在していたことがある。こうした課題を受け止めて，渋谷は，「今，我々はフィールドワーク以外でも，社会科を進める上に，科学的事実を子供に感動のあるものとしてとらえさせる研究が必要です」⁽³⁴⁾と述べ，フィールドワーク以外の教育方法を模索していたのである。そこで，渋谷は，「教科書を充分につかっていくか，教科書を使わないで地域にそくした独自なカリキュラムをつくっていくか。というようなことは，どちらにしても本質的な問題ではないように思います」といい，「私などは教科書を中心にして学習を展開したほうですが，子供達が郷土の現実をふまえて学習していけば，なんとかやっていけたものです」⁽³⁵⁾と考えて，意識的に教科書学習を中心とした単元構成を行っていたのである。その発展的な学習として，「中国のダム作り」の問題についても教科書から読み取らせる単元構成を行っていたのである。

第二に，郷土と世界の「労働問題」について，くらべて考えさせるというように授業構成が行われていることである。具体的には，Ⅰ具体物→Ⅱ労働と生活→Ⅲ労働問題→Ⅳ行政の対応・課題といった流れで，郷土と世界の「労働問題」が取り上げられ，郷土の「佐濃谷川の工事」に従事した人たちと，中国の「ダム作り」に従事する人たちの問題とをくらべて考えさせている。

このような授業構成がなされた背景には，渋谷が，学習を通じて，郷土の「労働問題」の解決をめざしていたことがあった。渋谷は，「凡そ教師と名の

表 22　単元「中国のダム」の展開

	教師の指示・発問・説明	学習活動・学習内容
導入	・教科書『あかるい社会　5 年下 [新版]』（中教出版）の「都会ではたらく人たち」が書かれている部分を読む。「この人たちは，農家の人たちとちがって，くわやかまのようなしごとの道具は，なにも一つももっていません。つとめ先で，きまった時間だけはたらいて，やくそくの賃金をうけとります。これが，この人たちのくらしのもとです。」・このことはえらい大切なことやど。しっかり考えてみよう。	・「都会ではたらく人たち」と「農民のくらし」を調べて，討議する。・都会の人かって道具持っとらんと仕事できん思うなー。・町の人かって，仕事の道具をもっとるだらーな。・そんなことあるかい。工場で使う道具どもは，工場のもん使うもん，自分で買わんでもええど。・そんなだったら，町の人は金がいらんでええなあ。・町の人は田も畑も山ももっとらんなーあ，山も。・教科書にも，くわやかまのようなしごと道具と，田や山をもっとらんって書いとかんとあかん思うなー。
展開	・「都会ではたらく人たち」と「農村ではたらく人たち」について整理をする。	・討議をする。「都会ではたらく人たち」・田も畑も山も持っていない。・仕事の道具を買わなくてよい。・会社や工場から賃金をもらってくらす。「農村ではたらく人たち」・田も畑も山ももっている。・仕事の道具を買わなければならない。・自分でつくった米や果物などを売って金をもうける。
終末	・学習のまとめをする	・両者の条件のちがいをふまえながら，都市と農村の生活のちがいを考える。「農民は田や山をもっているが，都市の人たちはもっていない。」
発展①	・教科書『あかるい社会　5 年下 [新版]』（中教出版）の「労働組合」が書かれている部分を読む。　　　　　　　　　　　　　　・学習のまとめをする	・討議をする・労働組合って，ストをするところだなーあ。・うちのおとっちゃんがいっとんなったで。「都会のもんは月給あげていってってストばっかりするけど，百姓はストせん。百姓がけんかせんとまじめに米つくっとるで，日本の国がつづいとるだ」・きみねのおっさんのいいなることおかしいぞ。百姓かって，けんかばっかりしとっただにゃーか。水をとりやーしてけんかしたり，村と村がけんかしたり。「百姓は，やっぱりけちだ。百姓どうしや，部落と部落でけんかばっかりしとる。都会の人は，働く人どうしけんかしたりしない。そうしたらやっぱり百姓のほうがけちだ。」

	教師の指示・発問・説明	学習活動・学習内容
発展②	・図書館で『世界のこども』（平凡社）を読み，中国のダムについて話し合う。	・わからないと思うことを書く。 ・中国は，あんなええ（りっぱな）ダムこしらえて，どうしてお金をだしただろう。日本も，あんなええダムがほしても，お金がなくてできません。中国の人たちは，そんなにようけお金をもっているのですか。（その他の意見は略） ・佐濃谷川の工事をするのに，「うちの田をしいたらこまる。」という人があったが，中国にもそんな人があったでしょうか。 ・中国は大工事をするのに，なぜぼくたちはできないのでしょう。それはお金がないからだろうか。お金があってもけちなのだろうか。日本人はおうちゃくだろうか。ぼくだったら，お金があったら服より先に大工事につかうけど，よその家の人がしなかったらこまる。こういうことを中国の人はどうしたか知りたいと思う。
	・次の学習計画を立てる。	・佐濃谷川の工事でも7年か8年かかったのに，中国の工事は75日でやったというのはほんとだろうか。

出所：渋谷忠男「郷土学習と教科書中心の学習」『郷土に学ぶ社会科』国土社，1958年12月，pp.261-270より筆者作成。

つくものは全て，いや農山漁民・都市勤労者はすべて，自分達の住む地域の，不可解な大きな力に悩み抜いていると思うのです」[36]と述べ，郷土における「労働問題」を解決すべき問題として捉えていたのである。そこで，渋谷は，「自分たちの生活を意識して見つめ，そして考え，個々ばらばらのものをまとめ，練り上げ，より高く，より広い認識へ移行できるような，そういう教育の場はあるだろうか」[37]と考えていくのである。したがって，単元「中国のダム」では，子どもたちに郷土と世界の「労働問題」について，くらべて考えさせる授業構成を行うことにより，その解決をめざしていたことが明らかになる。

（2）郷土と世界の課題について具体的に考える作文

　渋谷実践の中では，郷土と世界の問題について具体的に考えさせる作文指導が行われていた。資料22には，「中国のダム」学習後の子どもたちの作文を示した。

資料22　「中国のダム」学習後の子どもたちの作文

私のわからないこと

小林　さよ子

・　中国は，あんなええ（りっぱな）ダムこしらえて，どうしてお金をだしただろう。日本も，あんなええダムがほしても，お金がなくてできません。中国の人たちは，そんなにようけお金をもっているのですか。

・　私がわからんことは，どうして男と女とちからがちがうかということです。人げんは人げんだあのに，どうして男は"わる木はこび"や，えらいしごとばっかりして，女はすいじばっかりしとるでしょう。そうして，女はこうざいげにいわれるでしょう。

ぼくのわからんこと

牧野　稔

・　山に道つけるのにももんくをいってなかなかできんのに，中国は，もんくをいわんとしただろうか。ダムをつくるのに，どんなきかいをつかっただろうか。

・　三十万人もはたらきい（ママ）行ったけど，その人に月きゅうやっただろうか。月きゅうやらんと，ぶやくでしただろうか。

・　三十万人も仕事したら，ムネアゲ（この地方では，工事がおわった完成祝いにごちそうする）のときのごちそうにこしらえるのにこまるだろう。

ぼくのわからないこと

田村　勝亮

・　中国はダムの工事をするのに，田や畑のないものがうれしがってしただろうか。

・　ダムの工事に，国が半分ほど金だしただろうか。そうせんと，百しょうばっかりでども，そんな金がないと思う。それでも，高さが1,000メートルもある大きな工事だったら，たくさん金がいって百しょうがこまっただろう。

私のわからないこと

山下　すえ子

・　このダムをつくったら，一たんの田から，いくらほどお米がとれるようになったでしょう。

・　佐濃谷川の工事をするのに，「うちの田をしいたらこまる。」という人があったが，中国にもそんな人があったでしょうか。

ぼくのわからないこと

高橋　一夫

・　中国は大工事をするのに，なぜぼくたちはできないのでしょう。それはお金が
　　ないからだろうか。お金があってもけちなのだろうか。日本人はおうちゃくだ
　　ろうか。ぼくだったら，お金があったら服より先に大工事につかうけど，よそ
　　の家の人がしなかったらこまる。こういうことを中国の人はどうしたか知りた
　　いと思う。
・　佐濃谷川の工事でも7年か8年かかったのに，中国の工事は75日でやったとい
　　うのはほんとだろうか。

出所：渋谷忠男『郷土に学ぶ社会科』国土社，1958年11月，pp.268-270より筆者作成。

　　これらの作文からは，子どもたちが学習を通じて，Ⅰ道具のちがい，Ⅱ労
働条件と生活のちがい，Ⅲ労働問題とそれへの対応のちがい，Ⅳ公共事業実
現に向けた問題などの具体的な知識を獲得していることが分かる。

　　渋谷は，郷土の学習を通して現れる子どもたちの作文について，「郷土には，
生きた人間たちが，地理的・歴史的な条件の中で，現に生活とたたかい続け
ている。子どもの親たちもその一員であるし，子どもたちも直接的・間接的
にその影響を受けながら成長を続けているのである。─子どもたちの作文の
中にも，こうした郷土の複雑な人間生活の問題が，無数に顔を出しているも
のだ─」[38]と述べ，その意義を重要視していた。当時の奥丹後地方は，近
隣の但馬地方の東井義雄の実践にも代表されるように，生活綴方の考えに基
づく作文指導が伝統的に取り組まれていた地域でもあった[39]。そこで，渋
谷は，「自分たちの生活に問題をもっている者のみが他地域の学習に意欲を
もつことができるのだ。教科書や参考書を調べて学習したいことを整理する。
この場合も，自分たちの具体的な生活をふまえていかない場合は，血の通わ
ない形式的なものになってしまう」[40]と考えたのである。つまり，渋谷は，
郷土や世界の複雑な問題について具体的に考えさせるために，作文教育を重
視して取り組んでいたのである。

第4節　郷土と世界の「資本主義社会の問題」について
くらべて考える

（1）単元「ヒマラヤの山」の場合

　次に，1957年度に，受け持ちの小学6年生を対象に実践された単元「ヒマラヤの山」の実態を明らかにし，「新しい郷土教育」実践の特質について考察を行う。この単元「ヒマラヤの山」について，渋谷は，「子どもたちの作文を読み上げると，飛鳥山集会の会場全体が静まり返った」[41]というように印象的に語っている。単元に至るまでに渋谷は，「"郷土をふまえて考える姿勢"をくずさないでやってきた」[42]と述べ，小学6年生の「世界地理の学習」実践もその姿勢で取り組んだのである。

　表23には，単元「ヒマラヤの山」の展開を，資料23には，「ヒマラヤの山」学習後の子どもたちの作文を，資料24には，「オーストラリヤ」（原文ママ）学習後の子どもたちの作文を示した。

　この単元「ヒマラヤの山」からは，次の二点を指摘することができる。

　第一に，世界の国々についての社会科教科書や参考書を活用した調べ学習に基づく単元構成が行われていたことが明らかになったことである。

　このような単元構成に関して，渋谷は，「川上谷川（ママ）下流地域の問題は，信濃川下流地域の問題と共通しているのだ。利根川下流地域とも，またアメリカのミシシッピ川下流地域とも共通した問題をもっている。（中略）自分の地域を学習した力は，日本の他地域や世界の各地域を学習する力にもなるのだ」[43]と述べていた。つまり，渋谷は，郷土と世界に共通する問題について考えさせるために，社会科教科書や参考書を活用した調べ学習を行っていたのである。

　また，渋谷は，同時期に，『綴方風土記』（平凡社，1957年）を活用して，在日朝鮮人の差別問題を扱う社会科授業にも取り組んでいた[44]。そのようなことからも，渋谷が様々な参考書を活用して単元構成を行っていたことが示される。

表23 小6「ヒマラヤの山」の実践（1958年度）の展開

	教師の指示・発問	学習活動・学習内容
導入	・教科書『あかるい社会［6年下］新版』（中教出版）を読む。	・地図帳を広げて世界の山脈について調べる。
展開	・子どもたちといっしょにしらべ，黒板の図に記入する。	・パミール高原からはじめて，西にのびる山脈，東にのびる山脈というように調べていく。
終末	・子どもたちの疑問をつかむ ・素朴な疑問から出発して，教科書を読み，参考書をしらべ，友だちと話しあいながら，もっと内容をえぐって考えるために，こうして得た問題をひっさげて教室にのぞむように説明する。	・自分の思ったことを書く。 ・大きな山があると，山のかげの国は大風をふせぐのにはよいけれど，その反対の国はこまるだろう。それで，大風はどっちから吹くか，その国はどうしているか。 ・山脈にぶちあたった雨雲はこちらにふるけど，山のむこうはぜんぜん雨がふらないのとちがうか。雨がふらなんだら百姓ができん。どうしているのだろう。 ・ヒマラヤの方は山ばっかりだ。そのあたりの人は木で金もうけができる。だけどトラックの通る道がないと高く売れん。高く売れなんだら金がもうからん。こういうことをしらべたい。 ・アジアやヨーロッパの山に木がはえているか。その木はだれがもっているのか。 ・ヨーロッパの方は，コンクリートの家ばっかりだ。それなら山の木は切らんでもええとちがうか。もしそうだったら，ヨーロッパの方は洪水がないのとちがうか。

出所：渋谷忠男「郷土に足をふまえて考える学習―教科書学習の限界をつき破るために―」郷土教育全国連絡協議会編『郷土と教育 第6回郷土教育研究大会特集』1958年7月，pp.34-38 より筆者作成。

　第二に，郷土と世界の「資本主義社会の問題」について，くらべて考えさせるといった視点から授業構成が行われていることである。具体的には，Ⅰ自然条件，社会的条件→Ⅱ自然条件，社会的条件への対応→Ⅲ貧富の差という流れで，「資本主義社会の問題」が意識的に取り上げられ，郷土と世界に共通する問題ついて，くらべて考えさせている。

　このような授業構成が行われた背景には，渋谷が，「郷土の中には数えきれないほどの問題があります」と述べ，とりわけ，「土地の所有関係」「因習」のような「資本主義社会と呼ばれる（農村では前近代的な要素が強くからみついている）現代社会をえぐり出す」[45]ことが必要だと考えていたためである。

また，その際には，「地理学習の中で自分や地域の生活にあてはめて他地域
を考える場合，基本的条件をしっかり学習を進めなくてはならない」と言い，
とりわけ，「だれが持っているか」[46]という視点が重要だと考えていた。こ
うした考えに基づき，渋谷は，単元「ヒマラヤの山」において，郷土と世界
の「資本主義社会の問題」を意識的に取り上げていたのである。

（2）郷土と世界の課題について主体的に考える作文

渋谷実践では，郷土と世界の問題について主体的に考えさせる作文指導が
重点的に行われていた。以下，単元「ヒマラヤの山」学習後の児童の作文を
資料23に示す。

資料23の「ヒマラヤの山」学習後の子どもたちの作文からは，Ⅰ自然条
件のちがい，Ⅱ自然条件とそれへの対応のちがい，Ⅲ貧富の差というような
郷土と「ヒマラヤの山」地域の問題に関する比較・考察を通して，子どもた
ちが主体的に知識を獲得していることが分かる。また，資料24の「オース
トラリヤ」学習後の子どもたちの作文からは，Ⅰ社会的条件のちがい，Ⅱ社
会的条件とそれへの対応のちがい，Ⅲ貧富の差というような郷土と「オース
トラリヤ」地域の問題に関する比較・考察を通して，子どもたちが主体的に
知識を獲得していることが分かる。

渋谷は，単元「ヒマラヤの山」における学習指導について，「子供達と一
緒に調べては，黒板の図に記入していきました。こんなことをしていると一
時間は終わってしまいます。これでは子供達がどんなに考えたのか見当がつ
きませんから，この時間の学習で自分の思ったことをメモさせます。（中略）
教科書を読み，考え，図書館で参考書を開き，そして考えていくうちに，疑
問はある程度整理され，そして内容も深まっていくようです」[47]と述べ，
郷土や世界の国々の問題に対する子供の考えや疑問を大切にした作文指導に
重点的に取り組んでいたことを述べている。

この頃の郷土全協内では，「郷土教育的教育方法」の確立がめざされ，「無
着さんや相川さんの実践をうけつぎ，郷土の現実に立脚して，子どもの主体
性を育てる社会科の実践」[48]の確立といった課題が存在していた。渋谷は，

資料 23 「ヒマラヤの山」学習後の子どもたちの感想

- 大きな山があると，山のかげの国は大風をふせぐのにはよいけれど，その反対の国はこまるだろう。それで，大風はどっちから吹くか，その国はどうしているか。

  （松川）

- 山脈にぶちあたった雨雲はこちらにふるけど，山のむこうはぜんぜん雨がふらないのとちがうか。雨がふらなんだら百姓ができん。どうしているのだろう。
  ヒマラヤは何千ｍの山ばっかりだ。雨雲はよう山をこさん。それで僕は思うのだ。

  （白田）

- ヒマラヤの方は山ばっかりだ。そのあたりの人は木で金もうけができる。だけどトラックの通る道がないと高く売れん。高く売れなんだら金がもうからん。こういうことをしらべたい。

  （坂田）他

- アジアやヨーロッパの山に木がはえているか。その木はだれがもっているのか。

  （兀地）

- ヨーロッパの方は，コンクリートの家ばっかりだ。それなら山の木は切らんでもええだろう。
  そしたら，ヨーロッパの方は「こう水」がないのとちがうか。

  （牧野）

出所：渋谷忠男「郷土に足をふまえて考える学習―教科書学習の限界をつき破るために―」郷土教育全国連絡協議会編『郷土と教育　第6回郷土教育研究大会特集』1958 年 7 月，p.37 より筆者作成。

　こうした課題を受け止め，子どもたちが，主体性を持って学習できるように，「郷土教育的教育方法」をふまえた作文指導に取り組んでいたのである。

　さらに，資料24，25 には，発展学習として取り組まれた「オーストラリヤ（ママ）の国」と「TVA（筆者注：アメリカテネシー川流域開発公社）の話」学習後の子どもたちの作文を示した。

　資料24 の作文からは，郷土と「オーストラリヤの国」の問題に関する比較・考察を通じて，子どもたちが主体的に知識を獲得している様子が分かる。

資料24　「オーストラリヤの国」を学習した児童の作文

オーストラリヤを勉強して思ったこと

兀地　卓夫

「オーストラリヤ（ママ）には，約1億3000万頭の羊がいる。」と『世界の国々』という本にかいてあった。そしたら，一人が約14頭ぐらいもっていることになる。おとうちゃんに聞いたら，「1頭で5000円ぐらいとれるだろう。」といいなった。うちのだったら10人家族だから，140頭いることになる。そしたら，1年に70万円になる。ほんとうにそれだけとれるだろうか。オーストラリヤでも，1頭で1年に5千円ぐらいとれるだろうか。1部の方だったら，これだけ金があったら，こっついらくな生活ができる。オーストラリヤでこのくらいとったら，らくな生活ができるのだろうか。それにオーストラリヤは土地がなんぼでもある。もっと羊がふやせると思う。

だが，世界の国々という本には，羊ののみ水をくみあげるのに，2,400米ぐらいの井戸があるとも書いてあった。それを僕は信用できない。学校から神野の教材所あたりまでの深さの井戸がほんとにあるだろうか。もしほんとなら，どんな機械でほったのだろう。やっぱり苦労なしに羊がかえ（飼え）たりしないのだな。

オーストラリヤ

藪中　裕

ぼくのしらべた参考書には，羊が一億三千万とういると書いてあったが，この羊をオーストラリヤの国民だれもがおなじぐらいもっているだろうか。オーストラリヤの大金持だけがもっているのとちがうか。

羊をかうのに，2400メートルの深さの井戸をほっているそうだが，もし国民みんながもっているのなら，だれもが協力してほっただろう。だけど，金持だけがもっているなら，びんぼう人に人夫にこさせてほっただろうと思う。

それからオーストラリヤの人たちは，日本人や中国人のようなヒフの色のちがった人を，国のなかにいれないというそうだが，日本人や中国人が，なんぞ悪いことをしたのだろうか。

参考書では，1851年にオーストラリヤの国に金や銅が発見され，40万たらずの人口が急に115万人になったそうだが，そのふえた人たちは，みな，金・銅などでひともうけしようと思った人たちらしい。だけど，とりあいをしてけんかをしなかっただろうか。どこの国からどれだけ行ったのだろう。

1851年は，今から107年前にあたる。年数をしらべると，うら賀に黒船がきて，いい直すけがじょう約をむすんだ頃になる。こちらも黒船で大さわぎした。きっと

オーストラリヤもたいへんだっただろう。しかも、オーストラリヤも日本も、同じ頃に西洋人がきた。どうしてこの頃、西洋人はあちこちに出てきたのだろう。

出所：渋谷忠男「郷土に足をふまえて考える学習—教科書学習の限界をつき破るために—」郷土教育全国連絡協議会編『郷土と教育　第6回郷土教育研究大会特集』1958年7月．pp.34-38より筆者作成。

資料25　「TVAの話」を学習した児童の作文

　　　TVAを勉強して思ったこと

　　　　　　　　　　　　　　京都府熊野郡田村小学校6年　白岩　陽太郎

一，テネシー川は、かつてたいへんなまけものであり、あばれものでもあった。でも、今では完全に民衆につかえる川にかわった。僕たちの佐濃谷川もたいへんなあばれものであった。そのために、おじいさんやおばあさんや先祖たちは、ひどいめにあわされてきた。そして貧ぼうばっかりしとった。だけど、今では、田の水をひいたりして、僕たちにつかえる川にかえてしまった。

　それからテネシー川の開発と、僕たちの村の耕地整理ともおなじようなところがあると思う。テネシーの工事をしたら、「田の水いれ」「のみ水」「洪水を防ぐ」「発電」などに大変たすかったし、耕地整理をしたら、車は通るし、田の水はうまく通るし、消毒はうまくできるし、たいへんたすかった。やっぱり人間はこまってばかりおらんと、そして神さんにばっかりたのんどらんと、どんどんやっていかんなん（いかねばならぬ）と思った。

二，ダックタウンの人は、鉱脈が発見され、しあわせになると思ったら、反対に困ったことがふえてきた。ダックタウンの人は、たいそうがっかりしただろう。平田（部落の名）の者かって（でも）、温泉が出るときいてうれしがっていたのに、出なかってがっかりしたのだから。

三，ディケーターという街は、不況で工場はつぶれ、綿は暴落した。20年前だから昭和10年頃だ。昭和10年頃は、平田のまゆがうれなくなって、10銭の電とう料も払えなくなって困ったころだ。1929年の大恐慌からしばらくたってからだ。平田の村も果樹園を開墾した。佐濃谷川の工事で百姓はすくわれた。その頃、日本はアジアの国を植民地にしていった。アメリカかって、日本と同じようだったようだ。アメリカのディケーターは、電燈料ぐらいは払えただろうか。その不況に、アメリカはよその国を植民地にしただろうか。植民地にしなかったのならどうしたのだろう。

出所：桑原正雄（1958）「新しい地歴教育」の教育実践について．国民教育編集委員会編『教育実践論』誠信書房．pp.61-62より筆者作成。

　資料25の作文からは，「テネシー川の工事」と「佐濃谷川の工事」とをく
らべ，「テネシー川の開発」と「村の耕地整理」とをくらべ，「ディケーター」
と「平田の村」とをくらべて考えるというように，子どもたちが，郷土とア
メリカの問題に関する比較・考察を通して，主体的に考えを深めている様子
が分かる。

　渋谷は，「高学年においても，郷土に立脚して学習するという，姿勢を忘
れてはならないこと。この姿勢あるところ，児童が主体的に思考する学習が
期待される」[49]と述べていた。つまり，高学年の子どもたちが，主体性を
もって郷土や世界の国々の複雑な社会問題について思考を深めるためには，
「郷土に立脚」して学習させることが重要であると考えて，作文指導に重点
的に取り組んでいたのである。

第6節　本章のまとめ

　これまで論じてきたように，1950年代後半における戦後の郷土教育運動
の中の渋谷忠男による「新しい郷土教育」実践の特質に関して，単元「中国
のダム」と単元「ヒマラヤの山」を事例として考察した。本章で明らかにな
ったことは，次の三点にまとめることができる。

　第一に，渋谷が「新しい郷土教育」実践において，社会科教科書や参考書
の読み取りや調べ学習を中心とした単元構成を行っていたことである。単元
「中国のダム」では，社会科教科書の読み取りを中心とした単元構成を行っ
ていた。単元「ヒマラヤの山」では，参考書を活用した調べ学習を設定した
単元構成を行っていた。すなわち渋谷は，意識的に社会科教科書を読み取ら
せたり，参考書を活用した調べ学習を行ったりして単元構成を行っていたこ
とが明らかになった。

　第二に，渋谷が「新しい郷土教育」実践において，郷土と世界の社会的な
問題についてくらべて考えさせる授業構成を行っていたことである。単元「中
国のダム」では，郷土と世界の「労働問題」について，くらべて考えさせる
というように授業構成を行っていた。単元「ヒマラヤの山」では，郷土と世

界の「資本主義社会の問題」について，くらべて考えさせるというように授
業構成を行っていた。つまり渋谷は，郷土や世界の社会的な問題を取り上げ，
くらべて考えさせることにより，それらの解決をめざしていたことが明らか
になった。

　第三に，渋谷が「新しい郷土教育」実践において，作文指導を重視して学
習指導に取り組んでいたことである。単元「中国のダム」では，郷土と世界
の問題について具体的に考えさせる作文指導を重視して行っていた。単元「ヒ
マラヤの山」では，郷土と世界の問題について主体的に考えさせる作文指導
を重視して行っていた。したがって渋谷は，郷土や世界の複雑な社会問題に
ついて，主体的に思考を深めることができるように，作文指導に重点的に取
り組んでいたことが明らかになった。

　以上のように，本章では，1950 年代後半における戦後の郷土教育運動の
中の渋谷の「新しい郷土教育」実践が「世界地理の学習」として取り組まれ
ていたことを明らかにすることができた。そのような点でこれまでの先行研
究の知見を深めることができたことが本章の成果としてあげられる。

注

（1）木全清博「地域認識の発達論の系譜」『社会認識の発達と歴史教育』岩崎書店，1985 年，
　　201 頁。
（2）宮原武夫「小学校社会科の授業論」『戦後歴史教育と社会科』岩崎書店，1982 年，65 頁。
（3）森脇健夫「郷土教育と地域学習―1958 年・渋谷忠男『佐濃谷川』（四年生）の授業―」
　　民教連社会科研究委員会編『社会科教育実践の歴史―記録と分析・小学校編』あゆみ
　　出版，1983 年，157 頁。
（4）臼井嘉一「子どもの問題意識を育てる『郷土の歴史教育』」『戦後歴史教育と社会科』
　　岩崎書店，1982 年，65 頁。
（5）板橋孝幸「戦後の郷土教育運動と『地域と教育の会』」臼井嘉一監修『戦後日本の教
　　育実践―戦後教育史像の再構築をめざして―』三恵社，2013 年，134 頁。
（6）臼井嘉一「渋谷忠男教育実践の軌跡」，同上書所収，285 頁。
（7）小林千枝子『戦後日本の地域と教育―京都府奥丹後における教育実践の社会史―』学
　　術出版会，2014 年，182 頁。

（8）前掲，臼井嘉一「渋谷忠男教育実践の軌跡」，285 頁。

（9）前掲，臼井嘉一「子どもの問題意識を育てる『郷土の歴史教育』」，63 頁。

（10）前掲，臼井嘉一「子どもの問題意識を育てる『郷土の歴史教育』」，65 頁。

（11）関根鎮彦「郷土教育と地理教育」『歴史地理教育』第 3 号，1954 年 10 月，54 頁。

（12）1950 年代前半の戦後郷土教育運動における「地理教育」実践については，白井克尚「1950 年代前半における郷土のフィールド・ワークを活用した社会科授業づくりに関する考察―東京都世田谷区東玉川小学校の福田和による『新しい郷土教育』実践を事例として―」日本社会科教育学会『社会科教育研究』第 126 号，2015 年，27 ～ 37 頁を参照。

（13）桑原正雄『教師のための郷土教育』河出書房，1956 年，72 頁。

（14）桑原正雄「『新しい地歴教育』の教育実践について」国民教育編集委員会編『教育実践論』誠信書房，1958 年，60 頁。

（15）前掲，桑原正雄『教師のための郷土教育』，72 頁。

（16）同上書，73 頁。

（17）前掲，板橋孝幸「戦後の郷土教育運動と『地域と教育の会』」，128 頁。

（18）桑原正雄『郷土教育運動小史』たいまつ社，1976 年，37 頁。

（19）渋谷の詳細な経歴は，臼井嘉一研究代表（2008）『渋谷忠男教育実践資料集（第 1 集）』（2007-2009 年度科学研究費補助金［基盤研究（B）］「戦後日本における教育実践の展開過程に関する総合的調査研究」研究成果報告書（第 1 集））を参照。

（20）渋谷への聞き取り調査記録より（2016 年 9 月 15 日京丹後市の渋谷氏宅にて）。

（21）渋谷忠男『郷土史 私達の先祖の生活』久美浜町役場総務課，1974 年，1 ～ 63 頁。

（22）教科書『あかるい社会』については，須永哲思「小学校社会科教科書『あかるい社会』と桑原正雄―資本制社会における『郷土』を問う教育の地平―」教育史学会『日本の教育史学』第 56 集，2013 年，45 ～ 57 頁を参照。

（23）注（20），渋谷への聞き取り調査記録より。

（24）同上，渋谷への聞き取り調査記録より。

（25）相川の「新しい郷土教育」実践については，白井克尚「相川日出雄による郷土史中心の小学校社会科授業づくり―『新しい地歴教育』実践の創造過程における農村青年教師としての経験と意味―」全国社会科教育学会『社会科研究』第 79 号，2013 年，13 ～ 24 頁を参照。

（26）郷土における教師のフィールド学習については，白井克尚「1950 年代前半における『新しい郷土教育』実践の創造過程に関する一考察―郷土教育全国連絡協議会の『理論』と『実践』の関わりに焦点を当てて―」愛知東邦大学『東邦学誌』第 43 巻 2 号，2014 年，59 ～ 76 頁を参照。

（27）渋谷忠男「郷土教育 合宿研究会の感想など」『歴史地理教育』No.18，1956 年 5‐6 月，

41 頁。

(28)平林茂「郷土に立脚する社会科指導」川口国語教育研究会・郷土教育全国連絡協議会『現場の研究授業 国語科 社会科』誠信書房，1958 年，194 頁。

(29)渋谷忠男「郷土に足をふまえて考える学習―教科書学習の限界をつき破るために―」郷土教育全国連絡協議会編『郷土と教育』第 1 巻 7 号，1958 年 7 月，35 頁。なお，この実践記録は，前掲書（19）の資料集にも未収録のものである。

(30)同上書，35 頁。

(31)渋谷への聞き取り調査記録より（2017 年 2 月 2 日京丹後市の渋谷氏宅にて）。

(32)渋谷忠男『郷土に学ぶ社会科』国土社，1958 年，270 頁。

(33)桑原正雄『郷土教育的教育方法』明治図書出版，1958 年，32 頁。

(34)前掲，渋谷忠男「郷土教育 合宿研究会の感想など」，43 頁。

(35)前掲，渋谷忠男「郷土に足をふまえて考える学習―教科書学習の限界をつき破るために―」，36 〜 37 頁。

(36)前掲，渋谷忠男「郷土教育 合宿研究会の感想など」，42 頁。

(37)前掲，渋谷忠男『郷土に学ぶ社会科』，27 頁。

(38)渋谷忠男「『考える歴史教育』と郷土」東京教育大学大塚史学会編『小学校歴史教授法』明治図書，1958 年，166 頁。

(39)田中武雄「兵庫・但馬の地域教育実践―東井義雄をひきつぐもの―」前掲，臼井嘉一監修『戦後日本の教育実践―戦後教育史像の再構築をめざして―』所収，2013 年，142 〜 160 頁を参照。

(40)渋谷忠男『地域からの目―奥丹後の社会科教育』地歴社，1978 年，157 頁。

(41)注（31），渋谷への聞き取り調査記録より。

(42)前掲，渋谷忠男『郷土に学ぶ社会科』，271 頁。

(43)前掲，渋谷忠男『地域からの目―奥丹後の社会科教育』，177 頁。

(44)渋谷忠男「『歴史の証人達の生活綴方』を―郷土教育全協の一つの仕事―」郷土教育全国連絡協議会編『郷土と教育』第 2 巻第 1 号，1959 年，6 〜 9 頁。

(45)前掲，渋谷忠男「郷土に足をふまえて考える学習―教科書学習の限界をつき破るために―」，36 頁。

(46)前掲，渋谷忠男『地域からの目―奥丹後の社会科教育』，161 〜 162 頁。

(47)前掲，渋谷忠男「郷土に足をふまえて考える学習―教科書学習の限界をつき破るために―」，37 頁。

(48)前掲，桑原正雄「『新しい地歴教育』の教育実践について」，60 〜 61 頁。

(49)前掲，渋谷忠男「郷土に足をふまえて考える学習―教科書学習の限界をつき破るために―」，39 頁。

表 24　渋谷忠男による論文・著作リスト

年	年齢	論文名・著作名・出版社・発行年月
1955 (昭和 30)	29	「郷土史 私達の先祖の生活」『町報 くみはま』1955 年 3 月号より毎月連載。
1956 (昭和 31)	30	「郷土教育 合宿研究会の感想など」『歴史地理教育』No.18, 1956 年 5 - 6 月号。
1958 (昭和 33)	32	「郷土に足をふまえて考える学習―教科書学習の限界をつき破るために―」(郷土教育全国連絡協議会編『郷土と教育』第 1 巻 7 号, 1958 年 7 月。 渋谷忠男『郷土に学ぶ社会科』国土社, 1958 年 12 月。
1959 (昭和 34)	33	「『歴史の証人達の生活綴方』を―郷土教育全協の一つの仕事―」『郷土と教育』郷土教育全国連絡協議会, 第 5 号, 1959 年 1 月。 「一年生の社会科学習 (その 1)」『郷土と教育』郷土教育全国連絡協議会, 第 6 号, 1959 年 2 月。 「一年生の社会科学習 (その 2) とりいれ」『郷土と教育』郷土教育全国連絡協議会, 第 7 号, 1959 年 3 月。 「一年生の社会科学習 (その 3) とりいれ」『郷土と教育』郷土教育全国連絡協議会, 第 9 号, 1959 年 4 月。
1960 (昭和 35)	34	「塩原集会に期待すること」『生活と教育』郷土教育全国協議会, 第 20 号, 1960 年 6 月。 「子どもを犠牲にしない」『戦後教員物語 (Ⅲ)』三一書房, 8 月。 「いわゆる卵実践の問題点について」『生活と教育』郷土教育全国協議会, 第 21 号, 1960 年 10 月。 「宇治集会への招待」『生活と教育』郷土教育全国協議会, 第 23 号, 1960 年 12 月。 「子どもの問題意識と教師の指導性と」『生活と教育』郷土教育全国協議会, 第 23 号, 1960 年 12 月。
1961 (昭和 36)	35	「〈わたしの読んだ本〉堺幸政「社会先生の手帳」歴史認識をもとめて」『生活と教育』郷土教育全国協議会, 第 25 号, 1961 年 5 月。 「実践報告と討議　①日本の農業」『生活と教育』郷土教育全国協議会, 第 27 号, 1961 年 7 月。 「田中君」『生活と教育』郷土教育全国協議会, 第 31 号, 1961 年 11 月。
1964 (昭和 39)	38	「歌劇・花咲爺」『生活と教育』郷土教育全国協議会, 第 59 号, 1964 年 4 月。 「序」照岡正巳編著『天領農民の生活』郷土教育全国協議会熊野サークル, 1964 年 11 月。
1966 (昭和 41)	40	「郷土教育運動 15 周年を迎えて「東京印象記」」『生活と教育』郷土教育全国協議会, 第 86 号, 1966 年 7 月。 「桑原先生への手紙」『生活と教育』郷土教育全国協議会, 第 90 号, 1966 年 11 月。
1967 (昭和 42)	41	「学習の記録・太平洋戦争」『生活と教育』郷土教育全国協議会, 第 93 号, 1967 年 2 月。
1968 (昭和 43)	42	「人間を大切にする―ということ」『生活と教育』郷土教育全国協議会, 第 115 号, 1968 年 12 月。

年	年齢	論文名・著作名・出版社・発行年月
1969 (昭和44)	43	「何を，何のために，どう教えるか」『生活と教育』郷土教育全国協議会，第124号，1969年9月。 「前号のつづき　何を，何のために，どう考えたか」『生活と教育』郷土教育全国協議会，第125号，1969年10月。
1970 (昭和45)	44	「マラソン」『生活と教育』郷土教育全国協議会，第128号，1970年1月。
1971 (昭和46)	45	「四方田修吉君のことにふれて」『生活と教育』郷土教育全国協議会，第141号，1971年2月。 「一人の子と，親と，教師集団と」『生活と教育』郷土教育全国協議会，第149号，1971年10月。
1972 (昭和47)	46	「学校統廃合運動の反対（その1）」『生活と教育』郷土教育全国協議会，第161号，1972年10月。 「学校統廃合運動の反対（その2）」『生活と教育』郷土教育全国協議会，第162号，1972年11月。
1973 (昭和48)	47	「学校統廃合運動の反対（その3）」『生活と教育』郷土教育全国協議会，第168号，1973年5月。 「学校統合に立ちむかう住民運動の成長」『子どもの学習権と学校統廃合』労働旬報社，1973年8月。
1976 (昭和51)	50	「主張　地域に根ざした教育とは何か」『地域と子ども』創刊号，教育と地域の会，1976年4月。 「自主編成の視点と教職員集団」『日本の民間教育』第11号，日本民間教育研究団体連絡会，1976年7月。
1977 (昭和52)	51	「〔農村教師の実践〕わかる学習について—具体の重み—」『地域と子ども』第2号，教育と地域の会，1977年4月。
1978 (昭和53)	52	渋谷忠男，臼井嘉一『地域からの目　奥丹後の社会科教育』地歴社，1978年6月。
1979 (昭和54)	53	「おかあさん先生」『おかあさん先生』ポプラ社，1979年7月。 「家永・教科書裁判　第19回口頭弁論調書」『地域と子ども』第4号，教育と地域の会，1979年7月。
1980 (昭和55)	54	「地域学校物語Ⅰ」『地域と子ども』第6号，教育と地域の会，1980年7月。
1981 (昭和56)	55	「熊野郡」『京都府の地名』日本歴史地名体系26巻，平凡社，1981年3月。 「地域学校物語Ⅱ」『地域と子ども』第7号，教育と地域の会，1981年7月。 「地域学校物語Ⅲ」『地域と子ども』第8号，教育と地域の会，1981年7月。
1982 (昭和57)	56	「地域の中で考えていることなど」『地域と子ども』第7号，教育と地域の会，1982年7月。 「小学校中学年の社会科　1地域学習」『教育実践事典　第3巻　教科指導』労働旬報社，1982年10月 「地域に根ざした社会科学習とは何か」奥丹後社会科教育研究会編『地域に根ざす社会科の創造—奥丹後の教育—』あゆみ出版，1982年12月。

年	年齢	論文名・著作名・出版社・発行年月
1983 (昭和58)	57	『地いきと子ども通信』を発行する。（創刊1月15日） 「学校教育と自律した学校―ゆとりある充実した学校をめざして―」『小学校教育実践選書 ゆとりの時間をつくる』あゆみ出版，1983年11月。 「久美浜」『私のすきな京都』京都新聞社，1983年12月。 「第八回大会総括 子どもたちに最高の教材を 子どもたちよ最高の生き方を」『地域と子ども』教育と地域の会，第11号，1983年12月。
1984 (昭和59)	58	「意布伎神社」「伊豆志彌神社」「賣布神社」「衆良神社」「三嶋田神社」「聞部神社」『式内社調査報告　第18巻　山陰道1』皇學館大學出版部，1984年2月。 「労働を軸とする教育者」丸岡秀子『いのちと命のあいだに』筑摩書房，1984年5月。 「低学年社会科「米つくり」」『地域と子ども』第12号，教育と地域の会，1984年7月。 「フィールド・ワークを大切にする地域の会は人体表現をも教育にとりいれようとしている」『地域と子ども』第13号，教育と地域の会，1984年8月。 「かわいいウサギは臭いしっこをたれながす」『地域と子ども』第13号，教育と地域の会，1984年8月。 「第九回大会・基調提案 地域に生きるとは何か」『地域と子ども』第14号，教育と地域の会，1984年12月。
1985 (昭和60)	59	「変わりゆく農村と教師たち」『中学校教育実践選書10 教師の生きがいと教育運動』あゆみ出版，1985年1月。 「沖縄・八重山との10年」『地域と子ども』第17号，教育と地域の会，1985年7月。 「オペレッタ「花咲爺」―その練習風景から―」『地域と子ども』第17号，教育と地域の会，1985年7月。 「基調提案　戦後四〇年に地域を考える―第10回大会をなぜ沖縄で開いたか―」『地域と子ども』第18号，教育と地域の会，1985年12月。 「一石を投じた教師たち」未来社編集部編『十代にどんな教師に出合ったか』未来社，1985年12月。
1986 (昭和61)	60	「管理職とつきあう九カ条」大沢勝茂他『教師の仕事と生活4 仲間とともに生きる教師』あゆみ出版，1986年10月。
1987 (昭和62)	61	「根室岸蔵と川上生年研智会」中島利雄・原田久美子編『日本民衆の歴史　地域編10　丹後に生きる―京都の人びと』三省堂，1987年6月。
1988 (昭和63)	62	「基調提案　憲法40年と地域教育運動」『地域と子ども』第24号，教育と地域の会，1988年4月。 『学校は地域に何ができるのか』農山漁村文化協会，1988年8月。
1989 (平成元)	63	「川上谷川―親たちがつくった自然の大プール―」『自然と地域を結ぶ 自然教育活動7』農山漁村文化協会，1989年2月。
1990 (平成2)	64	「地域と学校にかけ橋をかける―京都府丹後地区の地域教育運動から」『地域が動きだすとき―まちづくり五つの原点―』農山漁村文化協会，1990年8月。 「地域が動くとはどういうことか」『地域が動きだすとき―まちづくり五つの原点―』農山漁村文化協会，1990年8月。 「第14回大会講演 地域は学校に何ができるか」『地域と子ども』第29号，教育と地域の会，1990年3月。

年	年齢	論文名・著作名・出版社・発行年月
1991 (平成3)	65	「虫見板的教育方法を」『地域と子ども』第30号, 教育と地域の会, 1991年7月。 「石延で生活循環のある地域を考える」『地域と子ども』第30号, 教育と地域の会, 1991年7月。 「座談会 いま 子どもたちに文化を伝えるとは」『自然と地域を結ぶ 自然教育活動17』農山漁村文化協会, 1991年8月。
1992 (平成4)	66	「丸岡先生の民主教育の原点」『私たちに語りかけたもの―丸岡秀子さんを偲ぶ集い記録―』ドメス出版, 1992年5月。 「丸岡先生の民主教育の原点」『いのちと命を結ぶ―回想の丸岡秀子―』信濃毎日新聞社, 1992年5月。
1993 (平成5)	67	「自由民権運動の若者の思いは学校に生きていた」佐藤学・小熊伸一編『日本の教師 15 教師としての私を変えたもの』ぎょうせい, 1993年6月。
1994 (平成6)	68	「村で年寄りと若者の関係を考える」『自然と地域を結ぶ 自然教育活動29』農山漁村文化協会, 1994年8月。
1995 (平成7)	69	「丹後で戦後民主主義とともに歩む」『教育』第584号, 国土社, 1995年2月。
1996 (平成8)	70	「安藤昌益に教育の再生を想う」『自然と地域を結ぶ 自然教育活動139』農山漁村文化協会, 1996年1月。
1998 (平成10)	72	「「直耕」を体で感じる体験学習を」『子どもと教育』あゆみ出版, 1998年12月。
2001 (平成13)	75	「地域に開かれた学校, 学校に開かれた地域」産業教育研究連盟編『技術教室』農山漁村文化協会, 2001年2月。
2004 (平成16)	78	「地域の再生・地域教育の創造と, 学校の役割―「本音の世界」「自然体の子育ての場」の回復を軸に―」『自然と地域を結ぶ 自然教育活動174』農山漁村文化協会, 2004年10月。

出所:臼井嘉一研究代表『渋谷忠男教育実践資料集(第1集)』(2007-2009年度科学研究費補助金[基盤研究(B)]「戦後日本における教育実践の展開過程に関する総合的調査研究」研究成果報告書(第1集))2008年を参考にして筆者作成。

第7章

本研究の成果
―「新しい郷土教育」実践の創造過程における特質―

　本章では，前章まで取り上げた相川日出雄，福田和，杉崎章，中村一哉，渋谷忠男という五人の郷土全協の教師たちによる 1950 年代における「新しい郷土教育」実践の創造過程に関わる取り組みを整理しながら，小・中学校段階でそれぞれどのような特質の違いがあったのか，また，いかなる点で共通していたのかについて検討していきたい。

第 1 節　郷土全協の教師たちによる「新しい郷土教育」　　　　　　実践への着手

（1）小学校教師による「新しい郷土教育」実践への着手

　1950 年代の郷土全協の小学校教師による「新しい郷土教育」実践の創造過程については，前章までに，以下のように検討してきた。

　第 1 章では，1950 年代前半における「新しい郷土教育」実践の創造過程に関わって，考古学・地理学・地質学といったフィールド中心の学問研究を通じて，「研究者（理論）」と「教師（教育実践）」との共同・協力による交流が行われていたことを示した。1950 年代前半におけるむさしの児童文化研究会による「フィールド学習」では，専門学問の「理論」の「実践」化といった関係性があった。むさしの児童文化研究会が主催した「フィールド学習」では，研究者より，「理論」としての「新しい郷土研究」の手法が現場の教師へと普及・啓発された。そこでは，現場の教師たちによって，社会科の単元開発や教材の自主編纂活動と結びついて，「新しい郷土研究」の「実践」

が取り組まれていたのである。

　また，1950 年代前半の第 1・2 回郷土教育研究大会においては，「新しい郷土教育」に関する「実践」の「理論」化が図られていた。そこでは，相川日出雄実践や岩井幹明実践のような小学校教師による教育実践がモデルとして示され，「生活綴方と歴史教育の結びつき」や，「フィールド・ワーク」と「くらべてみる」などといった教育方法の一般化がめざされた。1950 年代前半からの郷土教育研究大会の開催は，現場の教師同士の実践交流を促し，「新しい郷土教育」実践に関する教育方法の「理論」化をめざしたものであった。

　第 2 章では，相川における「新しい郷土教育」実践の背景として，相川が，1950 年代前半の富里村における農村の貧困問題に着目し，郷土史研究を通してその解決をめざしていたことについて検討した。相川は，郷土の現実的課題に目を向け，その解決をめざして，戦後初期新教育としての自身の社会科授業に対して反省を行う。そして，郷土史研究を通して，社会科が郷土における現実的な問題と取り組んでいくべきことに思い至るのである。そのような経験に支えられて相川は，郷土史を中心とした小学校社会科授業づくりを着想したのである。

　第 3 章では，福田による「新しい郷土教育」実践の背景として，福田が1950 年代における東京都東玉川町での急激な宅地開発といった郷土の現代的課題を，教育内容として取り上げていたことについて検討した。福田は，児童が郷土の現代的課題について，社会科授業を通じて，科学的に認識することをねらいとしていた。福田は，「新しい郷土教育」実践を通じて，郷土の現代的課題の解決をめざしていたのである。

　第 6 章では，渋谷による「新しい郷土教育」実践の背景として，「教科書学習を活用した教材研究」として，地理学習としての小学校社会科授業づくりを行っていたことについて検討した。1950 年代後半における渋谷による社会科授業実践では，子どもたちによる学習経験が尊重され，教科書中心で郷土をふまえて考える「世界地理の学習」の実践が展開されていた。そのような小学校社会科授業実践の取り組みは，「だれにでもできる」実践として，その後の戦後の郷土教育運動の展開過程においても，重要な意味をもってい

たのである。

　以上のことから，1950年代の郷土全協の小学校教師による「新しい郷土教育」実践の背景には，「郷土」における現実的な課題を，社会科授業実践を通じて問い直そうとする教師のねらいや考えが存在していたことが分かる。そして，それが，戦後初期新教育の経験主義に対する批判へとつながっていったのである。

（2）中学校教師による「新しい郷土教育」実践への着手

　1950年代の郷土全協の中学校教師による「新しい郷土教育」実践の創造過程については，前章までに，以下のように検討してきた。

　第4章では，杉崎による「新しい郷土教育」実践の背景として，郷土クラブを主体として，郷土のフィールド・ワークを行っていたことについて検討した。杉崎は，特別教育活動の時間を利用して，郷土クラブを組織し，そして，郷土全協の考え方にもとづいて実践的な学習を重視し，郷土クラブの活動としてフィールド・ワークに取り組んでいた。それは，1950年代における横須賀町における社会問題の解決をめざした取り組みと結びついていたのである。

　第5章では，中村による「新しい郷土教育」実践の背景として，郷土研究クラブ主体による調査研究活動が，「新しい郷土研究」の実践という位置づけのもとに行われていたことについて検討した。中村は，研究問題解決的な単元学習を重視する立場から，「郷土」における社会科歴史教育のあり方を模索していた。中村は，フィールド・ワークを通して，地域教材の自主編成活動と，郷土研究クラブを主体とした調査研究活動とを結びつけながら取り組んでいたのである。そのような出来事を背景として，中村は，1950年代における戦後の郷土教育運動に関わっていったのである。

　以上のことから，1950年代の中学校教師による「新しい郷土教育」実践の背景には，彼らによる郷土研究の経験が存在していた。そして，中学校教師たちは，郷土全協の活動に関わる中で，郷土研究を「科学的」に高めようとしたことが明らかになった。そして，それが，戦後初期新教育の経験主義

に対する批判へとつながっていったのである。

（3）「郷土」において社会的問題を問う「新しい郷土教育」実践

　1950年代において，教師たちが置かれた歴史的社会状況について，佐藤（1976）は，「当時，意識的な教師たちは，国史教育の傷痕をぬぐいさり，無国籍・非科学的な社会科をどうのりこえていくか，そのためにはまずみずからがこれまでの歴史学の成果に学ばなくてはならず，みずからが村の歴史をほりおこして書くという以前の姿勢と状況だったのである」⁽¹⁾と述べている。

　そのような状況下において，1950年代において「新しい郷土教育」実践の創造に着手した郷土全協の教師たちの背景に共通する特質は，次の二点にまとめることができる。

　第一に，郷土全協の教師たちは，「新しい郷土研究」の実践を通して，「郷土」における現実的な課題を問いかけ，戦後初期新教育の経験主義教育理論に対する批判を高めていたことである。桑原は，1951年の段階で，「新しい郷土研究」について，次のように述べていた。

　　自然の発展はきわめて緩慢なものであって，その上にかつてあらわれた生物もまた，この緩慢なテンポの中で発生し，発展し，滅亡した。この長い歴史を背景として生まれた人類の素晴らしさは，それが自然の条件に左右されているのではなくて，その発展のうちに，自然を改造することを学んだことにある。
　　われわれの先祖も，この光栄ある人類の一員として，その苦闘の中に輝かしい足跡をとどめてきた。その足跡を，われわれは具体的に，われわれの郷土の中にもとめようとしたのである。⁽²⁾

　このように桑原は，「新しい郷土研究」を通して，教師たちが，先祖たちが「改造」し，「発展」させてきた「郷土」の歴史を学ぶ必要性について主張していたのである。桑原による「新しい郷土」認識について，須永（2013）は，「『郷土』の中にこそ，地域社会の深刻な利害対立，賃労働化・都市化といった地域社会の変容といった共同体的な志向とは対局にある『資本』の運

動を見出そうとしていた」[3] として論じている。したがって，郷土全協の教師たちは，資本制社会における「郷土」のあり方を問うとする実践として，「新しい郷土研究」の実践に取り組んでいたことが示される。

　また，そうした点に関わって，第2章で取り上げた相川日出雄は，「新しい郷土研究」の経験について，次のように述べている。

　　たてあな住居跡は考古学者の和島誠一さんにみていただいたが，そのとき，
　　「たて穴住居跡と水とは必ず関係がある。」
　　「台地は初め狩猟だけだったが，徳川期には広い部分が放牧場となり，現在は広大な畑となっている土地の生産力の発展を考えなければならぬ。しかしだからといってすべてを土地の生産力にもっていってはいけない。」
　　という意味のことをいわれ，わたしは「はっ」としたのだった。そして「なんというぽんくらだったろう」と思った。
　　そして「その土地とは何か」ということを考えるためには地質をはっきりさせなければならなかった。（中略）
　　つまりいろいろな知識をつかんで，それを統一的に使うという意識が欠けていたのだ。[4]

　この相川の発言のように，「新しい郷土研究」の実践は，「郷土」における「土地の生産力の発展」や「郷土の発展の歴史」を，いろいろな知識を活用して問う実践として捉えていたのである。

　また，第6章で取り上げた，渋谷忠男も，「郷土の中には数えきれないほどの問題があります」と捉え，とりわけ「土地の所有関係」「因習」のような「資本主義社会と呼ばれる（農村では前近代的な要素が強くからみついている）現代社会をえぐり出す」[5] ことが必要だと考え，その際には，「だれが持っているか」[6] を明らかにすることが重要だと考えていた。

　この渋谷の発言のように，「新しい郷土研究」の実践は，「郷土」における「土地の生産力の発展」や「郷土の発展の歴史」を，いろいろな知識を活用して問う実践として位置づけられる。

　以上のことから，郷土全協の教師たちは，「新しい郷土研究」の実践を通

じて，資本制社会における「郷土」のあり方を問おうとしていたと位置づけられる。

　第二に，郷土全協の教師たちは，「新しい郷土教育」実践を通じて，児童・生徒に「科学的な批判の精神」を身につけさせ，「郷土」における現実的な課題の解決を見出そうとしていたことがある。桑原は，批判的な「科学」の精神について，次のように捉えていた。

　　子供たちが自分で材料を集め，自分で料理するところに，あたらしい方法がはじまる。今までのように，中央の動きだけをとらえる歴史ではなく，子供たち自身が，自己の周辺に正しい歴史の目を向けていくことができたら，そこから新しい道がひらけてきそうに思われる。[7]

　つまり，桑原は，子供たち自身が，「郷土」に対して歴史の目を向けていくことが，批判的な「科学」の精神を育むための第一歩だと考えたのである。この桑原の「新しい郷土教育」論に関して，寺尾（1993）は，「昭和22年に成立した社会科の性格をマルクス主義理論の立場から独自に読み直し，当時の社会的要求に見合う形で，子どもの主体性を育成する『郷土教育論』を構築したのではないであろうか」[8]と述べている。つまり，桑原の「新しい郷土教育」論は，「郷土の現実」を，資本制社会のもとで搾取が行われている現実として認識し，その課題の解決を，マルクス主義理論にもとづく「科学」[9]的な批判の精神の育成を通してめざす傾向が強かったといえる。
　そうした点に関わって，第2章でも論じたように，相川は，「論理的思考力」について，次のように考えていた。

　　文章形式でいうなら，「…だから…である。」とか「それだから…。」というような論理的思考は考古学という科学で，遺跡や遺物からものを見極めていくのにもっとも根本的なものと考える。ではそれを教育に適用した場合はどうなるのであろうか。考古学で当時の社会発展を学ばせるとともに，子どもの論理的思考力を―それは極めて単純な推理，判断であるが―養っていくことをわたしは重視し

たい。⁽¹⁰⁾

このように相川は，考古学研究を通じて，「当時の社会発展を学ばせる」と同時に，「論理的思考力」の形成を求めていたのである。話し合いの場面においては，根拠をもった発言や表現を重視していた。そのことが，「科学」的な郷土史の学習であると捉えていたのである。

以上のことから，1950年代における郷土全協の教師たちは，「新しい郷土教育」実践を通じて，児童・生徒に「科学」的な批判の精神を身につけさせ，「郷土」における現実的な課題の解決を見出そうとして，実践に取り組んでいたことが明らかになる。

第2節 フィールド中心の学問研究を活用した教材研究

（1）小学校教師による「郷土」での教材研究

1950年代の郷土全協の小学校教師による教材研究の特質については，前章までに，以下のように検討してきた。

第1章では，1950年代前半における「新しい郷土教育」実践の創造過程に関わって，考古学・地理学・地質学といったフィールド中心の学問研究を通じて，「研究者（理論）」と「教師（教育実践）」との共同・協力による交流が行われていたことを示した。1950年代前半における戦後の郷土教育運動の展開の中では，「生活綴方との結びつき」や「郷土教育的教育方法」の「実践」に関わる「理論」の深まりが，現場の教師たちによる教育実践の創造過程に影響を与えていたことを示した。

第2章では，相川による教材研究の取り組みとして，「郷土史研究を活用した教材研究」にもとづいて，郷土史中心の小学校社会科授業づくりを行っていたことについて検討した。相川は，考古学研究や古文書研究を用いた郷土史研究を通じて，郷土史教材を開発し，社会科の教材として用いていた。また，戦後の郷土教育運動への参加によるフィールド・ワークの経験を通して，フィールド・ワークを授業方法として用いていた。すなわち，相川は，教材開発や授業構成において，自身の郷土史研究やフィールド・ワークの経

験を活用しつつ，小学4年生の社会科カリキュラムを自主編纂していたこと
を明らかにした。

　第3章では，福田による教材研究の取り組みとして，「フィールド・ワー
クを活用した教材研究」にもとづいて，地理教育中心の小学校社会科授業づ
くりを行っていたことについて検討した。福田による社会科授業実践では，
学習者が，郷土の歴史地理的な事象について，具体的な事物に関する学習や，
フィールド・ワークを通して，認識を深めることがめざされていた。それは，
1950年代における小学校教師の「新しい郷土教育」実践に共通する特質で
あったことを明らかにした。

　第6章では，渋谷による教材研究の取り組みとして，「地理学研究を活用
した教材研究」にもとづいて，地理学習としての小学校社会科授業づくりを
行っていたことについて検討した。渋谷による社会科授業実践では，郷土に
おける子どもたちの親の生活に着目し，「労働」や「所有関係」という資本
主義社会の矛盾から生じる問題について，子どもたちが問題意識をもつこと
をねらいとして展開されていた。渋谷による「新しい郷土教育」実践は，「だ
れにでもできる」実践として，その後の戦後の郷土教育運動の展開過程にお
いても，重要な意味をもっていたことを明らかにした。

　以上のことから，1950年代の郷土全協の小学校教師による教材研究は，
社会科授業実践の中に，「郷土」教材をどのように位置づけるかといった問
題意識に基づいて，フィールド・ワークを活用して取り組まれたものであっ
た。そして，彼らの実践の中では，社会科授業方法としてのフィールド・ワ
ークにも取り組んでいたことが明らかになる。

（2）中学校教師による「郷土」での教材研究

　1950年代の郷土全協の中学校教師による教材研究の特質については，前
章までに，以下のように検討してきた。

　第4章では，杉崎における教材研究の取り組みとして，「考古学研究を活
用した教材研究」が行われていたことについて検討した。杉崎は，発掘調査
の作業を中学校における教育活動として位置づけていた。そして，杉崎は，

考古学の方法論に学ぶことの重要性を認め，郷土クラブの生徒たちは，実際の発掘調査の作業に取り組んでいた。そのような発掘調査の作業を通じて郷土クラブの生徒たちは，考古学の研究手法を体得していたことを明らかにした。

第5章では，中村における教材研究の取り組みとして，「郷土研究を活用した教材研究」にもとづいて，岡山県福本村における地域的課題の解決をめざす調査研究活動を展開していたことについて検討した。中村による指導によって，郷土研究クラブの生徒たちは，郷土の具体的事物に関する調査研究活動を行い，労働人口の歴史的な把握や，封建的社会関係の克服というような現代につながる地域的課題に眼を向けていった。そのような地域的課題の克服をめざした学習を通して，生徒たちが，「科学的」な認識を形成することが可能となっていたことを明らかにした。

以上のことから，1950年代の郷土全協の中学校教師による教材研究の特質は，課外活動としてのクラブ活動の時間を活用して行われたことにあったといえる[11]。そして，彼らは，「郷土クラブ」や「郷土研究クラブ」を主体として，「郷土」教材への「科学的」な理解を深めるために，教材研究に取り組んでいたことが明らかになる。

（3）「郷土」での考古学・地理学・地質学を活用した教材研究

佐藤（1976）は，当時の意識的な歴史教師たちが，1950年代前半における戦後の郷土教育運動に参加するなかで，「具体的にものを見るということを改めて学んだ」[12]ことについて指摘している。

そのような1950年代における「新しい郷土教育」実践の創造過程に関わって，郷土全協の教師たちによる教材研究に共通した特質は，次の二点にまとめることができる。

第一に，1950年代前半において郷土全協の教師たちは，フィールドを中心とした学問研究である考古学・地理学・地質学を活用した教材研究を行っていたことである[13]。

　第3章で取り上げた福田和は，社会科授業「私たちの町」の実践に際し，次のように「教師のねらい」と「単元の目標」を考えて，実践に取り組んでいた。

　　○教師のねらい
　　・郷土の具体的な歴史を理解させる。
　　・郷土の歴史地理を通して，科学的なものの見方，考え方を身につける。
　　・たくほんのとり方，郷土地図の見方，白地図の記入の仕方，人の話を聞いてメモができるようにする。
　　○単元の目標
　　・郷土にあるうずもれたいろいろな資料を，子供の目でとらえ，自分の村のでき上がり方，発展の仕方，現在の町の様子に関心をむけ郷土を歴史的，地理的観点より理解する。[14]

　福田は，「私たちの町」の実践を通じて，児童が，「自分の村のでき上がり方」や，「発展の仕方」，「現在の町の様子」に関心を向けることをめざして，教材研究を行い，実践に取り組んでいた。そこでは，フィールドを中心とした学問研究である「地理学研究」を活用した教材研究が行われていたのである。

　以上のことから，1950年代前半において郷土全協の教師たちは，フィールドを中心とした学問研究である考古学・地理学・地質学を活用した教材研究を行っていたことが明らかになる。

　第二に，1950年代における戦後の郷土教育運動の展開の中で，郷土全協の教師たちにおける教材研究の関心が，次第に「地理教育」へと向かっていったことである。桑原は，1950年代半ばの段階で，「社会科と郷土教育」の問題について，次のように論じていた。

　　考えてみれば，明治以降の近代教育において，いち早く「郷土」が教育の場としてとりあげられ，位置づけられたのは，地理教育の分野においてであった。そ

して，この「郷土」がどのような角度からとりあげられるか，あるいは見すてられるかによって，地理教育は大きく変わってきたのである。「郷土」は他の教科とも無関係ではない。歴史教育との関連はもちろんであるが，理科や国語とも無縁のものではない。しかし，地理教育と郷土との関係は，もっとも直接的であり，切っても切れないつながりをもっている。しかも，戦後の地理教育への無関心さが，今日の社会科をほとんど危機的な状態に追いこんでいることを考えるとき，郷土教育の運動は地理教育の問題に全力をあげてとりくまねばならなかったし，またわたしたちにはそれだけの責任があったのである。1954年8月，第3回お茶の水大会をまえにして，機関紙「歴史・地理教育」を歴教協と共同編集で出す決意をしたのもそのためであった。

　第3回大会が終わると，わたしたちは運動の焦点を地理教育の分野にしぼっていった。基礎的な地理学習とフィールドを結びつけながら，それを社会科の実践でうけとめようとした。理論も実践も，内容と方法も，ながいあいだの戦後の立ちおくれを，いっきょに挽回しなければならなかったのである。(15)（傍点部は筆者）

　ここで桑原が述べるように，1950年代半ばにおいて「新しい郷土教育」実践の課題は，「地理教育への無関心」として，捉えられるようになっていく。そして，1950年代半ばからの郷土全協の活動は，「地理教育」に重心を置いて取り組まれていくこととなる。その際に，戦後の郷土教育運動の展開に実践的な根拠を与えたのが，第3章で取り上げた福田による「地理教育」を中心とした「新しい郷土教育」実践であった。桑原は，1950年代半ばの段階で，次のように福田実践を評価していた。

　低学年の社会科が修身科から一歩ぬけ出るためには，ものごとを具体的に見ることのできる能力をやしなうことです。ことばをかえていえば，人間を見る目をやしなうことです。郷土教育の方法を「ヒューマニズムの精神につらぬかれたリアリズムの方法」というのも，低学年むきにいえばこんなことになるのでしょうか。「ロウを得てショクを望む」という古いことばがありますが，こんな勝手な注文が出せるのも，福田先生の実践がやはりすぐれているからで，改めて敬意を

表したいのです。[16]

　このように，桑原は，1950年代半ばの段階で，「ものごとを具体的に見ることのできる能力をやしなう」ことを可能にした福田実践について，「すぐれている」と評価していたのである。

　また，第6章で取り上げた「地理学習」としての渋谷実践も，桑原によって高く評価されていた。それは，渋谷実践が，当時の桑原の思いに答えていたためである。当時の郷土全協内には，「今，我々はフィールドワーク以外でも，社会科を進める上に，科学的事実を子供に感動のあるものとしてとらえさせる研究が必要です」[17]といった課題も存在していた。そのような課題に対し，渋谷は，「教科書を充分につかっていくか，教科書を使わないで地域にそくした独自なカリキュラムをつくっていくか，というようなことは，どちらにしても本質的な問題ではないように思います」と考え，「私などは教科書を中心にして学習を展開したほうですが，子供達が郷土の現実をふまえて学習していけば，なんとかやっていけたものです」[18]といい，社会科教科書の読み取りを中心とした「世界地理の学習」を行っていたのである。

　さらに，第5章で取り上げた中村も，1950年代半ばの段階で，「新しい郷土教育」実践のあり方について，次のように考えていた。

　　考古学は歴史の学問であるといってしまえばそれまでだが，私はどうも，考古学的な方法が地理教育の上でも応用できるのじゃないか，考古学的な方法でもって，地理教育の新しい面を開拓していかなければならんのじゃないかと思うようになった。大胆ないい方だけれども，そうする事によって，地理がほんとうに役立つものになっていくのじゃないか，それが，郷土教育的方法であろう。[19]（傍点は筆者）

　そして，中村は，1950年代後半からの中学校社会科における「地理教育」を中心とした「郷土教育的方法」の実践に取り組んでいく。それらの実践を引き継ぐ形で，1950年代後半において「地理教育」としての「新しい郷土教育」実践に取り組んだ教師が，渋谷忠男であり，郷土全協を代表する実践家として位置づけられていったのである。

　以上のことから，1950年代における戦後の郷土教育運動の展開の中で，郷土全協の教師たちにおける教材研究の関心が，次第に「地理教育」へと向かっていったことを確認することができる。

第3節　生活綴方とフィールド・ワークの結びつきが果たした役割

（1）小学校教師による「郷土」での生活綴方的教育方法
　1950年代の郷土全協の小学校教師による生活綴方的教育方法の取り組みの特質については，前章までに，以下のように検討してきた。

　第1章では，1950年代前半における戦後の郷土教育運動の展開の中では，「歴史教育と生活綴方の結合」といった教育方法としての「理論」の追求がなされていたことを明らかにした。そのような「理論」は，小・中学校教師による「新しい郷土教育」に関する「実践」の創造を通して，さらに深められていた。また，郷土全協に参加した小・中学校の教師たちには，学習者が歴史を書くという「生活綴方」の意義と，教師が「実践記録」を書くことによる自己教育の価値が共有され，郷土全協の教師たちによって数多くの実践記録が生み出されていたのである。

　第2章では，相川が，「郷土史教育と生活綴方の結合」といった取り組みを通じて，「郷土の歴史」を学ぶことに子どもの「生活」の向上を見出していたことについて検討した。相川は，郷土における子どもの生活に着目する中で，子どもを地域における生活の主体者として捉えていった。また相川は，子どもの意識の変化を，実践記録への記述を通して捉えることを自身の「反省」として位置づけながら社会科教育実践に取り組んでいた。これらのことを通じて相川は，郷土における子どもの「生活」の向上をめざした社会科教育実践に取り組んでいくことができたことを明らかにした。

　第3章では，福田が，「地理教育と生活綴方の結合」といった取り組みを通じて，児童が，郷土における事象を，「くらべてみる」学習を行うことをめざしていたことがある。それは，第2回郷土教育研究大会のテーマを受け，

福田が意識的に取り組んだ「新しい郷土教育」実践の創造であったといえる。そして，福田による「くらべてみる」学習は，社会科授業「近所の人びと」の実践において，「学校のまわり」と「家の近所」の絵地図を描き，それぞれを比較する学習活動を行うことにより可能となっていたことを明らかにした。

第6章では，渋谷が，「教科書学習と生活綴方の結合」といった取り組みを通じて，児童が，世界の国々と郷土における社会問題を，「くらべて考える」学習を行うことをめざしていたことを明らかにした。

以上のことから，1950年代の郷土全協の小学校教師による生活綴方とフィールド・ワークを結びつけた取り組みは，社会科授業実践を通じて，児童の「歴史的なものの見方」や「科学的な考え方」を育もうとするねらいをもったものであったことが分かる。そして，それは，小学校教師たちが，児童を「郷土」における「生活」の主体者として捉えた経験にもとづいたことにより生じた考え方であったといえる。つまり，1950年代の郷土全協の小学校教師たちは，生活綴方とフィールド・ワークを結びつけた取り組みを通じて，「郷土」における認識と表現の問題を問うていたことが明らかになる。

（2）中学校教師による「郷土」での生活綴方的教育方法

1950年代の郷土全協の中学校教師による生活綴方的教育方法の取り組みの特質については，前章までに，以下のように検討してきた。

第4章では，杉崎が発掘調査の中で，「発掘調査と生活綴方の結合」をさせた取り組みを行っていたことについて検討した。杉崎は，発掘調査の中において教育方法として生活綴方的教育方法を活用して，詩や作文の指導を行っていた。杉崎実践では，生徒における「主体的な生活の姿勢の確立」をねらいとして，発掘調査の中の生活綴方に取り組んでいたことを明らかにした。

第5章では，中村が月の輪古墳発掘運動の中で，「社会科歴史教育と生活綴方の結合」をさせた取り組みを行っていたことを検討した。中村は，社会科歴史授業実践においても，郷土史研究法を活用していた。中村は，生徒の批判力，思考力を養うことをねらい，郷土研究を活用しながら社会科歴史授

業実践に取り組んでいた。また，中村は，月の輪古墳の発掘調査の中で生活
綴方的教育方法を活用して作文や詩の指導に取り組んでいた。このような「郷
土」の歴史を書くことの取り組みは，生徒たちにおける生活態度の形成を可
能としていたことを明らかにした。

　以上のことから，1950年代の郷土全協の中学校教師による生活綴方とフ
ィールド・ワークを結びつけた取り組みは，発掘調査やクラブ活動の中で，
生徒の「主体的な生活の姿勢」を確立しようとして行われたものであったと
いえる。そして，それは，郷土全協の中学校教師たちによって，「生徒の主
体的な生活の姿勢」の確立を，「郷土」における課題の解決と結びつけてい
たために生じた考え方であったと捉えることができる。

（3）「郷土」で歴史や生活を綴ることの意味

　1950年代における「綴方教育の今日のさかんな姿」について，高橋磧一は，
「日本中の良心的な先生たちがいわゆる『新教育』，なかんずく現在行われて
いる社会科に不信任状を叩きつけている」[20] 姿として捉えていた。そして，
そのような姿は，郷土全協の教師たちにも，共通する姿であったのだろう。
桑原は，そうした「生活綴方と歴史教育の交流」の姿について，次のように
述べていた。

　　それが教育としておこなわれるかぎり，国民的な感情の形式が問題になる。こ
　とに小学校においては重大である。郷土の事物をたんに知識として理解すること
　であってはならないと思う。事物の科学的な処理とともに，それを自己の感情と
　して表現するところまで到達しなければ，認識を深めることもできないし，まし
　て，先人の労苦に対する共感が，民族的な自覚とも誇りともなって，明日の日本
　をきずく（ママ）原動力とはなり得ないだろう。ここに歴史教育と生活綴方の結
　合の必然がある，とわたしは考えている。[21]（傍点部は筆者）

　このように桑原は，1950年代において，「郷土」の事物に対して，児童が「自
己の感情として表現する」ことの意義を見出し，教師たちが，認識と表現の
問題にこだわって，「歴史教育と生活綴方の結合」という課題にもとづいた

実践に取り組むべきことを主張していたのである。

　また，そうした実践を通じて生み出される子どもたちの作文の意義について渋谷は，「郷土には，生きた人間たちが，地理的・歴史的な条件の中で，現に生活とたたかい続けている．子どもの親たちもその一員であるし，子どもたちも直接的・間接的にその影響を受けながら成長を続けているのである．―子どもたちの作文の中にも，こうした郷土の複雑な人間生活の問題が，無数に顔を出しているものだ―」[22]と述べ，その意義を理解していた。

　以上のような1950年代の郷土全協の教師たちが，「郷土」において生活綴方とフィールド・ワークを結びつけた取り組みを行ったことの成果は，以下の二点にまとめることができる。

　第一に，「郷土」の具体物を用いた指導と，生活綴方的教育方法による「概念くだき」の指導を通じて，児童・生徒によってすぐれた詩や作文が生み出されていたことである。

　当時の郷土全協の会長であった周郷博は，生活綴方に対して，「郷土教育で考古学的な作業と学習がなされることから，子どもたちは，じっさいに眼で見，手にふれる材料をつかって創造的に歴史地理的に生活の知性をみんなでそだてているのはなんてすばらしいことだろう。資本主義社会での現在主義的な生活から彼らはいつのまにか抜けだしてすくすくとのびているのにおどろかされる」[23]と評価している。また，二人の取り組みに対しても，「自然と事物の世界に加えられた遺跡が語る言葉を大事にしなくてはならない。どちらも，歴史地理道徳についての既成の概念くだきと創造的な人間の再生を望んでいる活動なのである」[24]と述べる。つまり，周郷は，「新しい郷土教育」実践の成果について，「郷土」の具体物を用いた指導と，生活綴方的教育方法による「概念くだき」の指導の成果をあげていたのである。

　また，竹内好は，当時の「生活綴方」に対して，「思想解放」[25]の可能性が見出されるものとして捉えていた。そのような文脈から，小国（2007）は，月の輪古墳発掘運動の中の子どもたちの感想の分析を通して，「独自の歴史意識の萌芽」[26]を読み取って，評価している。

　以上のことより，1950年代における「新しい郷土教育」実践の中で，郷

土全協の教師たちによる生活綴方とフィールド・ワークを結びつけた取り組みがめざしたものは，「郷土」の具体物を用いた指導と，生活綴方的教育方法による「概念くだき」の指導を通じて，児童・生徒における「思想解放」や「独自の歴史意識の萌芽」の可能性を見出そうとしたものであったといえる。そして，それらの生活綴方とフィールドワークを結びつけた取り組みの成果として，児童・生徒によってすぐれた詩や作文が生み出されていたと捉えることができる。

　第二に，1950年代の郷土全協の教師たちにおいて，「実践記録を書く」ことの意義が，共通して見出されていたことである。郷土全協の教師たちによって共通して取り組まれていた「実践記録を書く」ことには，大人版の「生活綴方」としての意味もあった。

　第2章で取り上げた相川日出雄は，「実践記録を書く」ことの意義について，次のように述べている。

　　わたくし自身，この一年間をふりかえってみて，驚くほどの変化と前進をしているのを感じている。そして，この教師の自己改造と無関係に子どもたちは変化しているのではない。

　　この前例がしめした子どもたちの前進は，この教師の自己改造とどのように関係し，成し遂げられていったかという過程を，学習や子どもの作品を通して，順を追って書いていこうと思う。

　　私には，子どもたちの意識が，どんな契機で，どのように変化していったかというプロセスこそ最大の関心事であり，それはまた次の年度の私たちの前進にとって欠くことのできない反省でもあると信じている。[27]

　このように，相川にとっての「実践記録を書く」ことの意義とは，「教師の自己改造」のために必要な「反省」であるとして捉えられていたのである。

　また，第5章で取り上げた中村一哉も，「書くことに熱心になったのも，今迄の教師という職の上にあぐらをかいて安住していた気持ちから，子供と共に村の人々と共に，ものを考えていこうとするようになった人間的変革が，

あるいはそうさせたのかも知れない」[28] と述べていた。

　さらに，第4章で取り上げた杉崎章は，教師における「実践記録」のあり方について，次のように述べていた。

　　個々の遺跡を調査した際の生徒の記録を集めた文集とともに貴重な資料を提供してくれるものは，同じ道を開拓していく教師たちの実践記録である。考古学的方法を中心とした歴史教育を前進させるためには，一人でも多くの教師が自分の実践を公開する必要があり，その上で共通の資料という立場から検討され，問題点についても批判と解明が何より大切である。この場合も，これも前に述べた相川日出雄氏の報告がすばらしかったため教師の実践記録といえば相川氏の形とまで，無意識の間に一定の形として多くの教師に影響を与え，実践記録の内容までが公式化していく傾向がみとめられるのは問題であり，つねに新しい分野を開拓していく教師の創造性にこそ意義をみとめられるべきである。[29]

　この杉崎による発言のように，教師が「実践記録」を書き，公開されて，検討や批判が行われることには，教師における「創造性」の開発の意味も存在していたといえる。すなわち，当時の郷土全協の教師たちにおいて「実践記録を書く」ことの取り組みには，教師同士の「連帯」[30] の可能性を見出していたといえよう。

　以上のことから，1950年代における郷土全協の教師たちによる生活綴方とフィールドワークを結びつけた取り組みは，「実践記録を書く」という大人版の「生活綴方」につながり，教師自身における「自己反省」や「自己変革」の意義が見出されていたといえる。また，「実践記録」が公開され，その検討や批判が行われることによって，教師同士の「連帯」の意義が見出されていたことについても指摘することができる。

第4節　研究の総括

　本研究の目的は，1950年代における「新しい郷土教育」実践の創造過程に関して，郷土全協の教師たちの取り組みに共通する特質について，歴史的

研究を通して解明することであった。

　序章でも論じたように，従来，戦後の郷土全協の活動についての研究は，「戦前の郷土教育の再評価からの着目」「地域に根ざす社会科の前身としての着目」「郷土教育論争への着目」「民間教育研究団体の運動への着目」「個別の郷土をふまえる教育実践への着目」といった五つの観点を中心に取り組まれ，それぞれに研究が深められてきた。

　そのような先行研究の成果を踏まえた，本研究のオリジナルな意義は，以下の三点に集約される。

　第一に，1950年代における「新しい郷土教育」実践の背景に関して，「研究者（理論）」の側からだけではなく，学校現場の「教師（教育実践）」の側からの言説にも着目し，「実践記録」や，複数の「実践資料」を用いて，1950年代における郷土全協の教師たちは，なぜ，戦後初期新教育を批判することができたのか，といった研究史上の課題に対して，検討を加えたことである。

　これまでの先行研究では，1950年代における郷土全協の活動の特質に関して，以下のように論じられてきた。

　木全（1985）は，当時の郷土全協の活動について，「戦後いちはやく『地域』に着目した研究サークル」[31] として論じている。谷口ら（1976）は，郷土全協における「フィールド・ワーク」の意味について，「学問と教育の結びつきを教育実践家に，結合の場所を野外──つまり郷土にもとめた」[32] ことを論じている。廣田（2001）は，1950年代の郷土全協の活動について，「主な活動主体が研究者・学者主催ではなく小学校教師であり，小学校教師自身のための実践交流活動が行われていたこと」[33] について論じている。板橋（2013）は，1950年代における郷土全協の運動に関して，「初期の郷土全協における運動は，フィールド・ワークを行いながら『教育内容と教育方法の統一』に取り組もうとしていた」[34] として論じている。臼井（2013）は，郷土全協が，「1960年代の郷土教育運動において，子どもの問題意識をどのようにふまえて実践を進め，それをどう生かすのかということ」を問いかけな

がら，渋谷忠男実践のような「1960年代の郷土をふまえる教育実践」に取り組んでいた[35]ことについて論じている。

本研究では，そのような先行研究の成果を踏まえつつ，1950年代における「新しい郷土教育」実践の背景として，学校現場の教師の側からの言説にも着目し，「実践記録」や，「生活記録」や「発言記録」，「調査記録」，「インタビュー記録」，「生活綴方」等の複数の「実践資料」を用いて検討したことにより，1950年代における「新しい郷土教育」実践の創造過程に関わって，「研究者（理論）」と「教師（教育実践）」との結びつきが，重要な意味をもっていたことを示した。

すなわち，本研究の第一の成果は，郷土全協の教師たちにおいて，むさしの児童文化研究会が主催した「フィールド学習」への参加の経験や，郷土全協が開催した郷土教育研究大会での理論の深まりなどといった要因が，「新しい郷土教育」実践の背景となっていたことを示したことである。第1章で論じたように，1950年代前半のむさしの児童文化研究会による「フィールド学習」では，研究者より，「理論」としての「新しい郷土研究」の手法が現場の教師へと普及・啓発されていた。そこでは，現場の教師たちによって「新しい郷土研究」の「理論」が学ばれ，社会科の単元開発や教材の自主編纂活動と結びついて，「新しい郷土研究」の「実践」として取り組まれていたのである。また，1950年代前半からの郷土教育研究大会の開催を通じて，「新しい郷土教育」に関する「実践」の「理論」化が図られていた。すなわち1950年代における郷土教育研究大会の開催は，「新しい郷土教育」実践に関する教育方法の「理論」化がめざされ，現場の教師同士の「実践」交流をも促していたのである。さらに，1950年代における戦後の郷土教育運動の展開の中で，「新しい郷土教育」の「実践」に関わる「理論」の深まりが，現場の教師たちによる「新しい郷土教育」実践の創造過程に影響を与えていた。以上のことから，1950年代における「新しい郷土教育」実践の創造過程においては，「研究者（理論）」と「実践（教師）」の関わりが，重要な意義をもっていたことを明らかにすることができた。

　第二に，1950 年代における「新しい郷土教育」実践の創造過程に関して，相川日出雄，福田和，杉崎章，中村一哉，渋谷忠男という郷土全協を代表する実践家による取り組みを事例として取り上げ，教材研究といった場面について検討対象を限定的に絞り，1950 年代における「新しい郷土教育」実践の創造過程では，どのような教材構成が行われていたのかといった，研究史上の課題に対して，検討を加えたことである。

　これまでの先行研究では，1950 年代前半における「新しい郷土教育」実践の創造過程に関する教師の取り組みに関して，以下のように論じられてきた。

　1950 年代前半における「新しい郷土教育」実践の代表的な取り組みに着目した研究として，相川日出雄による「新しい地歴教育」実践に関する研究がある。その中でも，小原（1977）は，「実践の中の問題意識から民間教育団体の成果を主体的に取り入れることを通して，教育実践を自己改造していった」[36] と論じている。田中（1980）は，社会科の課題や方法を，「歴史的な現実と戦前および戦後の教育運動における教育方法の成果の継承によってとらえ直す」と同時に，「歴史教育内容の創造」の課題に取り組んだためだと論じている[37]。小島（1983）は，「子どもの現実をとらえ，その上に立って子どもの可能性を伸ばすことが教育の営みであると考えた」[38] ためだと論じている。

　また，1950 年代後半における「新しい郷土教育」実践の代表的な取り組みに着目した研究として，渋谷忠男による「郷土に学ぶ社会科」実践に関する研究がある。その中でも，臼井（1982）は，「歴史教育を進めるなかで，半封建的なものが残存する『郷土』における思考方法を，まさに『郷土』の特殊性として重視せざるを得なかったからである」[39] と論じている。板橋（2013）は，「『自分たちの生活を意識して見つめ，そして考え，個々ばらばらのものをまとめ，練りあげ，より高く，より広い認識へと移行できるような，そういう教育の場はあるのだろうか』と考え続け，『そういう教育の場』を郷土に見出していくのである」[40] と論じている。

　本研究では，そのような先行研究の成果を踏まえつつ，1950 年代におけ

る郷土全協の教師たちによる「新しい郷土教育」実践の創造過程に関して，相川日出雄，福田和，杉崎章，中村一哉，渋谷忠男という郷土全協を代表する実践家による取り組みを事例として取り上げ，教材研究といった場面を限定的に絞って検討したことにより，「郷土史研究を活用した教材研究」「地理学研究を活用した教材研究」「考古学研究を活用した教材研究」「郷土研究を活用した教材研究」といった彼らによる取り組みの特質を示すことができた。

　すなわち，本研究の第二の成果は，1950年代における郷土全協の教師たちが，考古学・地理学・地質学といったフィールド中心の学問研究の研究手法を活用した教材研究を行うことによって，「新しい郷土教育」実践の創造を可能にしていたことを示したことである。郷土全協の小学校教師における教材研究の特質は，第2，3章の相川や福田による取り組みの事例で論じたように，社会科授業実践という教科指導の中に「郷土」教材をどのように位置づけるかといった問題意識にしたがって，フィールド中心の学問研究を活用して取り組まれたものであった。また，郷土全協の中学校教師における教材研究は，第4，5章の杉崎や中村による取り組みの事例で論じたように，課外活動としてのクラブ活動の時間を活用して，「郷土クラブ」や「郷土研究クラブ」を主体として，「郷土」教材の自主編纂活動を目的として取り組まれたものであった。そして，1950年代の郷土全協の教師たちにおいては，考古学・地理学・地質学といったフィールド中心の学問研究の研究手法を活用した教材研究という取り組みに，「郷土」における現代的課題の解決の可能性を見出していたことを明らかにすることができた。

　第三に，1950年代における「新しい郷土教育」実践の創造過程に関して，相川日出雄，福田和，杉崎章，中村一哉，渋谷忠男という郷土全協を代表する実践家を対象事例として取り上げ，彼らによる生活綴方とフィールド・ワークを結びつけた取り組みといった場面に限定し，1950年代における「新しい郷土教育」実践は，どのようにして創造されていたのかといった研究史上の課題に対して，検討を加えたことである。

　これまでの先行研究では，1950年代における「新しい郷土教育」実践の

展開に関して，以下のように論じられてきた。

　1950 年代前半における「新しい郷土教育」実践の代表的な取り組みとして，相川日出雄による「新しい地歴教育」実践がある。相川日出雄による「新しい地歴教育」実践の特質について，小原（1977）は，「相川実践は，子どもの生活現実から出発し，フィールド・ワークや生活綴方を通して，できるだけ子どもの直観を重視しながらも，子どもが科学を主体的に取り込むことによって，科学的な歴史認識を育成することをめざしている」[41] と論じている。田中（1980）は，「相川実践は，子どもの切実な問題解決をそれ自体として追求するものではなく，系統的な歴史認識を媒介として，生活現実の問題にアプローチしようとするものである」[42] と論じている。小島（1983）は，「相川の実践は，郷土史を中心に系統的（通史的）な歴史学習を，作文や詩，劇などを取り入れて展開したことに大きな特色がある」[43] として論じている。

　また，1950 年代後半における「新しい郷土教育」実践の代表的な事例として，渋谷忠男による「郷土に学ぶ社会科」実践がある。渋谷忠男による「郷土に学ぶ社会科」実践の特質について，臼井（1982）は，「歴史地理教育内容を『郷土』で受けとめ，そして考えるような『子どもの問題意識』を育てることを主張した」[44] と論じている。板橋（2013）は，「授業を通して将来の社会を担う子どもたちがそうした問題を克服していけるための基礎となる学習をつくりあげていった」[45] と論じている。

　本研究では，そのような先行研究の成果を踏まえつつ，1950 年代における「新しい郷土教育」実践の創造過程に関して，相川日出雄，福田和，杉崎章，中村一哉，渋谷忠男という郷土全協を代表する実践家による取り組みを事例として取り上げ，「生活綴方とフィールド・ワークの結びつき」といった場面を限定的に絞って検討したことにより，「郷土史学習と生活綴方」「地理学習と生活綴方」「発掘調査と生活綴方」「社会科歴史学習と生活綴方」「教科書学習と生活綴方」といった実践の中の児童・生徒における認識の枠組みの特質を示すことができた。

　すなわち，本研究の第三の成果は，1950 年代の郷土全協の教師たちによる生活綴方とフィールド・ワークを結びつけた取り組みが，「郷土」の具体

物を用いた指導と，生活綴方的教育方法による「概念くだき」といった生活
指導として行われ，児童・生徒によって，すぐれた作文や詩を生み出してい
たことを示したことである。郷土全協の小学校の教師による生活綴方とフ
ィールド・ワークを結びつけた取り組みは，第2，3，6章の相川や福田，渋谷
による実践事例の分析を通して論じたように，社会科授業実践において，児
童が，「郷土」の歴史や生活を書くことを通じて，児童の「歴史的なものの
見方」や「科学的な考え方」を育もうとして行われたものであった。また，
郷土全協の中学校の教師による生活綴方とフィールド・ワークを結びつけた
取り組みは，第4，5章の杉崎や中村による事例を通して論じたように，「郷
土」におけるクラブ活動や発掘調査の中で，生徒たちの「主体的な生活の姿
勢」を確立しようとして行われたものであった。

　そして，1950年代の郷土全協の教師たちにおいては，「実践記録を書く」
という取り組みに，教師自身の「自己反省」や「自己変革」の意味や，教師
同士の「連帯」の可能性が，共通に見出されていたことを明らかにすること
ができた。

注

（1）佐藤伸雄『戦後歴史教育論』青木書店，1976年，71頁。なお，佐藤は，後のインタ
　　ビュー調査において，1950年代当時の民間教育研究活動に積極的に関わっていたこ
　　とを語っている（「《インタビュー記録》歴史教育体験を聞く　佐藤伸雄先生」歴史教
　　育史研究会『歴史教育史研究』第2号，2004年，36〜51頁）。
（2）桑原正雄「郷土研究の新しい展開のために」『歴史評論』No.31，1951年9月，64頁。
（3）須永哲思「小学校社会科教科書『あかるい社会』と桑原正雄─資本制社会における『郷
　　土』を問う教育の地平─」教育史学会『日本の教育史学』第56集，2013年，55頁。
（4）相川日出雄『新しい地歴教育』国土社，1954年，82〜83頁。
（5）渋谷忠男『地域からの目─奥丹後の社会科教育』地歴社，1978年，161〜162頁。
（6）渋谷忠男「郷土に足をふまえて考える学習─教科書学習の限界をつき破るために─」
　　郷土教育全国連絡協議会編『郷土と教育』第1巻7号，1958年，37頁。
（7）桑原正雄「新しい郷土教育」『6・3教室』第5巻10号，1951年10月，41頁。
（8）寺井聡「『論争』に見る桑原正雄の社会科教育論─桑原正雄の社会科教育史上におけ

る位置—」中国四国教育学会『教育学研究紀要』第 39 巻第 2 部，1993 年，173 頁。

（9）1950 年代において「科学的」であることとは，「研究＝創造活動とその職能に根ざした社会的実践を統一的に包括する概念として，研究者の対社会的存在の全体性を表す」ものであり，当時の地域的課題の解決をめざしていたものであったと考えられる（戸邉秀明「歴史科学運動」歴史科学協議会編『戦後歴史学用語辞典』東京堂出版，2012 年，325 頁）。

（10）相川日出雄「考古学と郷土教育（実践例Ⅰ　小学校の部）」253 頁。和島誠一編『日本考古学講座』第 1 巻，河出書房，1955 年，20 頁。

（11）1951 年度に公示された『中学校学習指導要領（試案）』では，全ての生徒に対して毎週 2 ～ 5 時間ずつの特別教育活動の時間が配当され，時間配当に関する限り，特別教育活動の「黄金時代」であったという（磯田一雄「学習指導要領の内容的検討（2）」肥田野直・稲垣忠彦編『教育課程（総論）〈戦後日本の教育改革　第 6 巻〉』東京大学出版会，1971 年，459 頁）。

（12）前掲，佐藤伸雄『戦後歴史教育論』，75 頁。

（13）フィールドを中心とした「考古学研究」が，1950 年代前半において，「研究者と国民が結合」する上で，より多くの機会をもっていたとする点については，次の研究においても指摘されている（十菱駿武「『国民的考古学』運動の『復権』と継承のために」『歴史評論』第 266 号，1972 年 9 月，2 ～ 8 頁）。

（14）塚田陽子・福田和「私たちの町（1）」『新しい教室』第 9 巻 1 号，1954 年 1 月，23 頁。

（15）桑原正雄「戦後の郷土教育運動（3）」『歴史地理教育』No.20，1956 年 7 月，64 ～ 65 頁。

（16）桑原正雄「人間を見る目（解説）」阿久津福栄編著『教師の実践記録—社会科教育—』三一書房，1956 年，56 頁。

（17）渋谷忠男「郷土教育　合宿研究会の感想など」『歴史地理教育』No.18，1956 年，43 頁。

（18）前掲，渋谷忠男「郷土に足をふまえて考える学習—教科書学習の限界をつき破るために—」，36 ～ 37 頁。

（19）中村一哉「社会科と考古学的方法について」『私たちの考古学』No.4，1955 年 3 月，25 頁。

（20）高橋磌一「民族的教育への前進—生活綴方と歴史教育の交流によせて—」『教師の友』1952 年 2 月号，2 ～ 3 頁。

（21）桑原正雄「戦後の郷土教育（2）」『歴史地理教育』NO.19，1956 年 6 月，27 ～ 28 頁。

（22）渋谷忠男「『考える歴史教育』と郷土」，東京教育大学大塚史学会編『小学校歴史教授法』明治図書，1958 年，166 頁。

（23）周郷博「考古学と郷土教育」和島誠一編『日本考古学講座　第 1 巻』，河出書房，1955 年，245 頁。

(24)同前，同書，248頁。

(25)竹内好「表現について」『思想』No.375，1955年9月，6〜7頁。

(26)小国喜弘「国民的歴史学運動における日本史像の再構築―岡山県・月の輪古墳を手がかりに―」（『東京都立大学人文学報』第337号，2003：再収「国民史の起源と連続―月の輪古墳発掘運動―」『戦後教育のなかの〈国民〉　乱反射するナショナリズム』吉川弘文館，2007年，109頁）。

(27)前掲，相川日出雄『新しい地歴教育』，15〜16頁。

(28)中村一哉「見学案内書をつくる」美備郷土文化の会・理論社編集部編『月の輪教室―10,000人が参加した古墳発掘・新しい歴史教育―』理論社，1954年，32頁。

(29)杉崎章「考古学と郷土教育（懇談）」瓜郷遺跡発掘調査会編『野帳』第二期第三冊，1958年7月，25〜26頁。

(30)こうした視点は，先行研究においても，次のように指摘されている。「生活綴方や生活記録に関心をよせた人々が目ざしていたものは，自分の生活を克明に綴り，それを批判的に交流しあうなかで，自他の生活への認識が深まる事，その事を通しての自己変革と真の連帯の確立であった」（谷口雅子「『国民的歴史学』運動にまなぶ歴史教育実践」『歴史評論』第364号，1980年8月，91頁）。

(31)木全清博「地域認識の発達論の系譜」『社会認識の発達と歴史教育』岩崎書店，1985年，195〜219頁。

(32)谷口雅子・森谷宏幸・藤田尚充「郷土教育全国協議会社会科教育研究史における〈フィールド・ワーク〉について」『福岡教育大学紀要』第26号，第2分冊社会科編，1976年，33頁。

(33)廣田真紀子「郷土教育全国協議会の歴史―生成期1950年代の活動の特徴とその要因―」東京都立大学『教育科学研究』第18号，2001年，34頁。

(34)板橋孝幸「戦後の郷土教育運動と『地域と教育の会』」臼井嘉一監修『戦後日本の教育実践―戦後教育史像の再構築をめざして―』三恵社，2013年，93頁。

(35)臼井嘉一「（講演記録）渋谷忠男実践の軌跡」，前掲，臼井嘉一監修『戦後日本の教育実践―戦後教育史像の再構築をめざして―』，279〜297頁。

(36)小原友行「小学校における歴史授業構成について―相川日出雄『新しい地歴教育』の場合―」広島史学研究会『史学研究』第137号，1977年，92〜93頁。

(37)田中史郎「相川日出雄『新しい地歴教育』における方法と内容―現代歴史教育理論史研究―」『岡山大学教育学部研究集録』第55号，1980年，60頁。

(38)小島晃「郷土に根ざす系統的な歴史学習―1954年・相川日出雄『地域の歴史』（4年生）の授業―」民教連社会科研究委員会『社会科教育実践の歴史―記録と分析・小学校編』あゆみ出版，1983年，94頁。

(39)臼井嘉一「子どもの問題意識を育てる歴史学習」『戦後社会科の復権』岩崎書店，

1982 年，66 頁。

(40)前掲，板橋孝幸「戦後の郷土教育運動と『地域と教師の会』」，133 頁。

(41)前掲，小原友行「小学校における歴史授業構成について―相川日出雄『新しい地歴教育』の場合―」，110 頁。

(42)前掲，田中史郎「相川日出雄『新しい地歴教育』における方法と内容―現代歴史教育理論史研究―」，55 頁。

(43)前掲，小島晃「郷土に根ざす系統的な歴史学習― 1954 年・相川日出雄『地域の歴史』（4 年生）の授業―」，67 頁。

(44)前掲，臼井嘉一「子どもの問題意識を育てる歴史学習」，67 頁。

(45)前掲，板橋孝幸「戦後の郷土教育運動と『地域と教師の会』」，134 頁。

後　記

　本書は，平成 27（2015）年 3 月に，兵庫教育大学大学院連合学校教育学研究科より，博士号（学校教育学）を授与された学位論文「1950 年代前半における『新しい郷土教育』実践の創造過程に関する歴史的研究—郷土教育全国連絡協議会の教師たちの取り組みを中心に—」をもとに，その後の論考を加え，タイトルを含めた加筆・修正を行い，令和元（2019）年度の愛知東邦大学出版助成の交付を受けて，刊行するものである。

　私が，教師に焦点を当てた戦後日本の教育実践史研究に取り組むようになったのは，愛知教育大学大学院で土屋武志先生（愛知教育大学教授）のゼミに進学してからのことである。指導教官の土屋先生から，近隣の蒲郡市に面白い研究会があると勧められたのが金沢喜市研究会（現金沢ヒューマン文庫を愛し守る会）であった。蒲郡市民センターで開催された合同研究会に参加し，中野光先生（元中央大学教授）より貴重なアドバイスをいただいたことにより，自分の教育実践史研究の方向が定まったように思う。その後も折に触れ，金沢喜市研究会の皆様にはお声をかけていただき，中野先生，浅岡靖央先生（白百合女子大学教授），森田浩章先生（東京家政大学准教授）と共に，『教師とは—金沢喜市が拓いた教育の世界』（つなん出版）を執筆・出版できたことが，本研究への基礎となった。愛知教育大学の学部・院生時代には，木村博一先生（広島大学教授），野田敦敬先生（愛知教育大学副学長・理事），西村公孝先生（鳴門教育大学大学院教授），久野弘幸先生（名古屋大学准教授）に，大変お世話になり，その後も学会等でお会いする度にお声をかけていただいている。修士論文の諮問会では，集住忠久先生（愛知教育大学名誉教授），舩尾日出志先生（愛知教育大学名誉教授），寺本潔先生（玉川大学教授）より，ご指導を賜った。大学院修士課程修了後も研究を続けることができたのは，先生方からの温かい励ましがあったお陰である。感謝申し上げたい。

　愛知教育大学大学院を修了した後には，地元の愛知県豊川市で公立の小・中学校の教員として勤務することができた。自分の教育実践への思いを支え

てくださったのは，学校現場で出会ったたくさんの先生方である。同僚の先生方には，自分本位な取り組みが目立つ私を，いつも温かく見守っていただいた。また，地域の教育研究サークル活動では，原田三朗先生（四天王寺大学准教授），飛松秀美先生（豊川市立小坂井西小学校校長）をはじめとする「ほのくに生活・総合研究会」の先生方より，教育実践について多くのことを学ばせていただいた。そして，小・中学校の教員時代に出会った多くの教え子たちにも感謝したい。たくさんの教え子たちと出会い，共に学んできたことが，今の私の財産となっている。学校現場で出会ったすべての皆様に感謝申し上げたい。

　また，私が本研究に着想したのは，愛知県の小・中学校現場で教師生活10年目を迎えようとしたときに，財団法人（現公益財団法人）愛知県教育・スポーツ振興財団 愛知県埋蔵文化財センターへと転任になったことが，一つのきっかけとしてある。愛知県の埋蔵文化財行政に関わっていくなかで，「社会科教師であった私が，なぜ発掘調査に取り組まねばならないのであろう」といった問いを抱いたことが，過去の教師たちによる「新しい郷土教育」実践に目を向けさせることとなった。次年度，愛知県埋蔵文化財調査センターにおいて，県内の埋蔵文化財の普及・啓発活動に関わらせていただいたことも，本研究を進める上で大変有意義なことであった。早野浩二様（愛知県埋蔵文化財センター調査研究専門員），伊奈和彦様（愛知県埋蔵文化財調査センター所長）からは，折に触れて，研究への励ましのお言葉をいただいた。感謝申し上げたい。

　その後，教育学部の新設と共に採用された愛知東邦大学では，同僚の先生方に大変お世話になった。古市久子先生（元愛知東邦大学教授，元教育学部長），今津孝次郎先生（愛知東邦大学教授，教職支援センター長，前教育学部長），後藤永子先生（愛知東邦大学教授，現教育学部長）からは，それぞれご専門の立場より，研究生活や大学教員としてのあり方について貴重なご示唆をいただいた。感謝申し上げたい。

　本研究を進めるに当たり，兵庫教育大学大学院連合学校教育学研究科の諸先生方より，貴重なご意見やご助言を賜ることができた。なかでも，主指導

教官の梅野正信先生（上越教育大学副学長，理事）には，研究計画の立案から，研究の方法論，研究者としてのあり方について，いつも的確なご指導をいただいた。本博士論文を書き上げることができたのは，梅野先生による懇切丁寧な様々なご指導があってのことである。心より感謝申し上げるとともに，今後も変わらぬご指導ご鞭撻をお願いしたい。

　博士論文公聴審査会では，原田智仁先生（滋賀大学特任教授，兵庫教育大学名誉教授），林泰成先生（上越教育大学副学長），越良子先生（上越教育大学大学院教授），茨木智志先生（上越教育大学大学院教授）より，論文の内容や構成などについて貴重なご意見をいただいた。博士課程で所属した上越教育大学では，故加藤章先生（上越教育大学名誉教授，盛岡大学名誉教授），二谷貞夫先生（上越教育大学名誉教授）から，お会いするたびに研究に対する温かい励ましのお言葉をいただいた。先生方のご指導，ご助言に感謝申し上げたい。また，梅野先生のご指導のもと，定期的に開催される教育実践論研究会では，新福悦郎先生（石巻専修大学教授），真島聖子先生（愛知教育大学准教授），岡田了祐先生（お茶の水女子大学講師）から，毎回貴重なご意見をいただくことができた。教育実践論研究会の皆様にも感謝申し上げたい。

　さらに，本研究に際し，現地調査やインタビュー調査に協力していただいた多くの方々にお礼申し上げたい。とりわけ，郷土教育全国協議会事務局の丸山知恵子様，木下務様，研究仲間の須永哲思様（京都外国語大学非常勤講師）からは，本研究を進める上で大変有意義かつ貴重な資料の提供を受けた。この場を借りて，お礼を申し上げたい。

　そして，私事になるが，いつも私の研究生活を応援してくれている妻・子どもたち・父にも感謝したい。まだまだお礼を申し上げていない人たちもいるが，紙幅の関係上お許し願いたい。最後になるが，打ち合わせ段階から出版まで丁寧なご対応をしていただいた唯学書房の伊藤晴美様にもお礼申し上げたい。

2020 年 2 月

白井　克尚

参考文献一覧

相川日出雄「家貧しければ」後藤彦十郎編『魂あいふれて―二十四人の教師の記録―』百
　合出版，1951 年

相川日出雄「地力等級と取組む―キン青年奮闘記」『農村文化』No.52，1951 年 4 月

相川日出雄「私の歩んだ歴史教育の道」『歴史評論』第 35 号，1952 年 4 月

相川日出雄「教師ができる実態調査―とくに郷土史について―」『教育』No.10，1952 年
　8 月号

相川日出雄「農村生活と歴史教育」歴史教育者協議会編『平和と愛国の歴史教育―1952
　年度歴史教育年報―』東洋館出版社，1953 年 1 月

相川日出雄「霜降る夜の母子の話―古川先生の質問に答えて―」『教育』No.15，1953 年
　1 月

相川日出雄「社会科と郷土教育」宮原誠一編『日本の社会科』国土社，1953 年

相川日出雄『新しい地歴教育』国土社，1954 年

相川日出雄「考古学と郷土教育（実践例 I　小学校の部）」和島誠一編『日本考古学講座』
　第 1 巻，河出書房，1955 年

相川日出雄「古文書と歴史教育（実践例 小学校）」高橋磌一編『古文書入門』河出書房新
　社，1962 年

相川日出雄他「〈座談会〉『あかるい社会』の継承と発展―徳武敏夫氏の新著をめぐって―」
　『歴史地理教育』No.220，1974 年 1 月

相川日出雄「『新しい地歴教育』の背景」『歴史地理教育』No.239，1975 年 7 月

愛知県知多郡横須賀町立横須賀中学校長・阪野弥生著，白菊文化研究所『権現山古窯址』
　白菊文化研究所　第二集，1965 年

秋山延弘「あとがき」近藤義郎編『月の輪古墳』月の輪古墳刊行会，1960 年

浅井幸子『教師の語りと新教育―「児童の村」の 1920 年代』東京大学出版会，2008 年

五十嵐誓『社会科教師の職能発達に関する研究―反省的授業研究法の開発―』学事出版，
　2011 年

池野範男「社会科で『地域』はどう考えられてきたか―『地域学習』をめぐる論争を中心
　に―」『教育科学 社会科教育』第 256 号，1984 年

石母田正『歴史と民族の発見』岩波書店，1952 年

磯田一雄「学習指導要領の内容的検討（2）」肥田野直・稲垣忠彦編『教育課程（総論）〈戦
　後日本の教育改革 第 6 巻〉』東京大学出版会，1971 年

板橋孝幸「戦後の郷土教育運動と『地域と教師の会』」臼井嘉一監修『戦後日本の教育実

践―戦後教育史像の再構築をめざして―』三恵社，2013 年

板橋孝幸「小学校低学年の『時刻・時間』学習に関する教育方法論―郷土教育実践における算数科と社会科のクロスカリキュラム―」『福島大学総合教育研究センター紀要』2009 年

伊藤裕康「桑原正雄と郷土教育（１）―地域に根ざす社会科教育とのかかわりを考える―」愛知教育大学地理学会『地理学報告』第 56 号，1983 年

稲垣忠彦・松平信久・寺崎昌男編『教師のライフコース―昭和史を教師として生きて』東京大学出版会，1988 年

上田薫編集代表『社会科教育史資料１』東京法令出版，1974 年

上田薫編集代表『社会科教育史資料２』東京法令出版，1975 年

上原専禄『国民形成の教育』新評論，1961 年

碓井岑夫編著『教育実践の創造に学ぶ―戦後教育実践記録史―』日本教育新聞社，1982 年

臼井嘉一「奥丹後の教師たちの歩みと社会科教育」渋谷忠男『地域からの目―奥丹後の社会科教育―』地歴社，1978 年

臼井嘉一「奥丹後社会科学習の特徴と課題」奥丹後社会科教育研究会編『地域に根ざす社会科の創造―奥丹後の教育―』あゆみ出版，1982 年

臼井嘉一「子どもの問題意識を育てる『郷土の歴史教育』」『戦後歴史教育と社会科』岩崎書店，1982 年

臼井嘉一『渋谷忠男教育実践資料集（第１集）』（「2007‐2009 年度科学研究費［基盤研究（B）］戦後日本における教育実践の展開過程に関する総合的調査研究」〈研究代表 臼井嘉一〉研究成果報告書（第１集））2008 年

臼井嘉一研究代表『山形県および兵庫県但馬における生活綴方運動調査記録』（「2007‐2009 年度科学研究費補助金［基盤研究（B）］戦後日本における教育実践の展開過程に関する総合的調査研究」研究成果報告書（第５集））2010 年

臼井嘉一研究代表『戦後総合学習関係資料：「教育課程改革試案」における総合学習を中心に』（「2007‐2009 年度科学研究費補助金［基盤研究（B）］戦後日本における教育実践の展開過程に関する総合的調査研究」研究成果報告書（第６集））2010 年

臼井嘉一「戦後日本の教育実践史を捉える視点」臼井嘉一監修『戦後日本の教育実践―戦後教育史像の再構築をめざして―』三恵社，2013 年

臼井嘉一「（講演記録）渋谷忠男実践の軌跡」臼井嘉一監修『戦後日本の教育実践―戦後教育史像の再構築をめざして―』三恵社，2013 年

臼井嘉一「戦後日本の教育実践史の新段階と『場の教育』『シティズンシップ教育』」臼井嘉一監修『戦後日本の教育実践―戦後教育史像の再構築をめざして―』三恵社，2013 年

梅野正信『社会科歴史教科書成立史―占領期を中心に―』日本図書センター，2004 年

梅野正信「江口武正実践記録が描き出す教育専門職としての教師像」二谷貞夫・和井田清司・釜田聡編『「上越教師の会」の研究』学文社，2007 年

海老原治善「新しい郷土教育の創造―第 1 回郷土教育研究大会ひらく―」『カリキュラム』第 53 号，1953 年 5 月

海老原治善『新版 民主教育実践史』三省堂選書，1977 年

遠藤豊吉「『新しい地歴教育』解説」宮原誠一・国分一太郎編『教育実践記録選集』第 3 巻，新評論，1966 年

大串潤児「国民的歴史学運動の思想・序説」『歴史評論』No.613，2001 年

大槻健「民間教育研究運動」『現代教育学事典』労働旬報社，1988 年

大橋勤「郷土史学習」『愛知県における考古学の発達』親和プリント，2005 年

奥丹後社会科教育研究会編『地域に根ざす社会科の創造―奥丹後の教育―』あゆみ出版，1982 年

小田泰司「アメリカ社会科教育史研究における新たな研究方法の可能性―ラッググループの社会認識形成論の展開とタバ社会科―」全国社会科教育学会『社会科教育論叢』第 47 号，2010 年

片上宗二『日本社会科成立史研究』風間書房，1993 年

勝田守一「実践記録をどう評価するか」『教育』5 巻 7 号，1955 年 7 月

上川淳「武蔵野児童文化研究会の業績をしのんで―私と歴教協の結びつき―」東京都歴史教育者協議会『東京の歴史教育』第 15 号，1986 年

上川淳「第 2 回郷土教育研究大会―歩いてつくる歴史教育―」『歴史評論』第 49 号，1953 年 10 月

木全清博「地域認識の発達論の系譜」『社会認識の発達と歴史教育』岩崎書店，1985 年

木村博一「古文書と歴史教育（総論）」高橋磧一編『古文書入門』河出書房新社，1962 年

木村博一「社会科教育と郷土学習」『歴史地理教育』第 115 号，1965 年 12 月

木村博一『日本社会科の成立理念とカリキュラム構造』風間書房，2006 年

木村博一「地域教育実践の構築に果たした社会科教師の役割―愛知県三河地方における中西光夫と渥美利夫の場合―」全国社会科教育学会『社会科研究』第 70 号，2009 年

郷土教育全国連絡協議会編『第 2 回郷土教育研究大会報告 郷土教育』1953 年 9 月

郷土全協事務局『戦後郷土教育の歩み』郷土全協事務局，1966 年

草原和博「教科教育実践学の構築に向けて―社会科教育実践研究の方法論とその展開―」兵庫教育大学大学院連合学校教育学研究科『教育実践学の構築』東京書籍，2006 年

久冨善之編著『教員文化の日本的特性―歴史，実践，実態の探究を通じてその変化と今日的課題をさぐる―』多賀出版，2003 年

桑原正雄「郷土研究の新しい展開のために」『歴史評論』31 号，1951 年 9 月

桑原正雄「新しい郷土教育」『6・3教室』5巻10号，1951年10月

桑原正雄「青いリンゴの運動―第1回郷土研究大会を終って―」『教育』No.16，1953年
　4月

桑原正雄「創刊を祝って―考古学と教育―」考古学研究会『私たちの考古学』創刊号，
　1954年6月

桑原正雄「郷土と地理教育」『新しい教室』No. 9 (10)，1954年10月

桑原正雄「戦後の郷土教育（1）」『歴史地理教育』第18号，1956年5月

桑原正雄「戦後の郷土教育（2）」『歴史地理教育』第19号，1956年6月

桑原正雄「戦後の郷土教育（3）」『歴史地理教育』第20号，1956年7月

桑原正雄『教師のための郷土教育』河出書房，1956年

桑原正雄「郷土の問題をどう受けとめるか」『教育技術』第12巻第5号，1957年8月

桑原正雄「郷土教育全国連絡協議会の任務と性格について」『歴史地理教育』No.30，1957
　年12月

桑原正雄「『新しい地歴教育』の教育実践について」国民教育編集委員会編『教育実践論
　―教師と子どもの新しい関係―』誠信書房，1958年

桑原正雄「（解説）人間を見る目」阿久津福栄編著『教師の実践記録―社会科教育―』
　三一書房，1956年

桑原正雄『郷土教育的教育方法』明治図書出版，1958年

桑原正雄「戦後の郷土教育」『教師のための郷土教育』河出書房，1959年

桑原正雄『抵抗の教育運動』郷土教育全国協議会，1968年

桑原正雄『郷土教育運動小史―土着の思想と行動―』たいまつ新書，1976年

香村克己『戦後愛知の教育運動史』風媒社，2006年

小国喜弘「国民的歴史学運動における日本史像の再構築―岡山県・月の輪古墳を手がかり
　に―」『東京都立大学人文学報』第337号，2003年（再収「国民史の起源と連続―月の
　輪古墳発掘運動―」『戦後教育のなかの〈国民〉　乱反射するナショナリズム』吉川弘文
　館，2007年）

国分一太郎「民間教育運動の一年について―その成果と欠落―」『教師の友』No.10，1952
　年12月

国分一太郎・高橋磌一「対談 生活綴方と歴史教育」『教師の友』第6号，1952年7月

国分一太郎「概念くだき」『新しい綴方教室』新評論，1957年

國分麻里「初期社会科における教材映画の特色―『社会科教材映画体系』をてがかりとし
　て―」全国社会科教育学会『社会科研究』第79号，2013年

小島晃「郷土に根ざす系統的な歴史学習―1954年・相川日出雄『地域の歴史』（4年生）
　の授業―」民教連社会科研究委員会『社会科教育実践の歴史―記録と分析・小学校編』
　あゆみ出版，1983年

小林千枝子『戦後日本の地域と教育―京都府奥丹後における教育実践の社会史―』学術出版会，2014 年

小原友行「小学校における歴史授業構成について―相川日出雄『新しい地歴教育』の場合―」広島史学研究会『史学研究』第 137 号，1977 年

小原友行「農村青年教師による初期社会科教育実践の授業論―相川・江口・鈴木実践の分析―」日本教育方法学会『教育方法学研究』第 21 巻，1995 年

小原友行『初期社会科授業論の展開』風間書房，1998 年

近藤義郎編『月の輪古墳』月の輪古墳刊行会，1960 年

斉藤尚吾「私たちの郷土研究はこうして始められた」『月報郷土』第 5 号，1952 年（桑原正雄「戦後の郷土教育（1）」『歴史地理教育』1956 年 5 月，第 18 号所収）

斉藤尚吾「郷土教育と歴史教育」歴史教育者協議会編『平和と愛国の歴史教育―1952 年度歴史教育年報―』東洋書館，1953 年

斉藤利彦・梅野正信・和井田清司・板橋孝幸編『全国青年教師連絡協議会関係資料』（「2007-2009 年度科学研究費［基盤研究（B）］戦後日本における教育実践の展開過程に関する総合的調査研究」〈研究代表　臼井嘉一〉研究成果報告書（第 4 集））2010 年

斎藤嘉彦「歴史教育（郷土教育）のあり方を求めて―杉崎章さんの教育実践から学んだこと―」知多古文化研究会編『知多古文化研究 10』知多古文化研究会，1996 年

坂元忠芳『子どもとともに生きる教育実践』国土新書，1980 年

坂元忠芳『教育実践記録論』あゆみ出版，1980 年

佐藤伸雄『戦後歴史教育論』青木書店，1976 年

佐藤学・小熊伸一編『日本の教師 9―カリキュラムをつくる II―教室での試み』ぎょうせい，1993 年

重歳政雄「社会科日本史　研究会記録」『社会科歴史』No. 3（5），1953 年 5 月

重歳政雄「月の輪古墳発掘と村の歴史をつくる運動」『地方史研究』No.11，1954 年 2 月

重歳政雄・中村一哉「古墳『月の輪』への道―新しい郷土観をはぐくむ―」『歴史評論』No.53，1954 年 3 月

重歳政雄「尊い経験」美備郷土文化の会・理論社編集部編『月の輪教室―10,000 人が参加した古墳発掘・新しい歴史教育―』理論社，1954 年

渋谷忠男『郷土に学ぶ社会科』国土社，1958 年

渋谷忠男「郷土教育　合宿研究会の感想など」『歴史地理教育』No.18，1956 年 5 - 6 月号

渋谷忠男「郷土に足をふまえて考える学習―教科書学習の限界をつき破るために―」郷土教育全国連絡協議会編『郷土と教育』第 1 巻 7 号，1958 年 7 月

渋谷忠男「『考える歴史教育』と郷土」東京教育大学大塚史学会編『小学校歴史教授法』明治図書，1958 年

渋谷忠男「『歴史の証人達の生活綴方』を―郷土教育全協の一つの仕事―」『郷土と教育』

260

郷土教育全国連絡協議会，第 2 巻第 1 号，1959 年 1 月

渋谷忠男『郷土史 私達の先祖の生活』久美浜町役場総務課，1974 年

渋谷忠男『地域からの目―奥丹後の社会科教育』地歴社，1978 年

渋谷忠男「丹後で戦後民主教育とともに歩む」『教育』No.584，国土社，1995 年 2 月

十菱駿武「『国民的考古学』運動の『復権』と継承のために」『歴史評論』第 266 号，1972
年 9 月

白井克尚「1950 年代前半における金沢嘉市の小学校社会科歴史授業の分析―『平和と愛
国の歴史教育』に関する一考察―」愛知教育大学歴史学会『歴史研究』第 47 号，2001
年

白井克尚「中学校における歴史研究と歴史学習の協働に関する史的考察―愛知県横須賀中
学校『郷土クラブ』の実践の分析を通して―」愛知教育大学歴史学会『歴史研究』第
57 号，2011 年

白井克尚「〈研究ノート〉相川日出雄の郷土教育実践を支えた考古学研究―『考古学と郷
土教育』を手がかりに―」日本社会科教育学会『社会科教育研究』第 115 号，2012 年

白井克尚「相川日出雄のライフヒストリー研究―小学校社会科教師としての専門性形成に
焦点を当てて―」歴史教育史研究会『歴史教育史研究』第 10 号，2012 年

白井克尚「1950 年代の中学校における郷土教育実践の特質に関する一考察―愛知県知多
郡横須賀中学校の杉崎章の取り組みに即して―」日本学校教育学会『学校教育学研究』
第 28 号，2013 年

白井克尚「相川日出雄による郷土史中心の小学校社会科授業づくり―『新しい地歴教育』
実践の創造過程における農村青年教師としての経験と意味―」全国社会科教育学会『社
会科研究』第 79 号，2013 年

白井克尚「1950 年代前半における戦後の郷土教育運動の地域的展開―岡山県・月の輪古
墳発掘運動の中の教育実践に着目して―」兵庫教育大学大学院連合学校教育学研究科『教
育実践学論集』第 15 号，2014 年

白井克尚「1950 年代前半における『新しい郷土教育』実践の創造過程に関する一考察―
郷土教育全国連絡協議会の『理論』と『実践』の関わりに焦点を当てて―」愛知東邦大
学『東邦学誌』第 43 巻第 2 号，2014 年

白井克尚「1950 年代前半における郷土のフィールド・ワークを活用した社会科授業づく
りに関する考察―東京都世田谷区東玉川小学校の福田和による『新しい郷土教育』実践
を事例として―」日本社会科教育学会『社会科教育研究』第 126 号，2015 年

白井克尚「『新しい郷土教育』実践史研究の課題と方法―教師のライフヒストリー・アプ
ローチを手がかりに」兵庫教育大学大学院連合学校教育学研究科『教育実践学論集』記
念特別号，2017 年

白井克尚「郷土教育への関心の現在地」郷土教育全国協議会『郷土教育』第 713 号，2018

年 12 月

白井克尚「1950 年代後半における渋谷忠男実践『世界地理の学習』の特質—単元『中国のダム』と単元『ヒマラヤの山』を事例として—」社会系教科教育学会『社会系教科教育学研究』第 31 号，2019 年

杉崎章『柳ケ坪貝塚』横須賀中学校，1953 年

杉崎章『社山古窯調査のあらまし』横須賀中学校，1954 年（杉崎章「横須賀町の遺跡—社山古窯—」横須賀町史編集委員会編『横須賀町史　別冊』横須賀町，1956 年に再収）

杉崎章「知多半島における郷土教育の実践」愛知県教育委員会『教育愛知』第 11 号，1954 年 11 月

杉崎章「考古学と郷土教育（実践例 I　中学校の部）」和島誠一編『日本考古学講座』第 1 巻，河出書房，1955 年

杉崎章「歴史教育における考古学の役割」考古学研究会『私たちの考古学』第 18 号，1958 年

杉崎章「考古学と郷土教育（懇談）」瓜郷遺跡発掘調査会編『野帳』第二期第三冊，1958 年 7 月

杉崎章『常滑の窯』学生社，1970 年

須永哲思「1950 年代における社会科と生活綴方—生活綴方から社会認識への『飛躍』はいかになされたのか—」『教育史フォーラム』第 8 号，2013 年

須永哲思「小学校社会科教科書『あかるい社会』と桑原正雄—資本制社会における『郷土』を問う教育の地平—」教育史学会『日本の教育史学』第 56 集，2013 年

須永哲思「1950 年代社会科における『郷土教育論争』再考—資本を軸とした生活の構造連関把握の可能性—」日本教育学会『教育学研究』第 82 巻第 3 号，2015 年

須永哲思「社会科用副教材『世界の子ども』（平凡社、1955 - 1957 年）—国際的スケールにおける『体験の分布図』の可能性—」『教育史フォーラム』第 10 号，2015 年

須永哲思「1950 年代社会科における『自由労働者』の教材化—郷土教育全国連絡協議会による『バタヤ部落』のフィールドワークに着目して—」『教育史フォーラム』第 11 号，2016 年

角南勝弘「月の輪古墳発掘 50 周年」『歴史地理教育』No.656，2003 年 7 月

関根鎮彦「郷土教育と地理教育」『歴史地理教育』第 3 号，1954 年 10 月

高志信隆「青いリンゴを『第 1 回郷土教育研究会』記」『日本児童文学』第 6 号，1953 年

高橋磌一「民族的教育への前進—生活綴方と歴史教育の交流によせて—」『教師の友』1952 年 2 月

竹内好「表現について」『思想』No.375，1955 年 9 月

田中史郎「相川日出雄『新しい地歴教育』における方法と内容—現代歴史教育理論史研究—」『岡山大学教育学部研究集録』第 55 号，1980 年

田中武雄「兵庫・但馬の地域教育実践―東井義雄をひきつぐもの―」臼井嘉一監修『戦後日本の教育実践―戦後教育史像の再構築をめざして―』三恵社，2013 年

谷川彰英「郷土教育論争」『戦後社会科教育論争に学ぶ』明治図書，1988 年

谷川彰英監修，有田和正・北俊夫協力『社会科教育臨時増刊 名著 118 選でわかる社会科 47 年史』No.396，明治図書，1994 年 9 月

谷口雅子・森谷宏幸・藤田尚充「郷土教育全国協議会社会科教育研究史における〈フィールド・ワーク〉について」『福岡教育大学紀要』第 26 号，第 2 分冊社会科編，1976 年

谷口雅子「『国民的歴史学』運動にまなぶ歴史教育実践」『歴史評論』第 364 号，1980 年 8 月

塚田陽子・福田和「私たちの町（1）・（2）」『新しい教室』第 9 巻 1・2 号，1954 年 1・2 月

土屋武志『アジア共通歴史学習の可能性―解釈型歴史学習の史的研究―』梓出版社，2013 年

勅使河原彰『日本考古学の歩み』名著出版，1995 年

寺井聡「『論争』に見る桑原正雄の社会科教育論」中国四国教育学会『教育学研究紀要』第 39 巻 第 2 部，1993 年

徳武敏夫『新しい歴史教科書への道―『あかるい社会』の継承と発展―』鳩の森書房，1973 年

都出比呂志「共同体」田中琢・佐原真編集代表『日本考古学事典』三省堂，2006 年

戸邊秀明「歴史科学運動」歴史科学協議会編『戦後歴史学用語辞典』東京堂出版，2012 年

富里村史編さん委員会編『富里村史・通史編』富里村，1981 年

中内敏夫・竹内常一・中野光・藤岡貞彦『日本教育の戦後史』三省堂，1987 年

永瀬清子「みんなが学んだ―『月の輪』発掘 30 周年に際して―」『考古学研究』No.118，1983 年 10 月

中野光編『日本の教師 8―カリキュラムをつくる I―学校での試み』ぎょうせい，1993 年

中野光「二十四人の教師の記録―『魂あいふれて』を読む―」『中野光 教育研究著作集②日本の教師と子ども』EXP，2000 年

中野光・浅岡靖央・白井克尚・森田浩章『教師とは―金沢嘉市が拓いた教育の世界―』つなん出版，2003 年

中野光「特別寄稿（講演記録）戦後教育実践史のなかの上越教師の会」二谷貞夫・和井田清司・釜田聡編『「上越教師の会」の研究』学文社，2007 年

中村一哉「封建社会の農村の実態」『社会科歴史』No. 3（12），1953 年 12 月

中村一哉「月の輪古墳の発掘と福本扇状地の研究」『郷土教育月報』No. 6，郷土全協事

務局発行，1954 年 6 月

中村一哉「事実から真実を」『私たちの考古学』No. 2，1954 年 9 月

中村一哉「〈実践報告〉月の輪古墳　発掘の仕事のなかから」『教師の友』No. 5 （6），1954 年 11 月

中村一哉「月の輪教室」美備郷土文化の会・理論社編集部編『月の輪教室―10，000 人が参加した古墳発掘・新しい歴史教育―』理論社，1954 年

中村一哉「社会科と考古学的方法について」考古学研究会『私たちの考古学』No.4，1955 年 3 月

中村常定「月の輪運動と歴史教育」角南勝弘，澤田秀実編『月の輪古墳発掘に学ぶ―増補改訂版―』美前構シリーズ普及会，2008 年

中村常定「皆で発掘した月の輪古墳」近藤義郎・中村常定『地域考古学の原点・月の輪古墳』新泉社，2008 年

中村哲『社会科授業実践の規則性に関する研究―授業実践からの教育改革―』清水書院，1991 年

西川宏「学校教育と考古学」『岩波講座 日本考古学』第 7 巻，岩波書店，1986 年

二谷貞夫・和井田清司・釜田聡編『「上越教師の会」の研究』学文社，2007 年

日本作文の会編『生活綴方事典』明治図書出版，1958 年

日本民間教育研究団体連絡会編『日本の社会科』民衆社，1977 年

菱山覚一郎「社会科教育における『郷土』概念の一考察―桑原正雄の教育論を中心に―」『明星大学紀要 日本文化学部・言語文化学部』第 7 号，1999 年

日比裕「フィールド・ワークと文集による郷土史学習―相川日出雄小 4 『野馬のすんでいたころ』（昭 27）―」『教育科学 社会科教育』No.152，明治図書，1976 年

日比裕「ダイジェスト・初期社会科をめぐる論争史」『社会科教育』第 274 号，1985 年

平林茂「郷土に立脚する社会科指導」川口国語教育研究会・郷土教育全国連絡協議会『現場の研究授業 国語科 社会科』誠信書房，1958 年

美備郷土文化の会「月の輪古墳発掘運動のあらまし―私たちは何を学んだか―」『歴史評論』No.53，1954 年 3 月

美備郷土文化の会・理論社編集部編『月の輪教室―10，000 人が参加した古墳発掘・新しい歴史教育―』理論社，1954 年

平田嘉三・初期社会科実践史研究会編『初期社会科実践史研究』教育出版センター，1986 年

広岡亮蔵「牧歌的なカリキュラムの自己批判―梅根・海後先生にこたえる―」『カリキュラム』第 15 号，1950 年 3 月

廣田真紀子『郷土教育全国協議会の歴史―その運動的側面からの評価』東京都立大学修士学位論文，2000 年

廣田真紀子「郷土教育全国連絡協議会の歴史—生成期 1950 年代の活動の特徴とその要因
　—」東京都立大学『教育科学研究』第 18 号，2001 年

福田和「私の実践報告」むさしの児童文化研究会編『第一回郷土教育研究大会資料　郷土
　教育』1953 年

福田和「まつり」「あかるい社会」編集委員会編『小学校における社会科教科書の扱い方
　実践例とその解説・批判』中教出版，1954 年

福田和「近所の人びと（実践記録）」阿久津福栄編著『教師の実践記録—社会科教育—』
　三一書房，1956 年

福田和「郷土教育運動を進めるにあたって」『歴史地理教育』No.23，1956 年 12 月

福田和「社会認識に筋を通すために」『カリキュラム』第 100 号，1957 年 4 月

福田和「フィールド・ワークのさせ方」『カリキュラム』第 101 号，1957 年 5 月

古川原「子どもを全面的に—相川先生の歴史教育を見る—」『教育』No.15，国土社，1953
　年 1 月

古島敏雄「郷土教育研究の問題点」『実際家のための教育科学』第 1 巻 5 号，1953 年 8 月

松岡尚敏「桑原正雄の郷土教育論—『郷土教育論争』をめぐって—」日本教育方法学会『教
　育方法学研究』第 13 巻，1988 年

峯岸良治『「地域に根ざす社会科」実践の歴史的展開と授業開発—授業内容と授業展開を
　視点として—』関西学院大学出版会，2010 年

宮原武夫「歴史教育と地域の文化財」甘粕健編『〈地方史マニュアル 9〉地方史と考古学』
　柏書房，1977 年

宮原武夫「小学校社会科の授業論」『戦後歴史教育と社会科』岩崎書店，1982 年

宮原兎一「郷土史教育の系譜—戦後の論者を中心として—」『社会科教育史論』東洋館出
　版社，1965 年

民教連社会科研究委員会編『社会科教育実践の歴史—記録と分析・小学校編，中学・高校
　編』あゆみ出版，1983 年

武蔵野児童文化研究会『新しい社会科のワーク・ブック No. 1　わたしたちの武蔵野研究
　—向ヶ丘篇—』秀文社，1951 年 4 月

むさしの児童文化研究会「わたしたちの郷土研究 No. 2　府中と国分寺を中心として」『歴
　史評論』第 34 号，1952 年 1・2 月

無着成恭『山びこ学校』青銅社，1951 年

村井大介「社会科教師の専門性に関する言説の展開とその課題—社会科教師研究における
　新たな方法論の確立を見据えて—」中等社会科教育学会『中等社会科教育研究』第 31 号，
　2013 年

森脇健夫「郷土教育と地域学習—1958 年・渋谷忠男『佐濃谷川』（四年生）の授業—」民
　教連社会科研究委員会編『社会科教育実践の歴史—記録と分析・小学校編』あゆみ出版，

　　1983 年

柵原町史編纂委員会編『柵原町史』柵原町，1987 年

山﨑喜与作「郷土研究の作品をみて―その紹介と批判―」社会科教育研究社『社会科教育』
　　第 35 号，1950 年

山崎準二『教師のライフコース研究』創風社，2002 年

山崎準二『教師の発達と力量形成―続・教師のライフコース研究』創風社，2002 年

山下勝年「敷波の寄せる半島 1」知多古文化研究会編『知多古文化研究 9』知多古文化研
　　究会，1995 年

湯山厚「先人に学ぶということ―相川日出雄氏から―」『歴史評論』47 号，1953 年 7・8
　　月

湯山厚「実践記録　山城国一揆―虚構の中に歴史をさぐる―」『歴史地理教育』第 14 号，
　　1955 年 11 月

横須賀町史編集委員会編『横須賀町史』横須賀町，1969 年

吉岡時夫「丹後における社会科教育のあゆみ―地域に根ざす教育の伝統」奥丹後社会科教
　　育研究会編『地域に根ざす社会科の創造』あゆみ出版，1982 年

吉田晶「月の輪古墳と現代歴史学」『考古学研究』第 120 号，1984 年

和井田清司『戦後日本の教育実践―リーディングス・田中裕一』学文社，2010 年

和島誠一『大昔の人の生活：瓜郷遺跡の発掘』岩波書店，1953 年

和島誠一「考古学と郷土教育　あとがき」和島誠一編『日本考古学講座』第 1 巻，河出書房，
　　1955 年

【著者略歴】

白井 克尚 （しらい かつひさ）

愛知東邦大学教育学部子ども発達学科 准教授
1975 年　　　愛知県生まれ
1998 年 3 月　愛知教育大学小学校教員養成課程社会科史学教室 卒業
2000 年 3 月　愛知教育大学大学院教育学研究科社会科教育専攻社会科教
　　　　　　　育専修 修了
2000 年 4 月　愛知県公立小学校 教諭
2006 年 4 月　愛知県公立中学校 教諭
2009 年 4 月　財団法人愛知県教育・スポーツ振興財団
　　　　　　　愛知県埋蔵文化財センター 調査研究主事
2010 年 4 月　愛知県埋蔵文化財調査センター調査研究課 主任
2011 年 4 月　愛知県公立小学校 教諭
2014 年 4 月　愛知東邦大学教育学部子ども発達学科 助教
2015 年 3 月　兵庫教育大学大学院連合学校教育学研究科教育方法学講座
　　　　　　　修了
　　　　　　　博士（学校教育学）
2018 年 4 月　愛知東邦大学教育学部子ども発達学科 准教授

戦後日本の郷土教育実践に関する歴史的研究
──生活綴方とフィールド・ワークの結びつき

2020年3月31日　第1版第1刷発行　　　　※定価はカバーに
　　　　　　　　　　　　　　　　　　　　表示してあります。

著　者──白井　克尚

発　行──有限会社 唯学書房
　　　　　〒113-0033　東京都文京区本郷1-28-36　鳳明ビル102A
　　　　　TEL　03-6801-6772　　FAX　03-6801-6210
　　　　　E-mail　yuigaku@atlas.plala.or.jp

発　売──有限会社 アジール・プロダクション

装　幀──林　慎悟（D.tribe）
ＤＴＰ──株式会社ステラ
印刷・製本──モリモト印刷株式会社